本书受浙江大学民营经济研究中心
(教育部人文社会科学重点研究基地、浙江省哲学社会科学重点研究基地)
和浙江省哲学社会科学领军人才培育专项课题（25QNYC019ZD）
资助

中国民营经济简史

A BRIEF HISTORY OF
CHINA'S PRIVATE ECONOMY

史晋川 文雁兵 等◎著

ZHEJIANG UNIVERSITY PRESS
浙江大学出版社
·杭州·

图书在版编目（CIP）数据

中国民营经济简史 / 史晋川等著. -- 杭州：浙江
大学出版社，2024.11（2025.6 重印）. -- ISBN 978-7
-308-25691-9

Ⅰ. F121.23

中国国家版本馆 CIP 数据核字第 2024Y6P539 号

中国民营经济简史

ZHONGGUO MINYING JINGJI JIANSHI

史晋川　文雁兵　等著

责任编辑	吴伟伟　陈逸行
责任校对	梅　雪
封面设计	雷建军
出版发行	浙江大学出版社
	（杭州市天目山路 148 号　邮政编码 310007）
	（网址：http：//www.zjupress.com）
排　　版	大千时代（杭州）文化传媒有限公司
印　　刷	杭州高腾印务有限公司
开　　本	710mm×1000mm　1/16
印　　张	14.5
字　　数	245 千
版 印 次	2024 年 11 月第 1 版　2025 年 6 月第 2 次印刷
书　　号	ISBN 978-7-308-25691-9
定　　价	88.00 元

目　录

绪　论

以史为鉴知兴替，以史正人明得失。中华民族拥有 5000 多年的文明史。近代以来的中华文明史是一部人民争取自由民主、追求民富国强的探索史与奋斗史。民营经济在近代产生以来，不仅见证了时代发展的沧桑巨变，更经历了艰难曲折的发展历程。1860 年之后，洋务派开始以"官办企业""官督商办"的方式经营近代企业，带有民营经济雏形的民族资本主义民营经济企业如雨后春笋般涌现出来。但"官办企业""官督商办"的性质致使许多企业产生了贪污腐败、管理混乱和效率低下等问题，这些企业不可避免地逐渐式微和走向衰败。1911 年辛亥革命后，民族资产阶级和民族资本兴起，在第一次世界大战期间经历了短暂的"工业化景气"，民族资本主义工业出现过短时期的迅速发展，并随后在 1927—1936 年实现持续稳定的发展，但随后被日本帝国主义的侵略和国民党政府发动的内战所中断。1949 年中华人民共和国成立，实行计划经济体制及社会主义改造，民营经济发展历经艰难曲折，直到 1978 年改革开放重新被唤醒，随即迅猛发展并不断壮大，成为我国社会主义市场经济的重要组成部分和推动经济社会发展的重要力量。近代中国民营经济的起落沉浮，始终与国家前途和民族命运紧密相连，一部民营经济发展史可谓半部中国近代史。

一、民营经济的基本概念

民营经济是与公营经济相对应的一个极具中国特色的经济概念。最早由毛泽东同志 1942 年 12 月在陕甘宁边区高级干部会议上所作的长篇报告《抗日时期的经济问题和财政问题》中提出的"民营的经济"衍生而来。[①]

---

① 1942 年 12 月，毛泽东起草《经济问题与财政问题》，这是关于敌后抗日根据地经济建设的一篇重要的指导性文献。该报告的第一章后来被收入《毛泽东选集（第三卷）》，题为《抗日时期的经济问题和财政问题》。

　　近代以来的民营经济,在不同历史时期具有不同的内涵和外延。时至今日,对民营经济的界定尚未形成一致观点,目前主要存在三种意见:一是从所有制视角来看,民营经济包括了除国有和国有控股之外的所有个体经济、私营经济、外资经济、集体经济(股份合作经济)、非国有控股的混合所有制经济等;二是从经营主体的视角来看,民营经济不仅包括以上的经济类型,还应当包括国有民营和民营的国有控股经济;三是从国民原则视角来看,前两种民营经济概念界定中除外资经济和外资控股的经济外的其余经济类型都属于民营经济。

　　1978年改革开放以来,我国逐步形成了公有制为主体、多种所有制经济共同发展的基本经济制度。公有制经济在我国社会主义初级阶段主要有国有经济、集体经济、混合所有制经济中的国有和集体控股经济三种类型。其一,国有经济。由社会全体成员共同占有生产资料的公有制经济形式,即社会主义全民所有制经济。其二,集体经济。部分劳动群众共同占有生产资料的一种社会主义公有制形式。其三,混合所有制经济。各种不同所有制经济按照一定原则,主要以入股方式组织起来,进行统一经营、按股分红并负有限责任的所有制经济。非公有制经济是相对于公有制经济的一个名词和一种经济形态,是指我国现阶段除公有制经济形式外的所有经济,也是社会主义市场经济的重要组成部分,主要包括个体经济、私营经济、外资经济三种类型。作为多种所有制经济或非公有制经济重要组成部分的民营经济及其主体的民营企业,在推动经济发展、扩大开放、增加就业、改善民生和促进创新等方面都发挥了不可替代的重要作用,已经成为社会主义基本经济制度的重要组成部分。由此,普遍认可的民营经济的定义,是指除国有和国有控股企业、外商和港澳台商独资及其控股企业以外的多种所有制经济的统称,包括个体经济、私营经济、集体经济(股份合作经济)、非国有控股的混合所有制经济。

　　特别需要指出的是,我国现行法律并没有明确提及和界定"民营经济",在宪法中有与民营经济相关的个体经济、私营经济等表述。《中华人民共和国宪法》第十一条规定:"在法律规定范围内的个体经济、私营经济等非公有制经济,是社会主义市场经济的重要组成部分。"[①]《中华人民共和国私营企

---

① 中华人民共和国宪法[M].北京:人民出版社,2018:12-13.

业暂行条例》①第二条明确规定:"本条例所称私营企业是指企业资产属于私人所有、雇工八人以上的营利性的经济组织。"这些规定较为明确地界定了私营企业的概念和描述了私营企业的特征,包括:(1)企业资产属于私人所有;(2)企业存在雇佣劳动关系;(3)是营利性的经济组织。但是,并不能将私营经济简单地等同于民营经济。

综上所述,民营经济的内涵与界定可以从不同视角来理解。但是,对民营经济的内涵理解与范围界定必须区分企业所有制和所有制的实现形式。社会上时有对民营经济的认识偏差或者错误言论,根源正是在于对民营经济的认识没有区分所有制和所有制的实现形式。对民营经济全面、科学、正确的认识,要在明确将所有制与所有制实现形式进行区分的基础上,同时考虑到不同所有制与所有制实现形式的关系组合。而对于各种所有制形式及经济成分作用的评价,又必须坚持马克思历史唯物主义生产力决定生产关系的基本原理,以发展生产力为唯一标准。我国坚持实行公有制为主体、多种所有制经济共同发展的基本经济制度,坚持毫不动摇巩固和发展公有制经济,毫不动摇鼓励、支持、引导非公有制经济发展,本身就是对民营经济地位和作用的肯定。民营经济的经济成分中,非公有制经济成分占据了绝大多数,但民营经济并非只包括非公有制经济成分,而是既包括了非公有制的私营经济、个体经济和外资经济等经济成分,也包括了集体所有制经济等公有制经济成分、非国有控股的混合所有制经济成分,以及非国有经济组织直接经营的公有制经济成分。正因为民营经济本身就包括了多种所有制经济成分,民营经济组织与其他各类经济组织享有平等的法律地位、市场机会和发展权利,本身就意味着不同所有制的各类经济组织享有平等的法律地位。这样来明确界定民营经济,可以淡化民营经济的所有制色彩差异,排除传统教条主义的意识形态观念对民营经济发展的干扰,更好地认识到民营经济本身就包括了多种所有制经济成分,民营经济的发展壮大,本身就推动了多种所有制经济共同发展壮大。

二、民营经济的理论研究视角

从马克思主义的历史唯物主义基本原理来看,社会存在决定社会意识,社会意识是社会存在的反映,并反作用于社会存在。社会历史的发展,根源

---

① 该条例已于 2018 年 3 月 19 日废止。

于社会生产方式的变迁,而在社会生产方式中,生产力是决定社会发展的终极原因。正是生产力与生产关系、经济基础与上层建筑之间的矛盾,推动着人类社会的发展。资本主义发展史和社会主义发展史也一再表明,生产关系的调整总是以生产力的发展为依归。习近平总书记强调:"生产关系必须与生产力发展要求相适应。发展新质生产力,必须进一步全面深化改革,形成与之相适应的新型生产关系。"①概括地说,新质生产力是创新起主导作用,摆脱传统经济增长方式、生产力发展路径,具有高科技、高效能、高质量特征,符合新发展理念的先进生产力质态。塑造与新质生产力相适应的新型生产关系,是加快形成新质生产力的客观要求,是中国特色社会主义进入新时代的必然要求,对于促进和提高生产力质量与水平具有重要意义。所有制形式作为生产关系的一种表现,必须适应生产力发展,尤其是中国特色社会主义新时代的新质生产力发展,根据具体的生产力状况来选择相应的财产制度及所有制形式。各种所有制本身都是发展生产力的手段,只有是否适应一定历史条件下人类社会的生产力发展的问题,并无高低贵贱之分。任何一种所有制形式,不论公有或是私有,国有还是民营,只要是有利于解放生产力的,都应该鼓励发展。②

从现代经济学资源配置视角来看,经济发展本质上是一个资源优化配置的过程。经济发展主要包括工业化和城市化,工业化实质上就是资源在不同产业部门间流动及优化配置的过程,城市化实质上就是资源在不同地域空间流动及优化配置的过程。从改革开放 40 余年来的实践来看,中国的经济发展就表现为迅速的工业化进程和城市化进程。那么,推动我国经济发展的内生动力是什么呢? 从制度变迁理论与实践观察,答案是由经济体制改革所带来的大规模制度变迁形成的制度改革红利,其主体内容由民营化和市场化组成。其中,民营化实质上就是资源配置活动主体的变革,市场化也就是资源配置活动方式的变革。中国近代以来几次大规模制度变迁和经济发展的实践表明,以民营企业为代表的民营经济是推动民营化、市场化、工业化和城市化的主体力量。因此,民营化和市场化就是在制度层面解决资源配置的主体和方式问题。此外,民营经济本身的发展也会受到社会制度的直接影响。一方面,民营经济受国家政治制度、经济制度等正式制度

---

① 加快发展新质生产力 扎实推进高质量发展[N].人民日报,2024-02-02(1).

② 史晋川,李井奎,周冰.发展生产力是检验所有制形式的唯一标准[J].山东大学学报(哲学社会科学版),2019(5):84-92.

变化的影响;另一方面,民营经济受文化、理念、精神等非正式制度变迁的影响。因此,民营经济不仅与资源配置相关,还与决定资源配置的制度及其变迁相关。

首先,正式制度通常指国家出台的法律法规和政府针对企业发展所设立的规章制度以及企业自身为更好发展所制定的员工手册、章程等。正式制度可以通过约束人们的经济活动,使经济稳步运行在常态化的轨道上。经济基础与上层建筑相互影响、相互作用。制度可以在约束主体行为的同时达到激励效果。政府为民营企业制定合理的创新激励制度,有助于提升企业的创新能力,鼓励经营主体进行创新和改革,激励企业做出正确的战略决策,有助于企业提高生产效率并增加利润,同时其对社会产生的贡献也会达到最佳。如洋务运动时期的"官办企业""官督商办"、新中国成立初期对民族工商业实施的"利用、限制、改造"政策、改革开放以后建立的社会主义市场经济体制等,都直接、深刻、显著地影响了民营经济的产生和发展,甚至决定了民营经济的生死存亡。再如近年来全国各地政府通过落实"放管服"改革、推出"最多跑一次"改革、推行政务服务增值化改革等,以及要求践行竞争中立性原则、加大减税降负增效力度、提供要素融资人才保障等,不断明确服务民营经济的价值,不断增强服务民营经济的意识,不断提高服务民营经济的水平,十分有助于提升民营经济的发展活力、能力、水平。

其次,非正式制度是指人们在长期社会交往过程中逐步形成,并得到社会认可的约定俗成、共同恪守的行为准则,包含价值信念、伦理规范、道德观念、风俗习性、意识形态等。民营经济高质量发展离不开有效的非正式制度,尤其是风俗习惯、行为准则和社会认知这些非正式制度,在不同时期不同发展背景下都影响着人们所进行的商业活动和日常人际交往。此外,制度实施效果是由非正式制度和正式制度相互协调共同决定的,合理地实施非正式制度可以促进正式制度的实施,如新形势下对推动民营经济做优做强关键的"两个健康"(非公有制经济健康发展和非公有制经济人士健康成长)方针政策的强调与落实,如对"四千"精神①、商业文明的宣传引导和价值强化。此外,在静态层面的正式制度和非正式制度基础上,动态层面的制度

---

① "四千"精神是对改革开放以来浙商创业过程中"走遍千山万水,想尽千方百计,说尽千言万语,吃尽千辛万苦"的高度凝练,生动反映了浙江人在极其艰苦的条件下筚路蓝缕、披荆斩棘的创业创新历程以及敢于改革、善于拼搏、不畏艰险的优良品质和创业精神,也是中国改革开放大潮中所有民营企业奋发向前、敢拼敢闯的集体写照。

实施机制对于民营经济的发展极为重要，它是指制度的运行、遵守和监督之间相互联系、相互作用，使制度发挥出最大优势。有效的正式制度和非正式制度是否能够被严格执行，落到实处并发挥作用，关键在于制度实施机制的正确性以及有效性。如有的地方政府举行"亲清直通车·政企恳谈会"，畅通政企沟通渠道，形成以商（协）会、企业需求为导向的问题解决机制，树立有为政务服务新形象。如有的地方打造"亲清在线"数字平台，实现政策直达、服务直达、交流直达，加快构建"亲""清"新型政商关系，形成"企业最有感"的营商环境和政企同心向未来的发展环境。

从企业家精神及创新理论来看，民营经济由民营经济的主体推动，这个主体主要是民营企业。1776年，亚当·斯密的《国富论》出版，西方经济学正式进入古典经济学发展时期，自此之后，无论是从企业家职能与组织作用解释企业概念的古典经济学，还是从创新、决策、人力资本角度研究企业行为和企业家特质的新古典经济学，都是从企业发展的实践进行研究，都无一例外强调企业家以及企业家精神的独特作用。

1937年，企业理论开创者科斯在《企业的本质》中重点讨论了企业存在的原因及其扩展规模的界限问题。科斯提出了著名的"交易成本理论"，认为企业之所以存在，是因为交易成本使得一些交易无法通过市场机制完成。简而言之，企业与市场是两种可以互相替代的资源配置方式，本质上都是一种资源配置机制，企业最显著的特征是作为价格机制的替代物。1972年，著名的产权经济学家阿尔奇安和德姆塞茨提出了与科斯观点不同的"团队生产理论"，认为企业也是一种市场，而且是一种团队生产，但企业对要素生产率和报酬的计量能力以及对内部机会主义的监督能力优于市场，能节约更多交易成本。1890年，英国经济学家马歇尔在《经济学原理》一书中指出，企业家们属于敢于冒险和承担风险的有高度技能的职业阶层，企业家以自己的创造力、洞察力和统率力，发现和消除市场的不均衡，创造出更多的交易机会和效用，给企业的生产过程指明方向。马歇尔在土地、资产和劳动三个生产要素之外明确提出"具有利用资本的经营能力"新生产要素，并在其分配理论中把早期的"三位一体"公式扩大为"四位一体"公式，即劳动—工资，土地—地租，资本—利息，企业家才能—利润。1912年，现代创新理论的鼻祖熊彼特在《经济发展理论》一书中提出，企业家的职责是通过创新实现企业生产、经营、管理等各方面重新组合的创造性工作并获得企业利润，企业家的创新是经济发展的推动力，同时也是引起经济的周期性波动的原因。

1921年,芝加哥学派创始人奈特在《风险、不确定性和利润》一书中提出,经济过程的未来存在不确定性,企业家是不确定性的决策者,企业家与雇员面对不确定性达成合作,形成"企业"这种能有效分散风险的制度安排。企业家承担起不确定性的决策职责并具有相应的决策能力,利润是企业家降低不确定性所获得的报酬。1973年,奥地利学派经济学代表人物柯兹纳在《竞争与企业家精神》一书中将企业家定义为"具有一般人所不具有的、能够敏锐地发现市场获利机会,具有洞察力的人"。

由此可见,企业家是具有企业家精神这种难能可贵个人品质的一群人,在推动民营经济发展的过程中,要充分发挥企业家和企业家精神的作用。改革开放以来,我国民营经济的发展正是伴随着一大批成就卓著的民营企业家的诞生与成长的过程。可以说,改革开放以后,中国企业家走出几千年的束缚,为社会发展和国家进步带来向上的力量。

三、党的历史与民营经济

2023年3月6日,习近平总书记在看望参加全国政协十四届一次会议的民建、工商联界委员时指出:"民营经济是我们党长期执政、团结带领全国人民实现'两个一百年'奋斗目标和中华民族伟大复兴中国梦的重要力量。"[①]这一重要论述既是对民营经济的充分肯定,也是对民营经济在实现中华民族伟大复兴中国梦中发挥更大作用的殷切期待。中国共产党在不同历史时期,对民营经济的认识和政策,对中国民营经济的发展都具有重要的作用。[②]

新民主主义革命时期,党面临的主要任务是反对帝国主义、封建主义、官僚资本主义,争取民族独立、人民解放,为实现中华民族伟大复兴创造根本社会条件。这一时期,党的基本经济政策是没收官僚资本,实行耕者有其田的土地政策和保护民族资产阶级及民族工商业的政策。

社会主义革命和建设探索时期,党面临的主要任务是实现从新民主主义到社会主义的转变。这一时期,党对社会主义建设进行了艰难曲折的探索,推动了在全国范围内组织的对于农业、手工业和资本主义工商业的社会主义改造,逐步确立了社会主义公有制的经济制度。但是,受极左思想影

---

① 正确引导民营经济健康发展高质量发展[N].人民日报,2023-03-07(1).
② 冯留建.中国共产党民营经济改革的百年历程与历史启示[J].四川师范大学学报(社会科学版),2021(3):5-13.

响,尤其在"文化大革命"时期,民营经济经历了前所未有的剧烈变化。

改革开放和社会主义现代化建设新时期,党的工作重心转到以经济建设为中心,党的主要任务是通过改革开放,解放和发展社会生产力,建设社会主义现代化强国,实现中华民族的伟大复兴。这一时期,党推动了社会主义市场经济体制的建立,鼓励和支持民营经济政策的制定,确立了民营经济的宪法地位。

党的十八大以来,中国特色社会主义进入新时代,党面临的主要任务是实现第一个百年奋斗目标,开启实现第二个百年奋斗目标新征程,朝着实现中华民族伟大复兴的宏伟目标继续前进。这一时期,党进一步肯定了发展民营经济对中国式现代化建设的重要意义,进一步充分肯定了民营企业家在推动高质量发展及实现"两个一百年"奋斗目标中的重要作用。并在产权保护、市场准入、公平竞争等方面为民营企业创造了更好的发展条件,颁布了一系列促进民营经济发展的政策法规,实施了一系列促进民营经济高质量发展的具体措施。

党在这四个历史时期对民营经济的态度和采取的举措,随着对社会主义建设规律认识的不断深入而不断演变。改革开放的总设计师邓小平同志认识到,我国正处于并将长期处于社会主义初级阶段,这是我国建设社会主义现代化不可逾越的历史阶段。社会主义的本质是解放和发展生产力,实现共同富裕,计划和市场都是经济手段,不是社会主义与资本主义的本质区别,建立和完善社会主义市场经济体制是解放和发展生产力的重要途径,而鼓励、引导和支持民营经济发展是解放和发展生产力的重要内容,也是社会主义建设的重要内容。党的历史和伟大成就充分表明,只要坚持党的领导,国有企业、民营企业、个体经济等在内的市场主体都能发挥重要作用,都是发展社会主义生产力的重要力量。民营经济的发展历程也充分证明,民营经济是中国共产党长期执政、团结带领全国人民实现"两个一百年"奋斗目标和中华民族伟大复兴中国梦的重要力量,而中国式现代化对民营经济的发展也提出了更高要求。

总的来看,中国共产党对社会主义本质属性尤其是对解放和发展生产力规律认识的不断深入,为通过变革生产关系、完善经济制度、改革治理方式等途径推动国有经济和民营经济共同发展提供了重要的政治前提和制度基础。

1978年改革开放以来,尤其是2012年党的十八大以来,中国经济社会面貌发生了翻天覆地的巨大变化,民营经济从小到大、由弱变强,茁壮成长,民营企业从乡到城,由内到外,蓬勃发展,民营经济深刻影响着中国,乃至世界的发展。① 可以从三个"相辅相成"来概括改革开放以来民营经济的巨变与贡献:第一,改革开放进程与民营经济发展相辅相成。改革开放的不断深化与民营经济的发展壮大过程一致,形成了改革开放为民营经济发展拓展空间,民营经济发展促进改革开放政策革新的良性循环。第二,社会主义制度与民营经济发展相辅相成。民营经济是改革开放以来在党的方针政策指引下发展起来的百姓经济、人民经济,社会主义市场经济是公有制经济与非公有制经济各有分工、共存共荣的经济形态,发展、壮大民营经济是建设高水平社会主义市场经济体制和推动中国特色社会主义事业发展的必然要求。第三,高质量发展与民营经济发展相辅相成。改革开放 40 余年来,民营经济的发展深刻改变了中国的经济面貌、社会格局,为中国特色社会主义建设奠定了重要基础。近年来,高质量发展成为经济发展的必然选择和迫切要求。民营经济作为我国国民经济的重要组成部分,是经济增长的重要动力、推进创新的重要主体,在经济进入新常态的当下,也将成为推动经济高质量发展不可或缺的重要力量。

四、本书的叙事主线与基本框架

本书关于民营经济发展历史的研究和叙述始终遵循着一条主线——中国近代以来的民营经济从民族危亡之际的萌发到之后各个时期的起落沉浮,承受着外国资本和国家资本的挤压式竞争,这种挤压式竞争在很大程度上挤压了民营经济的生存空间,同时也对民营经济发展的内生动力、竞争能力、生存韧性形成了压力倒逼,民营企业挤压式发展,推动民营经济挤压式增长。改革开放以后,随着制度环境的不断改善,民营经济从小到大、由弱变强,不断发展壮大。

本书作者在研究和编撰过程中广泛搜集和整理已有相关研究文献资料,包括《中国现代化史(第一卷 1800—1949)》《中华人民共和国经济史》《1949—1952 中华人民共和国经济档案资料选编(工商体制卷)》《中国工业经济史》《中国民营经济史》《中国民营经济发展报告》《中国民营经济史·大事记》《中国私营企业发展报告(1978—1998)》和《目标与路径:中国共产党

---

① 陈永杰.民营企业发展与混合经济改革[M].杭州:浙江大学出版社,2016.

"三农"理论与实践 60 年》等百余本著作、史料和党史文件,以及大量学术论文和研究报告,并使用编年史的写法,系统研究了自 1860 年洋务运动至今的民营经济发展演变,并重点研究了中华人民共和国成立至今的民营经济发展历史,同时也阐释了新时代民营经济发展遇到的困难与挑战、机遇与希望。

全书由绪论和九章内容组成,主要内容如下:

绪论主要阐述了民营经济的基本概念、民营经济的理论研究视角、党的历史与民营经济,以及本书的叙事主线与基本框架。

第一章是晚清至民国时期的民营经济。1840 年鸦片战争后,中国逐渐沦为半殖民地半封建社会,在经济上日益沦为西方列强的商品销售市场和原料产地,在被迫卷入资本主义世界市场的国际分工体系后,开启了近代化的历程。本章介绍了这一时期民营经济的发展,包括鸦片战争后民营经济的产生、洋务运动后民营经济的初步发展、民国初年的民营经济、南京政府时期的民营经济发展及战争期间统制经济体制下的民营经济凋敝。

第二章是新中国经济恢复时期的民营经济。中华人民共和国成立后,在国民经济恢复时期,国家通过没收官僚资本,建立和扩大了国营经济,掌握了经济命脉。本章介绍了这一时期国家对民营经济发展的扶植、引导和调整,包括统一财经、"三反""五反"运动、修正税制、民营金融业的改造等一系列国家重大方针政策对民营经济发展的影响。

第三章是社会主义过渡时期的民营经济。从 1952 年下半年开始,国家经济政策根据国内国际形势的变化相应发生了重大转变,随着社会主义改造运动的兴起,以私营工商业、个体农业和手工业为代表的民营经济进入了一个前所未有的剧烈变化时期。本章介绍了这一时期党和国家的总路线取代过渡时期总纲领后的社会主义三大改造及民营经济的艰难发展。

第四章是社会主义三大改造后的民营经济。在社会主义三大改造完成之后,民营工商业转为公私合营,私人资本以定息的方式得以体现,农村小农和传统手工业进入合作化。本章介绍了这一时期国家新的经济政策提出、探索和中断的曲折过程,包括"大跃进"运动的兴起及其对农村私有经济与城市个体工商业更加严格的限制,以及三年困难时期后政策调整对城乡个体经济的有限松绑。"文化大革命"开始后,"割资本主义尾巴"在城乡愈演愈烈,私营经济逐渐绝迹,但同一时期农村集体经济的社队企业有了一定的发展。

第五章是改革开放初期的民营经济。改革开放后,党和政府把经济建设置于中心位置,民营经济从农村起步,进而在城市发展,形成了星火燎原之势,本章回顾了这一时期农村改革和农业民营化,以及农村民营工业的崛起,并介绍了城市民营经济的兴起和在对外开放过程中外资经济的发展。

第六章是南方谈话之后的民营经济发展。邓小平南方谈话后,民营经济的发展环境发生了深刻变化,党的十四大确定了将建立社会主义市场经济体制作为经济体制改革的目标。这一时期随着国有企业改革和乡镇企业改制的大规模开展,民营经济得到了极大的发展。

第七章是加入世界贸易组织与民营经济发展。2001年我国加入WTO后,国内外发展环境发生了巨大变化,民营经济与时俱进进行转型发展。本章回顾了这个阶段民营经济发展面临的国内外环境变化,民营企业尝试突破各种壁垒并迅速拓展,民营经济发展在国内外都取得了历史性的突破。

第八章是新时代民营经济发展。党的十八大以来,中国经济经历了从高速增长迈向新常态的换挡,党和国家出台了一系列扶持民营经济发展的重要举措。本章回顾了新时代民营经济发展的新变化和新特征,揭示了民营经济在发展中长期存在的主要问题,以及新时代民营经济发展的思路和举措。

第九章是中国民营经济发展的展望。党的二十大全面开启了新时代中国式现代化的新征程,也全面开启了新时代进一步发展壮大民营经济的新征程。全面推进民营经济高质量发展对于加快推进我国高质量发展和中国式现代化具有关键作用。党的二十届三中全会通过《中共中央关于进一步全面深化改革、推进中国式现代化的决定》,坚持致力于为非公有制经济发展营造良好环境和提供更多机会的方针政策,彰显了党中央对民营经济的高度重视,也为新时代民营经济的蓬勃发展指明了方向。本章重点阐释了中国式现代化建设过程中民营经济的重要作用,民营经济发展的机遇与挑战,以及民营经济发展的前景展望。

第一章　晚清至民国时期的民营经济

近代以来,中国的民营经济从产生起就是在外国资本和国家资本的夹缝中生存和发展的。1840年后,近代工业企业中开始出现华商的身影。甲午战争中国战败,宣告清朝以国家资本之力推行的洋务运动的失败。此后,私人设厂得到清政府的法律许可,民营经济开始起步。伴随着资本主义经济的发展,民族资本工业逐渐形成。1912年,中华民国临时政府成立后,出台了一些有助于民族资本主义发展的经济政策。北洋政府时期,军阀混战、帝国主义加紧侵略,社会经济发展受到一定程度的阻碍和破坏。但总体上看,民族工业的各个产业部门还是得到了一定的发展。1927—1937年南京国民政府初期,民营经济发展的整体情况为1840年后最高水平。抗日战争时期,国民政府采取了一些统制经济的政策和措施,官僚资本成为经济的主导力量。抗日战争胜利后,通过接受敌伪资产,官僚资本急速膨胀。1946年,全面内战爆发,社会经济秩序混乱,民营经济陷入困境。

第一节　鸦片战争后民营经济的产生

1840年鸦片战争后,中国与外国侵略者签订了一系列的不平等条约,在政治上逐渐失去自主性而成为半殖民地半封建社会。在经济上,中国日益沦为西方列强的商品销售市场和原料产地,被迫卷入资本主义世界市场的国际分工体系。这一时期,影响中国社会经济的因素主要有两个方面:一方面是外部,另一方面是内部。来自外部的影响,主要表现为帝国主义势力从各个方面控制了中国的经济命脉。与此同时,清政府则在经济改革和政治改革的道路选择上摇摆不定。在内外势力的共同作用下,中国本土的民营经济产生并获得了初步的发展。

一、近代工商企业的创办和洋务运动的兴起

(一)外国资本的侵入与第一批近代工商企业的创办

中国一直到晚清仍然保持着传统经济模式。中国民营经济是在中国传统经济模式被外国资本和技术打破后方才出现的。中国最早出现的近代工商企业,是在 1842 年《南京条约》签订后,由外国资本在广州、上海等通商口岸创办的。1843 年 11 月 17 日上海被迫开埠后,中国的对外贸易中心逐渐从广州转移到上海。外国商品和外国资本纷纷涌入,刺激了上海的内外贸易、金融保险、交通运输、轻纺与机器制造业,使其迅速从一个小渔村发展成为国际化的大都市。当时,清政府对外国资本在中国口岸开设工厂没有任何法律或条约约束,在实际操作中往往不直接干涉,而是采取默许、放任的态度。据考证,外国资本在中国开设的第一家近代企业是 1843 年在上海设立的墨海书馆印刷所。墨海书馆也是近代中国出现的第一家机器印刷厂和出版机构。[①]

中国最早的一批产业工人就诞生于外资企业。中国商人看到外国资本来华创办工业取得优厚利润,当然受到一定的刺激和影响。然而私人创办近代工业的行为是被禁止的。清政府采取双重标准:一方面默许外国资本来华设立新式企业;另一方面却不允许中国商人设立或参与新式企业的经营。这样的做法体现在清政府对近代工业的控制、干预和约束上。最初,对于近代民营工业企业的开办,清政府采取严厉的限制政策,一旦发现立即勒令停产关闭。顽固派认为西洋机器是奇技淫巧,竭力反对用机器动力替代手工操作。在此情况下,华商采取的方式是"附股"于外商,参与外商在华经营活动并赚取利润。这样的情况一直到洋务运动开展后才有所改变。

(二)洋务运动的兴起与民营经济的艰难起步

中国最早的民营经济组织产生于近代工业领域,其肇始时间是在晚清洋务运动之际。19 世纪 60 年代洋务运动兴起后,早期的军事工业在所有权形式、经营方式上属于国有企业。到 19 世纪 70 年代洋务派创办的民用企业,逐渐允许引进私人资本、鼓励私人参与企业的经营,近代中国的民营经济由此出现。除了在洋务运动中开办的军事、民用企业,清政府在这一时期

---

① 薛理勇.上海掌故辞典[M].上海:上海辞书出版社,1999:334-335.

对民营企业的设立虽不明文提倡,但也不再严厉限制了。然而,在政策含混不清、摇摆不定的情况下,民营经济的起步仍然举步维艰。

南洋华侨陈启沅在广东南海创设的继昌隆缫丝厂是中国民营资本最早经营的近代工业企业。"研究中国近代工业史的人,在谈到中国民族资本近代工业的发生时,经常提到这个工厂。因为这个在 1873 年成立的缫丝厂,不仅被认为是我国第一个民族资本主义经营的现代缫丝厂,而且也被认为是最早的民族资本现代工业。"[①] 继昌隆缫丝厂的开办开了中国民营机器缫丝的先河。当丝厂遭到当地手工业行会的大肆攻击,暴动者捣毁机器时,陈启沅火速报官请求保护。但南海知县徐赓陛接报后不仅不制止捣毁机器事件,反而火上浇油,勒令所有丝厂"克日齐停工作",并派兵把缫丝机器一一查封,理由是"各省制办机器,均系由官设局","平民不得私擅购置"。[②] 在经历了 1881 年手工业工人反抗机器的大械斗后,陈启沅孤立无援,选择暂避锋芒,把经营了近十年的继昌隆缫丝厂迁往澳门并改名。从继昌隆缫丝厂的起步和退守中,我们得以窥见中国民营企业在产生时期的进退两难(见专栏 1-1)。

专栏 1-1 近代中国第一家民族资本经营的机器缫丝厂
——广东继昌隆缫丝厂

继昌隆缫丝厂是中国最早创设的机器缫丝厂,亦为中国近代最早的民族资本企业之一。继昌隆缫丝厂创设于 1873 年(清同治十二年),厂址在广东南海县西樵简村(今属佛山市南海区),创始人陈启沅(1834—1903)为南洋侨商,初在越南从事杂货丝绸买卖,后来长期经营丝织品,1872 年回国筹划在著名的蚕桑之乡——南海县创办机器缫丝厂。起初该厂仅有丝釜数十部。产品售价高于手工缫丝三分之一,获利很多。嗣后逐渐扩大,丝釜[③]最多时达 800 部,其他缫丝厂亦相继设立。1881 年 12 月,该厂迫于地方势力的压力迁往澳门,改名为"和昌缫丝厂",三年后又迁回简村,并改为"世昌纶缫丝厂"。到 19 世纪末和 20 世纪初,顺德、南海等地已成为中国最早的近代缫丝工业中心。

资料来源:陈永忠. 经济新学科大辞典[M]. 海口:三环出版社,1991:353.

---

① 汪敬虞. 关于继昌隆缫丝厂的若干史料及值得研究的几个问题[J]. 学术研究,1962(6):60-69.
② 孙毓棠. 中国近代工业史资料:第一辑(1840—1895 年)(下册)[M]. 北京:科学出版社,1957:964.
③ 注:此处原文为"丝金"。根据上文表述与语义,更改为"丝釜"。

（三）洋务企业由官营向民营的转变

在中国近代化的过程中,不可避免地经历了众多的技术变革和制度变革。19世纪60年代至90年代的洋务运动是晚清经济改革的代表性事件。由于处于后发和劣势地位,清政府在主动模仿发达国家的技术和制度的同时,还根据国内外政治、经济形势和本国国情做出了一系列的探索和尝试。

"洋务"原先称"夷务",是清政府办理的外国事务的通称,诸如外交、通商和传教等。洋务运动中所兴办的"洋务",则专指引进西方武器装备、机器设备和科学技术等。"洋务派"是提倡和主持"洋务"的官员,其在中央官吏中以奕䜣、桂良、文祥、崇厚等满族权贵为代表;在地方官吏中以曾国藩、左宗棠、李鸿章、张之洞等为代表。洋务派继承了林则徐、魏源的"师夷长技以制夷"的思想,以"中学为体,西学为用"为宗旨。他们寄希望于模仿西方国家的科学技术而巩固政权,认为中国的政治制度比西方好,只是武器装备比不上西方列强,只要国家掌握了西方的近代军事技术和装备就可以解决困局。

在经营管理权上,清政府对洋务运动中创办的民用工业企业,无论是官办、官商合办,抑或是官督商办企业,总是企图将权力控制在自己手中。即使官督商办企业从资金来源上已经全部为商股,封建官僚对企业的管理仍具有领导权,并通过政府委派官员在企业任职达到控制企业经营管理权的目的。另外,一些在洋务运动后期办厂条件放宽时兴起的民营商股企业,为了经营安全起见,往往也被迫接受官督商办的管理体制。

可见,中国民营企业在产生之初,具有受官府意志左右的特点,企业的生产经营缺乏自主权。它们不能像西方资本主义企业那样,由总经理作为企业组织和管理的负责人自主统筹公司事务。在腐败的官僚体制下,官营企业和官僚化管理的民营企业效益欠佳,缺乏市场竞争力。政府干预企业经营管理权像是一个魔咒,使得多数民营企业经营情况时好时坏或寿命短暂。

二、洋务运动失败与清政府的民营经济政策

甲午战败后,洋务运动"自强"和"求富"的努力均告失败。1895年4月17日,中日签订《马关条约》。该条约规定清政府允许外国在中国开设工厂。在民族危亡、民怨沸腾之际,清政府对国内民营企业开办的态度进一步发生变化。清政府意识到,仅依靠"洋务运动"中提倡的技术改革已经无力回天,

必须采用技术变革和制度变革并驾齐驱的政策。1895 年 8 月 10 日（光绪二十一年农历六月二十日），光绪帝上谕强调官办企业原有经营方式不当，而"亟应从速变计"，具体政策就是要"招商承办"，强调要积极鼓励私人自由创办工商企业。这是清政府第一次转变态度，由原来的限制民营经济的发展，转为公开鼓励其发展，标志着清政府私有化经济政策的确立。此后十余年中，清政府借鉴西方资本主义经验相应制定了一系列发展工商业、鼓励民营经济的政策。从宏观制度变迁的角度，可以分为两个阶段进行考察。

第一个阶段是 1896—1900 年。此为清政府通过制度性安排推动民营经济发展的尝试期，重要事件是戊戌变法。首先，1898 年（光绪二十四年）发生的戊戌变法主张"立商政"，将发展工商业的行政事务从洋务、外交事务中分离，不再由总理衙门负责，而是在中央设立农工商总局，在各省设立分局，各省府州县皆立农务学堂，广开农会，刊农报，购农品。然而，变法中的农工商总局尚未拥有统一管理全国农工商事务的权力，变法失败后农工商总局随即遭到裁撤。其次，戊戌变法提倡"定奖章"，即制定经济法规和奖励章程。清政府正式颁布了《振兴工艺给奖章程》《矿务铁路公共章程》。

第二个阶段是 1901—1911 年。该阶段为清政府通过制度性安排推动民营经济发展的深化期，重要事件是清末新政。清末新政是清政府于1901—1905 年推行的一系列除旧布新的改革，是一场经济和政治体制改革运动，也是中国现代化进程中的重大事件之一。清末新政时期，清政府在工商、路矿、农业、金融、财政、外贸等方面实行了一系列的经济改革。"振兴工商"是清末新政的重要任务，清政府从设立管理经济的专门机构，颁行发展实业的经济法规，奖励实业、赏赐爵位，劝办商会、兴办实业学堂和商报等四个方面开展工作。

清政府在甲午战败后变重农抑商为奖励实业，较之过往故步自封、垄断专制的官僚式作风有了一定的进步，其所做出的政府职能调整和出台的系列政策措施对振兴工商业、发展民营经济起到了促进作用。但是，清政府的上述政策和措施仍存在很大的局限性，它所面临的困境亦不是通过某些阶层或个别团体政治利益、经济利益的重组或分配就能够改变的。解决之道必须是一个国家的系统工程，制度体制、思想观念、资金财力、人才人力缺一不可。在清政府通过制度性安排推动民营经济发展的过程中，始终存在着"国退民进""国进民退"的摇摆局面。

清政府与新兴资产阶级、商人之间的较量，最终使经济改革逐渐倒逼政治体制改革。在立宪运动的推进过程中,各级商会逐渐形成网络,并逐渐学会英国式商会的自治和民主管理。在预备立宪公会等组织中,商人占明显优势。商人们认识到,"今日中国之政治现象,则与股份公司之性质最不兼容者也。而股份公司非在完全法治国之下未由发达,故振兴实业之关键在于通过立宪确立法治,限制政权,保障民权来改良政治环境与政治组织"。商人们深刻地认识到,民富与国强皆赖于工商业的自由发展。"商兴则民富,民富则国强,富强之基础,我商人宜肩其责。"①随着民族工业的发展,民族资产阶级作为一支新的社会政治力量逐渐成长起来。1911 年,在经历了商业势力助推的"预备立宪"运动和对抗"国进民退"政策的保路运动后,清政府的统治终于被推翻。

第二节 洋务运动后的民营经济

民营经济自 19 世纪六七十年代在洋务运动的民用工业中产生。洋务运动没有实现"自强""求富"的目标,但通过引进西方先进的科学技术,中国出现了第一批近代企业,在客观上对中国民族资本主义的产生和发展起到了积极的促进作用。1895 年后,随着政府鼓励工商业发展政策的推行,社会上兴起了民间投资实业的热潮,民营企业在"实业救国"思想的指导下,不断寻求生存发展之道。民营资本无论是在投资规模、企业数量、投资领域还是增长速度上都超过了官僚资本。

一、民营经济的发展规模与空间分布

(一)发展规模

甲午战争前,民营企业以"投资少,规模小"为基本特点。据统计,甲午战争前,中国共有民族资本企业 136 家,资本总额为白银 500 万两,平均每家厂资金只有 3.6 万两。万两资金以上的企业只有 53 家。较大一些的企业只有陈启沅创办的继昌隆缫丝厂(资金 20 万—30 万两)和李宗岱开办的山东平度招远金矿(投资 80 万两)等。同期在中国开办的外国企业规模则大得多。如英国耶松和祥生船厂在 1900 年合并后的资本达到 557 万两。

---

① 侯宜杰.二十世纪初中国政治改革风潮:清末立宪运动史[M].北京:中国人民大学出版社,2009:109-113.

法商开办的信昌纱厂资本达到 53 万两。中国洋务派开办的官办工业,平均规模在 85 万两以上,都比民族资本企业的规模大得多。① 民营资本在起步阶段落后于官僚资本,但在甲午战争后实现了反超。

表 1-1 是甲午战争前后外国资本、官僚资本、民族资本估计表。据此可知,在甲午战争前创办的近代企业中,官僚资本额占 31.2%,民族资本额占 8.1%。在甲午战争后创办的近代企业中,官僚资本额占 9.7% ,民族资本额占 10.0%。可见,洋务运动中,商办企业的数量虽然已经超过官办企业,但是资本额远低于后者。到甲午战争后,这种情况发生了逆转,商办企业在数量、资本额、增长倍数上全面反超官办企业。

表 1-1　中国近代产业资本总量的估计

资本类型	1894 年		1913 年		年平均增长率/%
	资本额/万元	占比/%	资本额/万元	占比/%	
资本总额	8954	100.0	154096	100.0	16.2
其中:外国资本	5434	60.7	123709	80.3	17.9
官僚资本	2797	31.2	14888	9.7	9.2
民族资本	723	8.1	15499	10.0	17.5

资料来源:上海市经济学会.经济学探索的丰硕成果:上海市经济学会 1979~1985 年获奖论文选[M].上海:上海社会科学院出版社,1988:560.

注:资本额单位万(银)元,1(银)元=0.72 两银子。

从整个中国民族资本工业来看,这一时期所开设的工厂企业,平均每家资本少于 20 万元,如果与外资在华所开设的工厂相比,还不到其平均资本的三分之一,也只相当于官僚资本企业每家平均资本的一半多一些。② 可见,在甲午战争以后,中国的民族资本工业的确获得了一定的发展,然而企业平均资本水平较之外国企业和官僚资本企业仍处于劣势。

总体而言,中国民营经济的初步发展受制于外国势力和封建势力的双重束缚和阻碍,民营企业是在一条布满荆棘的道路上步履艰难地前行。

首先,外部因素。1895 年甲午战争后,帝国主义国家加紧侵华的脚步,凭借不平等条约所取得的特权,对中国进行经济侵略,在商品输出的同时,

---

① 高继仁.中国工业经济史[M].开封:河南大学出版社,1992:57.
② 祝慈寿.中国近代工业史[M].重庆:重庆出版社,1989:411.

加紧资本输出。民营企业在与外资企业的竞争中处于不对等地位,没有外资企业在不平等条约庇护下所拥有的种种特权,故而很难立足和发展。民营经济在资金、技术、管理等方面对外国资本具有很强的依赖性。

其次,内部因素。在"振兴实业"口号下,清政府对各种民营资本工业仍然进行不同程度的控制和约束。民营资本家要维护自身利益、达到盈利目的,必须依靠封建势力。在"民进国退"的情况下,政府并没有将所有产业领域都向民营经济开放,而是有选择地开放。此外,从1853年(咸丰三年)开始实行的厘金制度也对民营经济的发展造成一定阻碍。

(二)空间分布

晚清中国民营企业空间分布的基本特征如下:一是分布集中。民营企业多开设在通商口岸、沿海、沿江城市及其附近地区,如沿海的上海、天津、青岛、广州等城市,以及内陆的武汉、太原、成都、重庆等城市。企业数量上,上海最多,广州次之。二是地域分布极不平衡。除上述地区以外的广大地区,民营企业大部分未能得到充分发展。与沿海地区相比,内陆地区工业的发展相对滞后,因为经济发展与通商口岸的设立和铁路、航路的通畅有着密切的关系。如重庆近代工业的产生比沿海城市晚二三十年,在1891年重庆正式开埠后才开始。重庆正式开埠和川江轮船航线的开通,为国内外资本进入重庆创造了条件。从1891年到1911年,"重庆市的近代工矿交通企业共20余家,职工2000余人,创办资本约一百五六十万元"[①]。

在进入国际分工体系后,海上运输、铁路运输、公路运输成为新兴的运输方式。由于要素流动和产品流动需要有交通优势,因而从这一时期开始,沿海地区的交通优势凸显,沿海和内陆地区经济发展的速度差距逐渐加大。基于交通条件便利与否和是否为通商口岸的区别,近代工业的地区分布存在明显的不平衡性,各个地区之间工业发展水平在起步阶段就出现了很大的差距。《南京条约》要求中国开放广州、厦门、福州、宁波、上海五处为通商口岸,实行自由贸易,这些通商口岸就成为外国资本和民族资本竞相角逐的地区。近代工业生产与原料产地分离的情况出现。如上海是全国制造工业最集中的城市,但其附近没有铁矿、煤矿、石油资源,与上海毗邻的江苏、浙江的矿产资源和能源储量也相对贫乏。

---

① 中国民主建国会重庆市委员会,重庆市工商业联合会.重庆工商史料选辑:第五辑[M].重庆:重庆出版社,1986:41.

二、民营经济的产业分布与发展

民营经济在初创时期的产业分布集中于轻工业和小规模的采矿业。外国商品倾销使得商品销售由地方市场向全国市场转变,民营资本在外国工业品所不能填满的缝隙中寻找市场。初期民营资本开办工业的范围狭窄,行业少,产品的品种也少。民营经济主体参与纺织、面粉、造纸、火柴、制糖、机器制造和印刷等行业并形成一定影响。另外,在榨油、制糖、制茶、制药、玻璃等行业也开办了一些小型的加工厂,但较之上述各行业规模则更小。以下从轻工业、重工业和金融业三个方面分析晚清民营经济产业发展的特点。

(一)轻工业

从工业部门结构上看,晚清民营资本工业基本上是轻工业,其中又主要是纺织工业和食品工业。民营资本在新式棉纺织业、机器轧花业、机器缫丝业、火柴工业、面粉业、造纸印刷业等行业内表现突出,其他轻工业尚有榨油、卷烟、豆饼制造、制糖、制茶、玻璃、制冰等。其中,民营棉纺织业的发展特点值得我们关注。

1840 年以后,伴随着市场的开放,外国资本主义把中国变成其销售过剩工业品的国际商品市场。在与资本主义机制纱布的竞争中,中国古老的手工棉纺织业受到严重冲击。洋务运动中,洋务派先后开办了 4 家较大的纺织工业企业。其中官办 2 家,分别是兰州机器织呢局、湖北纺织四局;官督商办 2 家,分别是上海机器织布局、华新纺织新局。上海机器织布局是清末最早的官督商办机器棉纺织厂,于 1878 年(光绪四年)由李鸿章派郑观应等筹建,在中国棉纺织史上具有划时代的意义(见专栏 1-2)。

专栏 1-2 清末最早的官督商办机器棉纺织厂——上海机器织布局

上海机器织布局俗称"老洋布局"。1876 年,李鸿章派魏纶先筹办,因资金困难作罢。1878 年,李鸿章另派彭汝琮、郑观应等筹建。次年,彭、郑龃龉,彭被辞。1880 年,李鸿章派龚寿图、郑观应分别负责"官务""商务",另订章程。订购轧花、纺纱、织布等全套机器设备。最初招股白银 50 万两,后投资至 100 万两。资本有公款、商股、私款等。1882 年请准专利,规定"十年内只准华商附股搭办,不准另行设局",产品在上海免税,行销内地只在上海完一正税,此外概免一切税厘。1890 年投产后,营业兴盛,利润较高。1893 年该局失火,损失达 70 余万两。后李鸿章派盛宣怀等力图恢复,改建为华盛机器总厂,另在上海、宁波、镇江等地设立 10 个分厂。由于甲午战争的影响,又加上外国纱厂的排挤,该厂连年亏损,难以为继,终于在 1909 年以 210 万两出售,变为盛宣怀的私人家产。

资料来源:侯志辉.上海纺织工业发展简史[M].上海:上海大学出版社,2021:13-18.

(二)重工业

重工业是以生产生产资料为主的工业,包括冶金、电力、煤炭、石油、基本化学、建筑材料和机械制造等工业部门。但是晚清民营经济以轻工业为主,重工业较薄弱,重工业表现尚佳的仅有采矿业、机械制造等部门,其他方面进步较小。

其一,采矿业。由于煤矿开采技术复杂,耗资多,再加上官方垄断的限制,1895 年以前民营资本涉足者不多。民营资本经营的采矿企业,大部分是在原来使用土法开采的采矿业基础上,只在个别工序上使用部分机器。民营资本从事煤矿开发较早的有:1877 年开办的安徽池州煤矿,1879 年开办的湖北荆门煤矿,1880 年开办的山东枣庄煤矿、直隶临城煤矿,1883 年开办的安徽贵池煤矿,等等。上述小煤矿开办后,或因技术问题,或因资金困难,有些不久便停产,只有枣庄煤矿办得较为成功。在 19 世纪 80 年代,民营资本先后创办了 10 个金属矿开采企业,规模最大的是广东商人李宗岱于 1883 年投资开办的山东平度招远金矿,先后投资白银 80 万两,开采范围涉及周围几十里,年产黄金数万两。

其二,机器制造业。民营机器制造业的基础薄弱。"在甲午战争前民族工业初创时期,属于民族资本开办的机器制造厂共 12 家,3600 两白银。它们大多是手工或半手工劳动,只有一些极为简单的动力设备,生产的性质也都是修配性质的。资本最多的有 500 两,少的仅有百余两。"[1]机器制造业方面,最早的民族资本近代企业是 1866 年由商人方举赞、孙英德合伙建立的上海发昌机器厂。起初该厂仅是手工业锻铁作坊,1869 年有了第一台车床,从手工业作坊升格为近代机器工业。1876 年曾制成小火轮出售,次年曾在

---

① 高继仁.中国工业经济史[M].开封:河南大学出版社,1992:56.

《申报》登载广告,说"可造大小轮船机器"及"车床汽锤"。19世纪80年代,发昌机器厂业务发达,获利甚多,成为当时上海民族机器工业企业中规模最大的一家。但是到了80年代末,由于外商船厂逐步取得船舶修造业的垄断地位,该厂受外国资本的排挤,业务日趋衰落,1900年被英商耶松船厂吞并。据1895—1904年的资料,全国新开办的机器厂有36家。这些厂在创办时绝大多数资金都很少,规模也很小,又多是半手工式操作,小厂资金只有一两百元,超过千元的也只有11家。其中规模稍大些的有3家,分别为恒昌祥机器造船厂、大隆机器厂和求新机器轮船制造厂。

(三)金融业

传统金融机构如钱庄、票号等,在中国近代化过程中也被卷入新兴市场。在市场经济条件下,传统金融方式,如印局、账局、典当、钱庄、票号等不断出现分化,大部分是在艰难求存且不断走向衰落。近代银行迅速发展,其势力逐渐取代了票号,并超过了钱庄等旧式的金融机构。现代金融机构的进入,使得金融业的发展多元化,出现了新旧并存的格局,两者相互影响、渗透。

银行作为资金融通的中介机构,是商品货币经济发展到一定阶段的产物。"现代意义上的商业银行是以工商企业和居民家庭为主要服务对象,通过开展广泛的金融业务来实现盈利最大化目标的金融企业。"[①]随着外资与中外合资银行的设立,中国的商业银行也相继开设。1898年(清光绪二十四年),中国通商银行在北京设立分行,这是北京第一家国人自办的近代银行。1905年(光绪三十一年),清政府中央银行——户部银行——在北京成立(见专栏1-3),1908年(光绪三十四年)改组为大清银行,被赋予发行兑换券并代理国库的权力。这是中国最早的中央银行。到1911年,大清银行成为全国规模最大的银行。清末社会动荡不安,成立不久的中国新式银行岌岌可危,辛亥革命的爆发也给一些银行带来很大冲击。

专栏1-3 中国最早的中央银行——户部银行

户部银行,亦称大清银行、大清户部银行,是清末国家金融机构,中国最早的中央银行。清光绪三十年(1904),户部草拟试办银行章程三十二条,光绪三十一年农历八月正式在北京创设总行。额定股本为库

---

① 李树生,冯瑞河.金融学概论[M].北京:中国金融出版社,2005:122.

平四百万两,分为四万股,每股库平足银百两;户部认股半数,另一半任私人自由入股,为官商合办银行。同年,在天津、上海设立分行。后在汉口、济南、张家口、奉天、营口、库伦等地相继开设分行。该行除经营收存出放款项、买卖金银、汇兑划拨公私款项、折收期票及代人收存财物等一般银行业务外,并有铸造货币、代理国库发行纸币之特权。发行的纸币有:库平银一百两、五十两、十两、五两、一两等五种银两票和面额类似的银元票。另发行有银票和各种票据。凡该行发行的纸币,不论公私出入款项及解库官款,一律通用。清光绪三十四年,改称大清银行。

资料来源:郑天挺,荣孟源.中国历史大辞典:清史卷:下[M].上海:上海辞书出版社,1992:151.

三、民营企业家与近代企业制度

外国资本进入中国后,将新的经济组织形式——近代企业——一并传入。它的传入打破了中国传统经济组织的固有状态。新生的市场经济组织形式与中国传统的经济组织形式发生着激烈的矛盾和冲突。在市场经济条件下,企业有不同的组织形态,其中最常见的三种法定组织形态是独资企业、合伙制企业和公司制企业。在中国市场发育的过程中,民间资本也效仿外国资本创建了类似的经济组织,并促进传统经济组织的转型。伴随着现代企业制度在中国的确立,最早的一批企业家群体登上历史舞台。

(一)近代企业制度的建立

1840年鸦片战争以后,西方资本主义的资本组织形式——近代企业制度——伴随其商品一同传入中国,于是西方的公司制度也在中国诞生了。在中国近代市场经济发展的过程中,近代企业制度的确立和推动功不可没。中国近代公司制度的出现,是以洋务运动中官督商办、官商合办到后来的商办等新型企业组织模式的推广为开端的。在市场和竞争的引导下,中国近代企业家们不断探索和改进企业制度。最初的近代工业都是政府创办的,而私人创办近代工业的行为是被禁止的。尽管如此,还是有一些民间资本突破禁令创办了机器工厂,从而产生了最早的近代民营工业企业。创立于1866年的上海发昌机器厂是中国近代第一家资本主义工业企业。

(二)民营企业家群体的出现

近代企业家群体是一个复杂的社会群体。由于近代中国社会环境的急速变化,企业家与政府的关系、与国际的关系也随之不断变化。不同时期的企业家在创业模式、经营手段等方面都呈现出了较大差异,价值观也存在明显不同。有学者按照发展的时间轨迹将中国近代企业家群体划分为五种类型:官僚企业家、绅士企业家、华侨型企业家、学徒型企业家以及新绅士企业家。[①] 从民营企业家的来源上看,有旧式官僚、拥有新式思想的旧式商人、买办商人、华侨商人等。民营企业家代表者有朱其昂、陈启沅、唐廷枢、徐润、郑观应、祝大椿、盛宣怀、张謇、周学熙、荣宗敬和荣德生兄弟、简照南和简玉阶兄弟、张弼士、何麟书等。

(三)企业家精神的诞生

企业家精神是与企业家群体相伴相生的。近代中国各行各业都出现了经济学家们总结归纳的企业家精神。汪敬虞对此进行了深入的论述,并选取了一系列代表当时企业家精神的实例来说明[②],比如张謇的大生纱厂、简照南和简玉阶兄弟的南洋兄弟烟草公司、范旭东艰难开创的久大盐业公司和永利制碱公司,以及中国的"摩根"银行家陈光甫以少量资本在外国资本环伺下成功开办的上海商业储蓄银行等,这些实例是近代企业家精神的集中反映。在企业家精神的感召下,许多微观主体以上述企业家为偶像,不遗余力地推广新机器、新技术、新制度,把新机器、新技术、新制度运用到当时的经济发展中,从而推动了社会经济的进步,为中国近代市场经济体系的形成奠定了人力资源基础。

第三节　民国初年的民营经济

1911年,辛亥革命爆发,推翻了清王朝,结束了中国两千多年的封建帝制。清政府垮台以后,尽管封建制度并未彻底革除,但毕竟为资本主义的发展创造了一定的有利条件。南京临时政府、北洋政府一时还没有能够形成强大的中央集权力量,整个社会实际上处在自发秩序的状态。

一、中华民国临时政府时期的民营经济措施

1912年1月1日,中华民国临时政府在江苏南京成立,孙中山就任临时

---

① 彭南生.行会制度的近代命运[M].北京:人民出版社,2003:402.

② 张福墀,等.企业家精神[M].北京:企业管理出版社,1997:15.

大总统,标志着资产阶级登上政治舞台。临时大总统孙中山作为资产阶级代表,认为应该依靠资本主义发展中国,因此致力于推动中国资本主义的发展。虽然该政权仅存在了 3 个月,但还是颁布了许多有利于振兴实业的经济措施,其主要内容是:①明令保护工商业者私有财产不可侵犯,确立自由经营的权利;②颁布商业注册章程;③制定银行条例;④鼓励创办各种公司和企业;⑤恢复市场经济秩序;⑥倡导兴农垦殖;⑦支持成立民间实业团体。从此,中国开始了以国家政权的力量推动资本主义经济发展的历史,发展资本主义工商业、对外开放已成为不可逆转的历史潮流。

二、北洋政府时期的民营经济政策

北洋政府在经济上没有立刻否定南京临时政府自由发展资本主义的原则,还颁布了一些有利于资本主义发展的经济措施。一批著名工商界人士担任了农林、工商、财政、交通等经济部门的要职。在他们的主持下,北洋政府出台了一系列资本主义经济法律。1912—1915 年,在资产阶级代表刘揆一和张謇先后担任工商、农林和农商总长期间,政府出台了一系列经济法律。1912 年,政府将农工商部划分为农林、工商两部。同年 12 月 5 日,工商部颁布《奖励工艺品暂行章程》,该章程共 13 条,规定凡发明或改良的制造品,由工商部考验认为合格者,得享有 5 年专卖权利,或给予名誉上的奖励。1914 年,农商部颁布《公司条例》《公司保息条例》。

据统计,1912—1923 年,北洋政府共出台了 70 多项经济法律,使近代经济完成了初步转型,促进了近代民营经济的发展。主要内容包括:①工商业方面。倡导开办公司,完善工商法规,确立保息、专利、示范和奖励制度。如在张謇参与下制定的《公司条例》和《商会法》,目的是使企业行为规范化,明确规定商会的法人地位,推行新度量衡制,奖励发明和经营实业,对民族工业产品及原料减免捐税,拓展融资渠道,设立种植示范基地。②农业方面。设立垦务局,鼓励多种经营,重视发展经济作物,建立实验场地,改良和引进优良品种,兴修水利以振兴农业,倡导成立农会,促进农业发展。③财政金融方面。整理财政,实行国、地分税,裁厘减税,提倡银行等新式金融业,整理钱庄、票号、典当等旧式金融机构,创办证券交易所和物品交易所。④矿务方面。设立矿务监督局,取消对矿藏开采的若干限制,鼓励矿业的发展。颁布了《矿业条例》及《矿业条例施行细则》等法规,给予部分采矿企业税收方面的优惠。

北洋政府和国民政府设立国库和成立财政部,管辖赋税、会计、出纳、公债、泉币、专卖、储金、银行及其他一切财政,并初步建立财政预算决算制度。现代银行和证券债券等市场纷纷建立,政府也开始重视金融业,于是设立了中央银行以加强对金融业的监管。财政部、国家银行和中央银行的出现,既标志着旧的管理经济的机构退出历史舞台,也标志着新的管理经济的机构的诞生。

虽然有上述各方面的努力,但是我们必须清晰地认识到,北洋政府是一个典型的在经济上软弱的、较少作为的弱政府。在1916年袁世凯死后,北洋政府各部分崩离析,皖系、直系两大派系先后控制中央政府。第二次直奉战争后,北洋政府又被迅速壮大的奉系控制,直到北伐战争后才完成了短暂的形式统一。彼时的中国虽然有一个名义上的中央政府,但是国家陷入了实质的军阀派系割据中。因为中央政府对地方控制能力受到削弱,税源也大为缩小,失去了对地方财税的管控。北洋政府不但连年财政赤字,而且财政收入增长缓慢,其占国民生产总值的比重也很低。北洋政府的财政状况被讽刺为"破落户的财政",财政上的窘迫状况大大限制了政府干预经济活动的能力。由于中央政府几乎失去了对农业税的控制,工商业的税收在中央财政中的比重越来越大。这也激励中央政府改善和保障近代工商业发展的基本经济秩序。

这一时期的官办实业甚少发展,加上政权频繁易手,出于机会主义考虑,没人愿意进行收益增长缓慢且不稳定的实业投资。晚清时期留下的官办企业仍然存在。北洋政府结束时,约有44家官办、官商合办企业实现了由官营到民营的转变。即使接收了一些清代的官办企业,经营也大多陷于停顿。政府财政用于经济建设的款项微乎其微。1912年经济建设费用占财政开支的比重是3.5%,1916年为1.2%,1919年为0.5%。北洋政府的财政不仅对民营经济难有作为,就是对官办经济也维持乏力,此时,市场投资经营主体自然向民间资本转移。

总结而言,民国初年,民族主义观念盛行,实业救国、抵制洋货、爱用国货作为社会思潮蓬勃发展,加之政府兴办实业的号召和相关法律保障,消除了民营资本的顾虑,民营资本纷纷投资民生领域兴办实业,出现了一个发展民营资本工业的浪潮,民族资产阶级的社会地位大为提高。民营经济在自由市场经济的道路上前进,民营企业家空前活跃并控制了重要的产业领域,一大批民营企业快速崛起,仅在1912年和1913年,中国新成立的工厂数就分别达到 2001 家和 1249 家,到 1916 年全国工厂数达 16957 家。[①] 近代中国的市场经济得以发展并初步成形,形成了现代生产关系。

三、一战时期的短期"工业化景气"

北洋政府时期,中国出现了军阀割据、战乱不已的社会局面。但第一次世界大战期间,欧洲各帝国主义国家暂时放松了对殖民地、半殖民地国家经济的控制和掠夺,客观上使中国的民族资本主义发展出现了短期的所谓"工业化景气"。据统计,这一时期,中国资本新设厂矿共 379 家,资本总额 8580 万元,平均每年设厂矿企业 63 家,新投资本 1430 万元,都比第一次世界大战前的 19 年间增长了一倍多。出现了资本在 100 万元以上的大型企业 43 家,像南洋兄弟烟草公司的资本达到 1500 万元。[②]

1916 年起,民营资本工业又有了进一步的发展。纺织、面粉、化学、烛皂、机器、印刷、制革、玻璃、油漆、榨油等工业行业,都有民营资本投入,其中规模较大的著名企业有德大纱厂,福新面粉一、二、四厂,三友实业社,达丰染织公司等。棉纺织业是当时民营资本最重要的投资部门。民营资本新设的(不包括收买和租用旧厂而创办的)纱厂,在 1910 年前为 21 家,1910—1919 年为 13 家,1920—1929 年则达到 45 家。面粉业是当时民营资本投资的另一个重要部门,也是在一战期间发展起来,在一战后的 1922 年达到顶峰的。以上海华商历年新设面粉厂的厂数为例,1910 年以前共设新厂 38 家,1910—1919 年共设新厂 77 家,1920—1929 年新设 187 家,其中 1922—1924 年为最,每年均新设厂 22 家。荣宗敬、荣德生兄弟自 20 世纪初经营面粉厂和纱厂,经过一战期间的进一步扩充,其茂新、福新面粉厂和申新纱厂的自有资本和固定资产一直不断增长。1915—1922 年,自有资本的年均增长率为 59.7%,固定资产为 74.9%。[③] 一战结束不久,英、法帝国主义的经济势力又重新侵入中国社会。其为了转嫁战后经济危机造成的困难,拼命向中国市场倾销商品,结果导致了中国进口贸易激增。一战期间民营资本工业产品所取得的一些市场,纷纷失去。

北洋政府时期,民营工业的发展主要在轻工业方面,重工业基础薄弱,还未形成自己独立的工业体系。轻工业发展尤为显著,其中棉纺织业、面粉

① 陈真,姚洛.中国近代工业史资料:第一辑[M].北京:生活·读书·新知三联书店,1957:10.
② 范小方.一战期间中国民族资本主义的发展[J].中南财经大学学报,1991(4):120-124.
③ 孔经纬.中国近百年经济史纲[M].长春:吉林人民出版社,1980:96.

业、火柴业等发展最为迅速(见表 1-2 和表 1-3)。如棉纺企业战前仅 15 家,到 1922 年达到 64 家,纱锭数 1914—1918 年由 54 万锭增加到 64 万锭,棉纱产量 1913—1919 年由 40 万包增加到 110 万包;棉布产量从 1913 年的 269 万匹,增加到 1919 年的 504 万匹。民族纺织业在一战时期的发展,已初步形成几个资本集团,如张謇创办的南通大生纱厂到 1915 年已设 3 厂。荣宗敬、荣德生创设的申新纱厂到 1921 年已设 4 厂。到 1922 年,申新共有纱机134907 锭,布机 1615 台,资产总值达 1591 万元,是全国规模最大的民营棉纺织企业。周学熙创办的华新纺织公司在 1918—1922 年开设 4 厂,资本达 836万元,纱机 108000 锭。[①]面粉业的发展仅次于纺织业,战前工厂仅有 40 余家,到 1921 年增加到 123 家,其中民族资本企业为 105 家。在一战期间,中国面粉畅销英、法、美、俄、日本及东南亚各国。火柴业,战前企业有 31 家,1921 年增加到 88 家。

表 1-2　一战期间的民族资本企业集团及重点投资行业

创始人	民族资本企业集团	重点投资行业
荣德生、荣宗敬	荣氏企业	面粉业、纺织业
徐荣廷、苏汰馀、张松樵、姚玉堂、黄师让	裕大华纺织集团	纺织业
简照南、简玉阶	南洋兄弟烟草公司	烟草业
卢作孚	民生公司	轮船运输业
范旭东	范旭东企业集团	化工业
郭氏家族	永安纺织公司	纺织业

表 1-3　一战后民营资本兴办实业及投资领域

代表人物	生产经营实绩	投资领域
刘鸿生	相继投资创办了水泥公司、火柴公司、毛纺厂、码头及银行等,集重工业和轻工业、商业、运输业和金融业于一体	纺织、燃料、建材、采矿、火柴、运输、金融
周学熙	创办华新所属的天津、青岛、唐山、卫辉四家纱厂;创办中国实业银行;与比利时人合办耀华玻璃公司;创办华新银行及久安信托等企业	燃料、建材、纺织、五金、交电、机械、金融
张　謇	创办淮海实业银行和通燧火柴厂,兴办盐垦、垦植公司,建纺织公司、电厂、冶厂、油厂、面粉厂、酒厂、火柴厂、印书局、轮船公司等	火柴、盐垦、电力、冶炼、油料、粮食、酒类、印刷、航运

①　范小方.一战期间中国民族资本主义的发展[J].中南财经大学学报,1991(4):120-124.

同时,重工业也有一定的发展,如采矿业,1914—1920 年,新开民族资本煤矿达 12 家,近代工矿企业数从 1911 年的 562 家增加到 1927 年的 1897 家。同期机械制造业发展迅猛,上海年均新开民族资本企业近 20 家。据统计,1920—1927 年,中国民族资本主义工、矿业产值增长率分别为 8.5% 和 8.6%。[①]

这一时期,上海、无锡、汉口、济南、天津、哈尔滨等成为新式工业集中的城市。区域经济发展速度最快的地区是东北。清王朝被推翻后,东北对内地民众彻底开禁,关内百姓大量迁徙到东北,劳动力的增加及技术的传播大大加速了这里丰富的农矿资源的开发。日、俄掠夺性的投资客观上也加速了东北工业化的进程。上海自 1912 年以来,不仅成为中国的第一大城市,而且与世界工商业最发达的城市相比亦不逊色。全国的新式工业集中于上海,大规模的工厂不下 250 家,资本总额达 3 亿元,雇佣工人达 30 万名。

中国民族工业趁欧美帝国主义在第一次世界大战期间无暇东顾的机会进一步发展。然而,即使在发展较快的一战期间,中国民族工业仍然没有摆脱帝国主义的控制。在一些主要的工业部门,外国资本仍然超过本国资本。同时这种民营经济的"工业化景气"也是很短暂的,一战结束后,列强又都卷土重来,中国的民族工业立即开始萎缩,逐渐萧条。

第四节　南京国民政府初期的民营经济

1927 年,南京国民政府成立后,北洋军阀割据混战局面结束,为民营经济的发展创造了较为有利的条件。

一、政府对民营经济的政策

1928 年,南京国民政府《训政时期施政宣言》指出:"惟进行经济建设之原则,必以个人企业与国家企业之性质而定其趋向。凡夫产业之可以委诸个人经营或其较国家经营为适宜者,应由个人为之,政府当予以充分之鼓励及保护,使其获得健全发展之利益……若夫产业之有独占性质,而为国家之

[①]　孙玉琴,申学锋.中国对外开放史:第二卷[M].北京:对外经济贸易大学出版社,2012:137.

基本工业,则不得委诸个人,而当由国家经营之。"①南京国民政府具体划分了国营工业和民营工业的范围,规定水利、电气、钢铁、酸碱、煤、糖、煤油、汽车等基本工业为国营工业,其余由私人投资兴办,政府给予协助和奖励。这就在法律制度上区别了国营经济和民营经济。在国家权力的主导与推动下,南京国民政府逐渐扭转了北洋政府时期经济的自由化、自治化倾向。这一时期,南京国民政府通过设立实业部、"四行二局"和资源委员会对经济加强控制。

为推动工业发展,南京国民政府出台了一系列措施,根据王卫星的总结,主要有四个方面的举措:"第一,设立工商行政管理机构,加强对工商业的管理和引导。第二,鼓励工业发展,扶助重要民营工业。第三,制定法律法规,使工矿业经营活动纳入法制轨道。第四,创办国营工矿业,奠定国营工业的基础。"②

1912年,南京临时政府成立后,设立了实业部,职掌有关工矿业、商业、农牧业、林业、渔业等方面的事务,由张謇任部长。北洋政府时期改设农林部、工商部,后又合并为农商部。1927年9月16日,国民党中央特别委员会在南京成立,在当天通过的《国民政府组织案》中规定设立内政部、外交部、财政部、司法部、农工部、实业部、交通部、大学院、军事委员会、审计处、监察院。南京国民政府时期,添设实业部,次年改为工商部。工商、农矿两部于1930年又合并为实业部。该部下设总务、农业、工业、商业、渔牧、矿业、劳工等司及专门委员会、诉愿审理委员会等。另辖有中央工业实验所、商品检验局、棉业试验场、海洋渔业管理局等附属机关。1938年1月,国民政府将实业部改组为经济部。

1927年,南京国民政府成立后,立即着手建立其金融垄断体系,首先把势力伸向当时资力雄厚、信用卓著,并在银行界有举足轻重地位的中国银行和交通银行,于1928年和1935年先后对两家银行进行改组,并两次增加官股。自此,这两家银行完全被国民党政府所控制,成为官僚垄断金融资本的重要组成部分。③

在抗日战争全面爆发前,南京国民政府基本实现了对金融制度的控制与垄断。具体是通过采取两项措施达成的:其一,建立了以"四行两局"为中

① 高德步.中国经济简史[M].北京:首都经济贸易大学出版社,2013:232.
② 王卫星.孙中山的工业化构想与国民党工业发展政策[J].南京社会科学,2011(11):141-142.
③ 颜冬梅.中国传统金融机构向近代银行演化的制度分析[M].北京:知识产权出版社,2020.

心的金融垄断体系。其二,实行币制改革。"四行二局"是南京国民政府直接控制的六大金融机构。"四行"是指中央银行、中国银行、交通银行、农业银行,"两局"是指邮政储金汇业局、中央信托局。

如果说"四行二局"实现了南京国民政府对全国金融的垄断,那么资源委员会则成为南京国民政府垄断工业的主要机构。1935年,南京国民政府将原国防设计委员会改组为资源委员会,负责全国国防资源的调查及重要工矿企业的经营。这些机构成立后纷纷推出相应的行业计划,在接收北洋政府的官营工矿企业的同时,又利用国家政权的力量兴建了一批新的国营企业。据资料统计,1936年,国民政府资源委员会所属的工业资产为3亿元左右,到1937年抗日战争全面爆发前,资源委员会下属大型工矿企业已达20余家,由此加强了南京国民政府对重要矿产品的垄断。

南京国民政府为了巩固政权、发展资本主义、树立垄断资本主义,相继颁布了200多项经济法律。1929年7月,颁布了《特种工业奖励法》。同年12月,制定了《行政纲要十六条》,详细规定奖励和提倡中国工业的步骤,以求振兴民营工业。这项行政纲要的主要内容包括民营工业奖励、工业改良、旧工业的维护、提倡国货等。后又设立首都及北平国货陈列馆,附设国货商场,筹办国货工厂、合作商场等。

二、民营经济的初步发展

有学者估算,1930—1936年,中国工业增长率已经达到7.7%以上,社会经济状况也呈现蓬勃发展的趋势。相较于其他工业化国家在1929年经济危机爆发以后的经济大萧条,中国工农业产值达到了清朝末期、民国建立以后的最高水平。[①] 这一时期的特征是政府很小,市场很大,企业家群体很大,实行具有市场经济体制特征的经济政策。政府在发展国营经济的同时,也积极鼓励和支持民营经济的发展。在内外环境因素的推动下,民营资本与国营资本并行发展,互有消长,民营工业资本年均增长率超过8%,为后续民营经济发展奠定了基础。[②]

这一时期,民营企业最显著的成长在电力工业、煤炭工业及钢铁工业,同时,针织、丝织、染织、印染、毛纺织等工业部门也都有长足发展。产生了

---

① 许倬云.许倬云说历史系列1:大国霸业的兴废[M].杭州:浙江人民出版社,2016:96.
② 江怡.民营经济发展体制与机制研究[M].杭州:浙江大学出版社,2016:266.

一批新兴行业,如电器用具工业、电机工业、染料工业、酒精工业、酸碱工业等。新兴行业又促进了工业部门结构调整。民营企业在涉及国计民生的纺织、煤炭、水泥、电力等非垄断领域占有产业优势。

第五节　统制经济中的民营经济

1937 年七七事变后,日本发动了全面侵华战争。日本侵华战争使中国的现代化努力前功尽弃,所有建设成果在战火中被毁坏殆尽。全面抗战期间,国民政府仅控制着中国的西南、西北及华中、华南部分地区,"国统区"地处内地,经济落后、地域狭小。为满足抗战需要,国民政府的经济政策转入战时状态,经济活动被纳入了战争轨道。为缓解财政危机,国民政府采取了一系列战时财经政策。国家垄断资本对关系到国民经济命脉的金融业、基础工业等极力加强控制,民营经济被迫在混乱和动荡中求存。

一、抗日战争时期统制经济的建立

从现代经济学的角度来看,"统制经济"的指导思想是主张国家以政治的力量组织和领导国民经济建设,强调政府对于整个社会生产的全过程实施有计划的管理。统制经济思潮不仅是中国近现代思想史上的重要事件,而且对中国社会在 20 世纪的发展进程产生了决定性的影响。

20 世纪 30 年代世界经济大萧条之下,西方国家出现了政府干预经济的思潮,并通过学者、政府、实业界的宣传向中国渗透。计划经济思潮在国际上崛起,也影响到国民政府。国内企业家和学者也在一定程度上认同计划经济。统制经济学说恰与国民政府积极加强统治、扩张国家资本势力的想法不谋而合,因此统制经济作为国策很快得到政府的认同,政府试图在各个领域内全面加以实践。可以说,由于当时的国内外局势,统制经济思想事实上成为南京国民政府进行经济建设的重要理论基础与实践导向。

抗日战争是国营经济与民营经济发展的分叉点。1931 年九一八事变后,为了有效地动员全国的人力、物力、财力,进行战时国防经济建设,支持持久抗战,政府开始统一全国的经济力量,建立战时经济体制,重点发展国营企业。

上文提及的"四行二局"和资源委员会的设置即是重要举措。1937 年,国民政府通过《中国经济建设方案》,明确提出"中国经济建设之政策,应为计划经济。即政府根据国情与需要,将整个国家经济,如生产、分配、交易、消费诸方面,制成彼此互相联系之精密计划,以为一切经济建设进行之方针"①。为实施工业化战略,国民政府先后设立了一批经济部门和机构。如实业部为管理全国工矿农商等实业行政事务的最高机关,全国经济委员会负责国家经济建设或发展计划之设计审定,全国建设委员会负责筹办和经营国营电气事业并兼顾水利和矿业的经济管理。1937 年七七事变后,国民政府为了使全国金融、经济在战争的突然打击下不至于瘫痪,作为临时性的紧急措施成立了四联总处,全称是"中央银行、中国银行、交通银行、中国农民银行联合总办事处",1937 年 7 月设于上海。主要作用是监督四行联合承做的贴现、放款等业务。四联总处成为抗日战争时期全国金融垄断的最高权力机构。同时通过资源委员会控制战争资源,对经济实行全面干预。

国民政府实施了一系列经济计划,创办了一批国营企业,成为国民经济的主导力量。与此同时,国民政府还制定了一系列鼓励民营企业发展的政策,使民营企业也获得了一定的发展。1938 年,国民政府颁布《非常时期农矿工商管理条例》,规定战时必需的产业均收归政府,或由政府投资合办,使之成为"公营"企业,这些企业主要集中在工业领域。"公营"企业是国民政府直接或间接控制经营的企业,即生产资料的所有权全部或部分属于政府,也可称之为国营企业。它只受产权关系约束,而不受行政关系管辖,并由拥有所有权的那一级政府全权负责。为适应抗战需要,国民政府经济管理部门不断加强"公营"企业的投资建设和管理工作。1939 年,国民党五中全会正式确立国营工业的中心地位,政府明确宣布"依于战时人民生活之需要,分别轻重,斟酌缓急,实行统制经济"②。政府片面扶持国营工业,国家资本入侵到面粉、火柴、纺织、电力、交通等民间资本的传统领地,并迅速占据优势。到抗战后期,国家资本和官僚资本已处于压倒性优势。通货膨胀、金融垄断、物资统制,国家资本和豪门权贵的压迫侵夺,令民营工业处境日艰。战时的金融垄断、物资统制和通货膨胀,导致民营工业借贷无门,资源匮乏,在国家资本和官僚资本的压迫下日益萎缩。

抗日战争对中国社会经济造成空前惨重的破坏,导致 70% 的近代工矿

---

① 高德步. 中国经济简史[M]. 北京:首都经济贸易大学出版社,2013:232.

② 高德步. 中国经济简史[M]. 北京:首都经济贸易大学出版社,2013:242.

业,三分之二以上的铁路、公路等交通运输线,以及全部的海上对外贸易口岸丧失。[①] 抗日战争爆发前,上海集中了全国私人资本工厂数的50%、资本额的40%、生产额的46%。[②] 在这一时期,上海的工厂被毁达2270家,损失总额约8亿元。抗日战争期间,国统区通货膨胀严重,使社会经济秩序极为混乱,加上日寇的经常性轰炸,经济活动的风险加剧,极大地抑制了私人对近代工业的投资,工业生产陷于停滞状态。

抗日战争爆发前,我国的近代工业大都分布在沿海地区。战争爆发后,为躲避日寇的劫掠破坏,工厂不得不随着政治中心西移,实行大规模搬迁。工厂内迁,首先从上海开始,而后波及苏州、无锡、常州等地。再后连鲁、豫、赣、鄂、湘诸省的工业,也陆续迁往云、贵、川、陕、甘地区。在国民政府的指导和多方协助下,在两年多的时间里,完成了一大批工厂的内迁任务。据1940年统计,包括一部分民族资本工业在内,共内迁工厂450家,机器设备的总重量12万吨,其中煤矿设备7457吨,钢铁工业设备3724吨,机械工业设备18578吨,电力、电器设备5375吨,纺织工业设备3226吨,化学工业设备9756吨,其他工业设备5842吨。为保证战时的急需,上述内迁的400多家工厂,除少数在搬迁中损毁严重,或资源受限制外,绝大部分都在十分简陋的条件下恢复了生产。以工厂数量比,机械行业占40.4%,化学工业占12.5%,纺织工业占21.65%,钢铁工业占0.2%,电力占6.47%,食品占4.71%,文化教育占8.26%,矿业占1.78%,其他工业占3.79%。上述内迁的工业主要分布在四川。具体情况是四川占54.6%,湖南(湘西)占29.21%,陕西占5.9%,广西占5.12%,云南、贵州两省占5.12%。[③]

统制经济是国民政府随着抗日战争的全面展开而逐步确立和实施的一种战时经济体制,其最高目标是为战争服务。虽然在实施过程中有一定的消极作用,但从战争的角度衡量,它又是必须和必要的,是抗日战争环境下的特定产物,在维持战时生产、最大限度保障军需民用、支持抗日战争方面发挥了重要作用。对于抗战时期国民政府实行的战时统制经济体制,要从利弊两个方面分析。有利的方面主要是集中当时国家所具备和能够动员的资源和力量,坚持持久抗战的局面,并且在以国家力量主导国家经济建设的思想和实践上都取得一定成果。弊的方面,一方面,抗战时期以重工业为

① 罗红希.民国时期对外贸易政策研究[M].长沙:湖南师范大学出版社,2017:175.
② 石柏林.凄风苦雨中的民国经济[M].郑州:河南人民出版社,1993:269.
③ 高继仁.中国工业经济史[M].开封:河南大学出版社,1992:114-115.

主要内容的垄断、畸形体制,抑制了其他行业的发展,加重了当时的物资短缺和通货膨胀;另一方面,国营工业的垄断抑制了民营企业的发展,并且政府在资源配置上权力过大形成腐败,最终为抗战后经济的崩溃埋下了恶果。

二、抗日战争结束后民营经济的崩溃

1945 年 8 月 15 日,日本宣布无条件投降,历时十四年的抗日战争宣告结束。在日本投降和太平洋交通恢复后,美国商品就像潮水一般涌入中国市场。美国开始在中国对外经济关系中居于压倒性的优势地位,不仅在对华商品倾销方面享有各种特权,在直接投资方面也同样具有各种特权。与此同时,解放战争爆发,恶性通货膨胀发生,财政金融秩序混乱,民营经济处于彻底崩溃的边缘。

抗战胜利后,联合国善后救济总署向中国提供了 3 亿多美元的物资援助。国民政府积累了大约 9 亿美元的黄金与外汇储备。同时接收了日本投降时在沦陷区留下的价值 20 亿美元的工厂和设备。既有消费品工业,又有基础工业,国民党接收后将其改组为政府直接经营的企业。国营工业和民营工业的差距,通过战后接收敌产进一步扩大了。根据所接收产业的不同性质,敌伪产业分别交资源委员会、纺织业管理委员会、面粉业管理委员会接办;规模较小者或其他产业,则标价出售;已接收的工厂,由经济部负责复工。在经济部接收的 2243 家工矿企业中,除保管未处理者 448 家外,转由经济部直接经营或移交资源委员会等机关经营者 1017 家,发还原业主者298 家,标售给民间经营者 441 家,其中电厂因多系国营或战前已有原主,未作标售。根据汪敬虞的统计,到 1947 年,国家资本控制的重要工矿产品产出在全部产出中均占有较大的比重,其中石油和钨、锑、锡等有色金属几乎占 100%,电力占 90%,钢占 80%,水泥占 40%,煤炭占 33%,棉布占 73%,棉纱占 39%,毛制品占 50%,食糖占 15%,纸张占 30%。[①]

接收的敌伪资产被国民政府转化为国家垄断资本,从而使国家垄断资本势力急剧膨胀,在金融业、工业、交通运输业等领域表现得尤其显著。因此,国营经济空前壮大起来,从而成为官僚资本。官僚资本控制着大规模的国有资产,利用国家机器,采取各种政策措施挤压民族资本,造成民族资本

---

① 汪敬虞.再论中国资本主义和资产阶级的产生[J].历史研究,1983(5):3-16.

的衰落。国民政府忙于复员接收之时,军工订货大部停止。很多民营厂家发不出工资,濒临破产境地。而当局却将其视为累赘,不闻不问。

民营企业家们不甘坐以待毙,依托迁川工厂联合会、中国工业协会等民间团体,不断与闻国是,参加宪政运动,呼吁"经济民主",决心联合抗争。他们要求参加政府对敌伪工矿业的接收和复员工作,要求继续订货并收购产品,要求发放紧急工贷以渡难关。战后民营工业资本仅恢复到战前的78.6%,官僚资本则突增至战前的2.8倍。这就激化了官僚资本与民族资本的矛盾,并引起市场环境的恶化,从而加速了其他各类经济的衰落。

1946年,中国人民解放战争爆发,国民政府将大量社会财富用于战争,军费开支激增,财政赤字一年大于一年,社会经济状况严重恶化,国家经济秩序极度混乱。国民政府为解决政府赤字的问题,无限制地发行货币,导致物价疯狂上涨。从1945年12月至1948年8月,上海的物价上涨了5334倍,外币汇率猛涨7122倍。为挽救崩溃的经济,1948年8月19日,国民政府又进行了以金圆券替代法币的货币改革,但是改革迅速宣告失败。在国民政府金融和经济自由化的政策下,民营企业不仅面临着廉价美国货的冲击,还面临着官僚资本的压力。对比表1-4中1936年和1947—1948年的产业数据,我们可以看到,两个时间段内中国各类型产业资本的构成发生了很大的变化,外国资本势力大幅缩小,官僚资本势力大大增强,而民族资本的发展则体现出明显的不平衡性。

表1-4　全面抗战前后产业资本构成比较(1936年、1947—1948年)

单位:万元(1936年币值)

产业	1936年关内			1947—1948年国统区		
	外资企业	官僚资本	民族资本	外资企业	官僚资本	民族资本
A 工业	145128	34034	144839	62446	159874	148492
制造业	84486	15937	117043	26052		116261
公用事业	39699	8847	16796	27552		19471
矿冶业	20943	9250	11000	8842		12760
B 交通运输业	50796	164891	14905	10968	260205	13007
铁路	15714	100993	3786		151490	
公路		52435			62240	

产业	1936 年关内			1947—1948 年国统区		
	外资企业	官僚资本	民族资本	外资企业	官僚资本	民族资本
轮船	33516	3778	11119		26130	
民航	1566	1300			7175	
邮电		6385			13170	
产业资本合计	195924	198925	159744	73414	420079	161499

资料来源:吴承明.中国近代资本集成和工农业及交通运输业产值的估计[J].中国经济史研究,1991(4):23-26.

　　解放战争中,随着国民党军队的节节溃败,民众对经济完全失去信心。社会通胀失控,物价飞涨,民营工厂大批倒闭,工人失业。1947 年,随着国统区经济危机的逐步升级,国民党试图推行"国营事业民营化"的政策来挽救经济,延续政治统治。2 月 16 日,在经过一个星期的紧张讨论后,国民政府制定和颁布了《经济紧急措施方案》,规定"凡国营生产事业,除属于重工业范围及确有显著特殊情形必须政府经营者外,应即分别缓急,以发行股票方式公开出卖或售与民营"[①]。但大错已经铸成,民间资本已衰败到无力接盘,令这一方案无疾而终。

----

　　① 江苏省中华民国工商税收史编写组,中国第二历史档案馆.中华民国工商税收史料选编:第一辑综合类(上册)[M].南京:南京大学出版社,1996:540.

第二章　新中国经济恢复时期的民营经济

从 1840 年鸦片战争到 1949 年中华人民共和国成立前夕,中国逐渐沦为半殖民地半封建社会,民营经济发展和工业化艰难而缓慢,受到多方面压制和阻挠,始终未能建立起完整的工业体系,未能实现工业化。中华人民共和国成立后,政府用三年时间进行国民经济恢复工作,通过没收官僚资本,建立和扩大了社会主义性质的国营经济,掌握了国家的经济命脉。在国民经济恢复时期,与民营经济密切相关的事件包括:新民主主义经济中关于民营经济的讨论与调整、稳定物价、统一财经、"三反""五反"运动、修正税制、民营金融业的社会主义改造等。在国民经济恢复时期结束的时候,全国工农业总产值超过了历史上最高水平,中国共产党提出了从新民主主义到社会主义过渡时期的总路线。从 1953 年起,中国开始了第一个五年计划建设。

第一节　新民主主义经济的探索

1949 年新中国成立后,全国范围内的战争尚未完全结束,恶性的通货膨胀和停滞的经济增长成为摆在政府面前的严峻问题。中国共产党在根据地进行经济建设的经验成为新中国成立后经济建设的重要基础。面对新中国成立伊始的困难局面,中国共产党通过强制性制度变迁,迅速地在全国范围内建立起国营经济领导下的五种经济成分并存的新民主主义经济制度。在这一制度中,国营经济和集体经济是主体,半社会主义性质的合作社经济开始建立起来,私营经济仍然存在,个体经济则广泛存在。

一、新民主主义的五种经济成分

中国共产党的基本任务是领导无产阶级进行革命斗争,推翻资产阶级国家机器,实行无产阶级专政,消灭私有制,最终目的是实现社会主义和共产主义。虽然是消灭私有制,但在一定历史阶段并不排斥民营经济。1939年 12 月,毛泽东在《中国革命和中国共产党》一书中首次公开提出"新民主主义革命"这一概念。① 1940 年 1 月,毛泽东发表《新民主主义论》,全面阐述了新民主主义的革命理论,并初步提出了新民主主义经济纲领。1940 年 12 月,毛泽东在《论政策》一文中指出:"应该奖励民营企业,而把政府经营的国营企业只当作整个企业的一部分。"②毛泽东认为:"在中国的条件下,在新民主主义的国家制度下,除了国家自己的经济、劳动人民的个体经济和合作社经济之外,一定要让私人资本主义经济在不能操纵国民生计的范围内获得发展的便利,才能有益于社会的向前发展。"③

1949 年 4 月 15 日,毛泽东提出:"我们的经济政策可以概括为一句话,叫作'四面八方'。什么叫'四面八方'?'四面'即公私、劳资、城乡、内外。其中每一面都包括两方,所以合起来就是'四面八方'。""我们的经济政策就是要处理好'四面八方'的关系,实行公私兼顾、劳资两利、城乡互助、内外交流的政策。"④在四个方面的关系中,公私关系、劳资关系是最基本的。如果劳资双方不是两利而是一利,那就是不利。只有劳利而资不利,工厂就要关门;如果只有资利而劳不利,就不能发展生产。在公私兼顾问题上也是如此,只能兼顾,不能偏顾。

新中国成立初期,由于国民经济恢复的需要,中国共产党对各种经济成分采取的政策是共同发展,而对民营资本主义工商业的政策是以利用为主。1949 年 9 月 21 日,中国人民政治协商会议第一届全体会议在北京召开,会议讨论并通过了具有临时宪法性质的《中国人民政治协商会议共同纲领》(以下简称《共同纲领》)。《共同纲领》规定:中华人民共和国必须取消帝国主义国家在中国的一切特权,没收官僚资本归人民的国家所有,有步骤地将封建半封建的土地所有制改变为农民的土地所有制,保护国家的公共财产

①　贾玉英.马克思主义经典著作选读[M].成都:西南交通大学出版社,2018:119.
②　毛泽东选集:第二卷[M].北京:人民出版社,1991:768.
③　毛泽东选集:第三卷[M].北京:人民出版社,1991:1060-1061.
④　中共北京市海淀区委党史研究室.中共中央在香山[M].北京:中央文献出版社,2003:246-247.

和合作社的财产,保护工人、农民、小资产阶级和民族资产阶级的经济利益及其私有财产,发展新民主主义的人民经济,稳步地变农业国为工业国。国家应在经营范围、原料供给、销售市场、劳动条件、技术设备、财政政策、金融政策等方面,调剂国营经济、合作社经济、农民和手工业者的个体经济、私人资本主义经济和国家资本主义经济,使各种社会经济成分在国营经济领导之下,分工合作,各得其所,以促进整个社会经济的发展。凡有利于国计民生的私营经济事业,人民政府应鼓励其经营的积极性,并扶助其发展。

新中国成立后一直到1953年提出过渡时期总路线之前,中国共产党基本上执行了《共同纲领》确定的五种经济成分共同发展的经济政策。直到1954年《中华人民共和国宪法》颁布以前,《共同纲领》一直起着临时宪法的作用,为新中国的经济建设提供了指导方针。这三年多间,中国的经济制度发生了剧烈的变化。五种经济成分中,社会主义国营经济居于领导地位,其他几种经济成分则处于被改造的过程中。国家通过没收资本额占整个资本主义经济80%的全部官僚资本企业,征管和接收外国在华资本,并将其改造为社会主义国营企业,从而掌握了国民经济的命脉,建立了强大的社会主义国营经济。对私营经济实行利用、限制、改造的政策,使其符合国家宏观经济计划和社会发展目标。在农村,通过实施土地改革结束了封建土地所有制,全国约有3亿名无地少地的农民分得约7亿亩土地,建立了农民土地所有制,并开始发展互助合作运动。经济成分方面,国家实行的是国营经济领导下的多种经济成分并存、计划管理与市场调节相结合的经济体制。同时,国家掌握了国民经济命脉,控制了金融、市场和重工业,为以后迅速向计划经济过渡奠定了基础。

二、政府对民营经济的政策调整

新中国成立后,中国共产党面临着极大的财政困难。一方面,全国尚未完全解放,解放战争还在进行,军费开支浩大,1949年军费开支高达财政收入的一半。另一方面,由于接收地区不断扩大,由此产生的行政办公经费,恢复急需的交通、通信事业费用以及原国民党政府遗留的几百万军政公教人员的薪金等,也是很大的财政负担。与此同时,各地投机资本兴风作浪,投机倒把,哄抬物价,导致物价飞涨。加之交通、通信因素及税收系统的中断,中央政府一时难以实现较大幅度的收入增长,被迫大量发行货币来弥补亏空。如此,经济形势更加严峻。可见,稳定经济形势,是新中国成立后中国共产党面临的首要问题。面对困难局面,中国共产党采取了稳定物价和统一财经的一系列措施。

(一)稳定物价

1949 年,国家财政非常困难,物价波动十分厉害,1949 年到 1950 年初,我国共出现过四次大幅度的物价上涨。1949 年 7 月 12 日,陈云担任中央财政经济委员会主任,主持召开中央财政经济委员会成立会议。随着各地城市的解放,为稳定市场,打击金融投机活动,军管部门和人民政府即通令以人民币为唯一合法货币,颁布有关金银外币的管理办法,金条、银元、外币一律由人民银行挂牌收兑,严禁在市场上自由流通。

解放后的上海是全国金融中心,但经济形势非常恶劣,出现了人民币进不了上海市场的奇怪现象。一些不法投机商拒用人民币,或者拿到人民币后马上换回商品。买卖黄金、银元、美钞,搞乱金融市场,非法开展投机倒把活动,导致金银价格暴涨,带动物价也不断上涨。大小投机势力十分猖獗,他们套购重要物资,囤积居奇,哄抬物价。这就不可避免地出现了严重的通货膨胀和物价上涨。

这个时期,广大小生产者包括农民、小商人及愿意从事合法经营的私人资本家纷纷希望有一个稳定的经济环境。能否迅速消灭财政赤字,稳定物价,则关系到新中国成立后全国大局的稳定、人民民主专政的巩固以及恢复国民经济任务的完成。在严峻的形势下,党和政府必须果断地采取坚定而有效的措施来克服财政经济的困难。为了争夺市场领导权,稳定全国物价,党和政府运用了政治和经济两大手段,与投机商打响了"银元之战"和"米棉之战"。

面对金融投机猖獗的情况,政府最初以经济调节的办法解决问题,集中了大量银元投放到黑市上抛售,先把价格压低,再宣布禁止流通。但是经济手段收效不明显,金融投机活动依旧频繁。在劝告无效的情况下,根据中央统一部署,各地人民政府果断采取措施。1949 年 6 月 10 日,上海市人民政府出动军警,查封了挑起"银元之战"的大本营上海证券大楼,逮捕了操纵市场、破坏金融秩序的投机倒把的首要分子 200 余人。武汉、广州等城市相继查封了地下钱庄,其他城市也先后逮捕处理了大批投机分子,遏制住了破坏金融秩序的非法活动。全国粮油价格随之回落。在政治打击下,各地的金融投机活动基本被制止了。

在"银元之战"后,投机商人在金银方面投机失败后,又把投机目标转移到粮食、棉纱、棉布、煤炭等关系到国计民生的重要物资上。他们囤积居奇、哄抬物价、捣乱市场,气焰极为嚣张,再次造成全国物价成倍上涨。上海米价在1949年6月至7月上涨了4倍,10月至11月又上涨了3倍。为打击投机倒把活动,稳定物价,中央人民政府统一部署,从全国各地调运大量粮食、棉花、棉纱、布匹。经过周密布置和准备,选择市场价格达到高峰之机,于11月25日在全国各大城市统一行动,集中抛售。投机资本家错误判断形势,认定物价还会上涨,不惜高利拆借巨款,继续买入,但最终不敌实力雄厚的国营公司。国营公司敞开抛售后物价逐步下跌,这时,政府收紧银根、征收税款。这"一抛一收",使得投机资本家资金周转失灵。11月26日,市场物价立即下降,连续抛售10天后,粮棉等商品价格猛跌30%至40%。投机商人哄抬物价的阴谋随即破产,他们竞相抛售存货,但市场已经饱和,越抛物价越跌。结果,不仅所囤积的货物亏本,而且还要付出很高的利息,许多投机商因亏损过多,不得不宣布破产,许多私人钱庄因借给投机商人的款项无法收回,亦宣告倒闭。这就是解放初期著名的"米棉之战",它是用经济手段取得的一次胜利。经此一役,被沉重打击的投机商人一蹶不振。

"银元之战""米棉之战"是新生政权与资产阶级投机商争夺市场领导权的斗争,有力打击了投机资本掀起的涨价风潮,迅速制止了通货膨胀。到1950年初,全国物价基本稳定,结束了我国连续十多年物价暴涨的局面。新政权赢得了全国人民的信任,社会主义的国营经济初步发挥了稳定市场的作用,为新中国经济迅速恢复和发展打下了扎实的基础。

(二)统一财经

在全国解放以前,由于长期的战争,各个解放区处于被分割的状态,各地的财政和经济工作是分散管理的。中央在财政上只统一支出,未统一收入。在1949年3月召开的党的七届二中全会上,中央决定建立中央财政经济委员会来统一领导全国的财经工作。同年7月,中共中央财政经济部和华北财政经济委员会合并组成中央财政经济委员会(简称中财委)。新中国成立后,资本主义经济采取囤积居奇、哄抬物价等方式追求暴利,在市场上与社会主义经济作斗争。要从根本上稳定物价,就必须做到财政收支平衡和物资供求平衡。在这种情况下,迫切要求把各地区分散管理的财经工作统一起来,使国家能够灵活调动所掌握的现金和物资,保证对市场以及整个国民经济的领导地位。为此,必须实现全国经济工作的统一领导和统一管理。

　　1949 年 10 月中华人民共和国中央人民政府成立后,中财委成为中央人民政府政务院下属的委员会,仍负责统一领导全国的财经工作。当时中财委管辖政务院下属 14 个部,还有海关总署、中国人民银行。同年 11 月 1 日,中财委确定了各部的工作性质:"凡从事开采、制造、加工等工业方面的企业,除国营工业应由各部直接经营管理外,其他公私合营、地方经营、私人资本经营以及手工业等工业,亦均分别属于各部管理。"①可以看到,各种经济成分的工业生产都属于各部管理的范围。根据中财委的要求,各工业部纷纷制定了各自的工作条例或组织条例。这项工作到 1950 年初基本完成,标志着国家经济管理机构的框架已初步形成并开始运行。

　　1950 年,为了从根本上解决国家财政收支失衡、财政赤字庞大、通货膨胀和物价波动等问题,争取国民经济的初步好转,中央人民政府在取得打击投机资本的胜利之后,就着手统一国家财政经济管理的工作。1950 年 1 月,中央人民政府做出了关于海关工作的决定,实行对外贸易的统制政策,很快控制了全国海关,掌握了对外贸易经济。1950 年 2 月 13 日至 25 日,中财委召开全国财政会议,决定实行统一财经管理,实现财政收支、信贷进出和物资供求平衡,以克服财政经济困难和稳定物价。1950 年 3 月 3 日,政务院正式颁布《关于统一国家财政经济工作的决定》,中共中央要求各级党委必须用一切办法去保障这个决定的全部实施。为贯彻这一决定,中央开展了三个方面的工作:一是统一全国财政收支,使国家财政收入的主要部分统归国库,集中地用于国家的主要开支,保证军事上的供给和进行经济恢复工作;二是统一全国物资调度,使国家所掌握的重要物资,如粮食、棉纱、棉布、工业器材等,从分散状态集中起来,以调剂供求,控制市场,与投机资本进行斗争;三是统一全国现金管理,分散在各个企业、机关、部队的现金由国家银行统一管理,集中调度,从而减少了市场上流通的货币数量,增加了国家能够运用的资金。与此同时,政府一方面采取紧缩开支、发行公债、加强征收工商税和农业税等办法,克服财政困难;另一方面加强市场管理,取缔投机活动,建立国营商业和合作社商业,加强对市场的物资供应和调度。

　　总的来说,统一财经的工作主要是在财政、金融、国营企业管理等方面将过去一些地方权力收归中央,加强了中央政府的权力。在中央与地方的关系上,强调了加强集中统一领导的必要性。在全党全国人民的支持下,统

---

① 　董辅礽.中华人民共和国经济史:上卷[M].北京:经济科学出版社,1999:233.

一财经的工作很快收到了成效。统一财经政策和措施的实行,迅速扭转了财政经济的困难局势,使财政收支很快接近平衡。这也从根本上消除了通货膨胀,使得金融物价逐渐趋于稳定。国家对市场的控制加强,生产与生活所需物资在统一部署下,能更好地保障供给,满足需要。

(三)维持和调整私营工商业

私营工商业是近代资本主义经济发展的产物。按照新中国成立初期的有关规定,固定资产在 2000 万元(旧币)以上、雇佣劳动力在 8 人以上的工商企业经营实体,即被界定为私营工商业企业。私营工商业企业与个体经营户和家庭手工业作坊的区别,主要在于经营者一般不直接参加生产劳动,而且存在剥削雇佣劳动者的现象。其与官僚买办企业的区别,在于经营资本主要来自民间投资,而且企业规模一般不大,无法操纵国计民生。当时,资本主义工商业在国民经济中占有重要地位,在全国工业产值中占 48.7%,在商业批发额中占 76%,在零售总额中占 83.5%。[①] 特别是在面粉、卷烟、食品、食盐、棉纱、棉布、纸张、烧碱、煤炭等关系人民生活的行业中占有举足轻重的地位。

在稳定物价和统一财经的过程中,我国建立起居于主导地位的国营经济,国家采取措施,用经济手段和行政手段对市场做了极大的限制,紧缩银根,掌握原料和市场,使得民营企业生存和发展受到了一定的消极影响。物价趋于稳定后,市场供求关系出现了新的变化,虚假购买力消失,加之城乡购买力低、季节影响、公债发行等原因,许多物资一时供过于求。私营工商业在生产和经营上遇到了诸多困难,一些工商业的经营无法适应市场变化,另一些工业的生产缺乏组织和指导,盲目性很大,由此导致了商品滞销并跌价、生产萎缩、失业增加、许多工厂关门、商店歇业的局面。1950 年 6 月,中共七届三中全会明确提出了调整民族资本主义工商业的方针政策。1950 年下半年起,中央政府根据中共七届三中全会精神,从调整银根、税收和公债等方面采取措施,合理调整工商业,有效地改善了公私关系、劳资关系和产销关系。同时,对于数量众多的城市私营经济和个体经济来说,其经济管理体制也发生了较多变化。

调整私营工商业实际上是在当时国营经济已经控制国民经济命脉,拥

---

① 中华人民共和国史稿简明读本编写组.中华人民共和国史稿简明读本[M].北京:学习出版社,2015:60.

有大批主要物资,掌握了市场物价领导权的条件下,国家根据统筹兼顾原则,在经营范围、原料供应、销售市场、劳动条件、财政金融政策等方面对民族资本主义工商业做必要照顾,采用加工订货、统购包销、经销代销等方式,把民族资本主义工商业的生产和销售大体纳入计划轨道,使它们从停工歇业的困境中摆脱出来,为发展生产、促进城乡交流、恢复经济服务,并可以获得正当的利润。从宏观上看,国家通过"利用、限制、改造"的方针加强了对私营经济的调控,在新的基础上调整了公私关系。从微观上看,私营企业内部的管理体制也发生了变化,重新确定了劳资关系。

调整私营工商业的任务到1950年9月基本完成,扭转了私营工商业在生产和经营方面的困境。私营工商业生产停滞、萎缩的现象得到克服,重新焕发了生机。如上海市的工业生产,开工比例比调整之前有大幅度增加,电机业开工率达90%,轧钢业开工率达85%,化学原料工业开工率达80%,钢铁冶炼业开工率达90%以上。商业方面也同样大有起色,物价不断趋于稳定。金融业方面则因工商业的好转,欠款呆账逐渐收回。工厂、商店关门停业的现象逐渐减少。天津、北京、太原、武汉、济南等地的私营工商业户,歇业户数逐月减少,开业户数逐月增加。调整工商业的各种政策措施收效以后,全国经济开始步入正轨。总之,对私营工商业的维持与调整,促进了国民经济的恢复和发展,而且以加工订货、统购包销、经销代销为主要形式的初级形式的国家资本主义得到了显著的发展,为以后对民族资本主义工商业进一步的社会主义改造奠定了基础。

第二节　"三反""五反"对民营经济的影响

对私营工商业从利用转向限制甚至打击的政策的转折点,是开展"三反""五反"运动。不同的是,"三反"运动主要针对政府和国营企业的贪污浪费和官僚主义行为,"五反"运动针对资本主义工商业。在"三反"运动中暴露出许多不法资本家唯利是图、损人利己的"五毒"行为,促使中共中央采取限制私人资本主义的政策。

一、"三反"运动对民营经济的影响

1950年10月,抗美援朝开始后,由于公共采购的大幅度增长,国内市场有了较大扩张。但是,市场中的无序行为和经济生活中的不健康因素也增

多了。在当时的增产节约运动中,部分党员干部的贪污、浪费和官僚主义行为被陆续揭发。为尽快恢复国民经济,扭转财政困难状况,有力地支持抗美援朝战争,1951 年 10 月,中国共产党召开中央政治局扩大会议,确定解决财政困难的办法——节约兵力,整训部队;精简机关,缩编人员;紧缩开支,清理资财。11 月 1 日,东北局主要负责人向中央作了《关于开展增产节约运动,进一步深入反贪污、反浪费、反官僚主义斗争的报告》。报告称,"九月份以来,反贪污蜕化、反官僚主义的运动已先后在东北一级各机关、各省市开展起来,并发展成为有领导的民主运动"。11 月 20 日,毛泽东在转发该报告的批语中,首次提出"在此次全国规模的增产节约运动中进行坚决的反贪污、反浪费、反官僚主义的斗争"。[①] 1951 年 12 月 1 日,《关于实行精兵简政、增产节约、反对贪污、反对浪费和反对官僚主义的决定》号召全党动员起来,切实执行七届二中全会决议关于防止资产阶级侵蚀的要求,全党全国发动反贪污、反浪费、反官僚主义的"三反"斗争。

在"三反"运动中,大量党政干部贪污腐败案件被揭露出来。这些案件揭示出一些贪污分子的违法行为和不法资本家的违法活动有密切联系。暴露出不法资本家为牟取不义之财,大肆从事行贿、偷税漏税、偷工减料、盗骗国家资财、盗窃国家经济情报等违法活动,当时被称为"五毒"罪行。根据对北京、天津、上海等九大城市 45 万多户私营工商业者的调查统计,犯有不同程度"五毒"罪行的私营工商户占到总户数的 76%。其中,上海、北京两地的比例更是分别高达 85% 和 90%。在"三反"运动中暴露出了不法资本家的严重问题,引起各级党委和政府的高度重视,促使运动目标发生了转向,在"三反"运动之后马上又开展了"五反"运动。

二、"五反"运动对民营经济的影响

"五反"运动是由"三反"运动引发的、打击资本家违法活动的重大举措。1952 年 1 月 26 日,中共中央发出《关于首先在大中城市开展"五反"斗争的指示》,指出:"在全国一切城市,首先在大城市和中等城市中,依靠工人阶级,团结守法的资产阶级及其他市民,向着违法的资产阶级开展一个大规模的坚决的彻底的反对行贿、反对偷税漏税、反对盗骗国家财产、反对偷工减

---

① 中央档案馆,中共中央文献研究室.中共中央文件选集(一九四九年十月~一九六六年五月):第 7 册[M].北京:人民出版社,2013:237,238.

料和反对盗窃经济情报的斗争,以配合党政军民内部的反对贪污、反对浪费、反对官僚主义的斗争。"①2月上旬,"五反"运动首先在各大城市开始。

"五反"运动开展之后,毛泽东对资本主义工商业以及资产阶级态度的转变显得更为清晰。1952年6月6日,他针对中共中央《关于民主党派工作的决定(草稿)》仍把"民族资产阶级称为中间阶级"的说法,明确指出,"在打倒地主阶级和官僚资产阶级以后,中国内部的主要矛盾即是工人阶级与民族资产阶级的矛盾,故不应再将民族资产阶级称为中间阶级",并且将《关于民主党派工作的决定(草稿)》中的"中间阶级""中间阶层"的提法,改为"资产阶级、城市上层小资产阶级(即雇有少数几个工人或店员的小资本家)、一部分从地主阶级分化出来带有资本主义色彩的分子以及和这些阶级、阶层相联系的知识分子"。②

"五反"运动是国家控制私营经济的一个转折点。"五反"运动的目的是打击取缔不法资本家的违法行为,使他们严格遵守人民政府的法令,真正接受工人阶级和国营经济的领导,而不是要立即取消资本主义经济和资产阶级。"五反"运动使许多私营工商业者受到冲击。在公私关系、劳资关系以及社会经济生活方面也产生了一些消极后果。工人中出现一些"左"的行为,如反对资本家不劳而食,不让资本家管事,对工资和福利的要求过高。在商业领域,出现盲目限制和排挤私商的现象。一些公营单位加工订货条件过于严格,验货时过度挑剔,工人审查也失之过严,使资本家不敢大量订货。在生产过程中,资本家普遍感到流动资金不足;还有一些技术低、设备差的小厂或酝酿联营,或在联营招牌下抽身退出市场。这就导致私营工商业出现萎缩趋势。

到1952年夏,"三反""五反"运动胜利结束。根据统计,全国政府系统参加"三反"运动的达850万—900万人,受到处分的占4.5%左右。县以上党政机关参加运动的有383.6万人,查处有贪污行为的数额在1000万元(旧币)以上者10.5万人,约占参加运动总人数的2.7%。经审理定案,绝大部分免予处分,部分给予行政处分,对少数贪污数额巨大、手段恶劣、态度顽固、给国家造成严重损失者给予严厉制裁。判处有期徒刑的9942人,判处无期徒刑的67人,判处死缓的9人,判处死刑的42人。根据华北、东北、华

① 中国社会科学院,中央档案馆.1949—1952中华人民共和国经济档案资料选编:综合卷[M].北京:中国社会科学出版社,1993:768.

② 中共中央文献研究室.毛泽东文集:第六卷[M].北京:人民出版社,1999:231.

东、西南、中南五大区的 67 个城市和西南全区的统计,参加"五反"运动的工商户总共有 99.9707 万户,受到刑事处分的有 1509 人,占工商户总数的 15.01％。[1] "三反""五反"运动后,国家针对新出现的公私和劳资关系紧张、市场萧条的新情况,进一步采取了相关措施,在新的基础上调整和改善关系,扩大加工订货和收购包销,使资本主义工商业有所发展。

今天来看,"三反""五反"运动对当时民营经济的发展直接造成了一些消极的影响。根据上海、天津、北京、武汉、广州、重庆、西安、沈阳、济南、青岛、南京、归绥、石家庄、开封、南昌、成都、大连及乌兰浩特等 18 个城市的统计,1952 年私营工业企业开歇业总户数从"开多歇少"转变为"歇多开少"。开业总户数 1951 年为 63947 户,歇业为 15410 户,开歇相抵,增加 48537 户。1952 年开业为 27421 户,歇业为 22332 户,开歇相抵,只增加 5089 户。[2] 造成民营经济停滞的原因是多方面的,但"五反"运动过猛显然是一个重要原因。"五反"运动还带来了一个长期的消极后果,即成为 1952 年底过早地结束新民主主义社会,实现新民主主义社会向社会主义社会过渡的一个重要因素。而这一点对我国之后的经济发展在一个较长的时期内产生了不良影响。

第三节 修正税制与金融业的改造对民营经济的影响

一、修正税制对民营经济的影响

为了保税、增税和适当地扶持私营企业,1952 年 9 月 21 日至 27 日召开的全国财经会议做出了修正税制的决定,并以"保证税收,简化手续"作为此次修正税制的原则。1952 年 12 月 26 日,政务院第 164 次政务会议批准了《关于税制若干修正及实行日期的通告》。具体内容包括:(1)试行商品流通税,即将原来的货物税、工商营业税、工商营业税附加和印花税,合并为商品流通税,实行从生产到零售一次性征收;(2)简化货物税,即凡缴纳货物税的企业应缴纳的生产、批发两道营业税和印花税并入货物税征收;(3)修订工

---

① 中国社会科学院,中央档案馆.1949—1952 中华人民共和国经济档案资料选编:综合卷[M].北京:中国城市经济社会出版社,1990:501-502.

② 中国社会科学院,中央档案馆.1949—1952 中华人民共和国经济档案资料选编:工商体制卷[M].北京:中国社会科学出版社,1993:726-727.

商业税,即将工商业应缴纳的营业税、印花税及营业税附加,并入营业税征收,并统一调整营业税税率;(4)对其他各税也作了修订,对印花税、屠宰税、交易税、城市房地产税、特种消费行为税等进行合并、简化或取消。[①]

1953年修正税制是在毛泽东考虑和酝酿过渡时期总路线过程中发生的。根源在于修正税制实行"公私一律平等纳税",而没有区分国营经济和私营经济的不同性质以及国家对这两种经济成分的不同政策。对新税制的批评实质上也就成为在全党范围内进行的第一次关于过渡时期总路线比较集中的讨论,也预示着执政党对私营工商业政策的转向。

修正税制的改革,对扭转"经济日益繁荣,税收却相对下降"的局面和调动私营企业的积极性的确起到了重要作用。但从税法本身看,其存在着严重不足:一是操之过急、工作过粗。新税法从决定修正到完成仅仅用了3个多月的时间,客观上很难保证质量。二是扰乱了税收与价格的关系。由于有些条文修改不当,许多纳税人被合理批准免缴批发营业税,导致批发环节税收减少,工厂税负相应增加,个别商品也因实行新税法提了价,结果引起了社会秩序的混乱。三是纳税环节过于简化。当时受到苏联"周转税一次征收制"的影响,在纳税环节上不区分货物性质,采用"就物征税"与"税不重征"的原则,将多环节一律简化为一个环节,违背了经济规律。

鉴于对修正税制的批评,有关部门对新税制进行了重新调整。一方面,修正了新税制所确定的"公私一律平等"的纳税原则,加快了对私营经济的改造;另一方面,恢复了对公营企业和合作社的税收优惠和扶持。此外,还恢复了对小型工厂和非全能工厂的照顾,并重新加大了对商业的限制力度,恢复了对私营批发商的征税。

二、金融业社会主义改造的完成对民营经济的影响

新中国成立初期的私人金融业,一般指近代以来由私人投资并从事存放款等业务的行业,其实体机构为私营银行、钱庄和信托公司,简称私营行庄。在没收官僚资本、建立和加强国有金融力量的基础上,各级政府根据《共同纲领》的精神,通过行政和其他手段对私营金融业进行整顿和治理。随后,根据国民经济恢复和发展的需要,又通过公私合营方式进一步实施了对私营金融业的社会主义改造。

---

① 杨萍,魏敬淼.税法学原理[M].北京:中国政法大学出版社,2012:66.

1952年4月,中共中央发出对私营金融业进行社会主义改造的指示。5月21日,中国人民银行总行召开了全国各大区行行长会议。会议决议指出,将全部公私合营银行与私营行庄合并为一个联合银行,使之实际上成为一个国家控制的负责私营工商业金融业务的专业银行。同时,中国人民银行总行还决定"坚决淘汰私营行庄,彻底改造合营银行"①,对金融业全行业实行社会主义改造。其政策原则是对资本家实行定息制度,并安排和他们原来大体相当的职位。对私营银行职工,一部分留下工作,一部分进行训练后另作安排。

1952年下半年,中国人民银行根据中财委指示,实施了对金融业的全面改造。政府根据不同情况,对私营银行分别进行合并或淘汰。对于资产大于负债的行庄,清理资产,将其并入公私合营银行,取消原名号;对于资不抵债的行庄,则予以淘汰,令其停业清理;对于自愿停业转业的行庄则予以批准,并提供适当的指导和帮助。对于已实行公私合营的银行,在其劳资双方酝酿成熟后,对原已合并的十二行联合总管理处、北五行联合总管理处、公私合营上海银行和上海中小行庄第一联营总管理处、第二联营总管理处等5个系统及60家行庄,进行了人员整编和机构合并,组成公私银行总管理处。

在中国人民银行的具体领导下,经过认真酝酿和协商,全国公私合营银行和所有的私营行庄决定实行集中、合并,在此基础上组织统一的公私合营银行。根据公私合营银行总管理处和人民银行的指示,决定裁撤部分商业银行在各地的办事处,其余各合营银行分支机构经理由人民银行指派,成为人民银行办理私人业务的机构,在各地人民银行领导和统一计划下开展业务。到1952年底,全国60多家金融业企业实现了全行业公私合营,金融业成为第一个完成全行业社会主义改造的重要经济部门。

对私人金融业的社会主义改造使其被纳入社会主义经济计划的发展轨道,国家银行完成了对短期信贷的集中。私营金融业社会主义改造的完成为国家有计划的经济建设做了金融准备,并且为资本主义工商业的社会主义改造提供了经验和借鉴。至此,私营行庄不复存在。

---

① 吴承明,董志凯.中华人民共和国经济史(1949—1952)[M].北京:社会科学文献出版社,2010:810.

第四节　民营经济的恢复与改组

新中国成立初期,我国存在一定数量的民营经济。1949年,全国共有城镇个体劳动者900万人。民营资本工业的产值总额为62.2亿元,占当时全部工业产值的48.7%。部分产品,特别是轻工业产品产量占有较大比重。如:烧碱占59.4%,电动机占79.6%,棉纱占46.7%,棉布占40.3%,机制纸占63.4%,火柴占80.6%,面粉占79.4%,卷烟占80.4%。[①] 中国民族资本工业,不但在上述产品的生产方面占有较大优势,而且在生产技术、经营管理等方面都有多年积累的经验和传统的供应销售渠道可供利用。

在国民经济恢复时期,为恢复生产、稳定宏观经济秩序和增加就业,国家对民营经济采取了鼓励发展的政策。国家最初推行"公私兼顾、劳资两利、城乡互助、内外交流"的经济方针,认真贯彻《共同纲领》中关于私营工商业的政策,促进不同所有制的企业发展。政府针对当时私营工商业遇到的困难,实行国家委托加工、订货和收购,优先保证有关国计民生的行业发展。1949年,各大城市对民族资本主义工商业的贷款一般占国家工商业贷款总额的20%—25%。1950年,私营工业的产值占全国工业总产值的51%,私营商业的商品零售额占全国商品零售总额的85%。1950年,中共七届三中全会后,在党的保护和有限制地发展民族资本主义方针的指引下,调整民族资本主义工商业的工作很快就取得了明显的成效,我国的财政经济状况迅速好转,在不到半年的时间内,民营资本主义工商业就恢复了正常的生产和经营,城乡市场出现繁荣的景象。民营资本主义工商业生产能力迅速恢复,开业的多了,歇业的少了;各地市场日益活跃,成交额增加;在工商业的恢复和发展的带动下,金融交易逐渐活跃,国家税收也增加了。经过国家大力扶持和帮助有益的民营资本主义工业,打击投机资本和调整资本主义工业,以及"五反"运动和进一步调整资本主义工业,民营资本主义工业得到了恢复、改组,民营工商业的生产和经营状况逐渐有了好转,国家资本主义工业也有了初步发展。

---

① 国家统计局.中国统计年鉴[M].北京:中国统计出版社,1984:194.

一、民营资本主义工业的恢复

上述政策的施行大大加快了民营资本工业恢复生产的速度。如解放较早的沈阳市,在 1949 年下半年开工生产的私营企业就由 5727 家增加到 12007 家。据 1949 年 12 月统计,上海全市 68 个行业的私营企业,开工率达到 61.7%,少数行业达到 80% 以上,个别行业达到 100%。[1] 1950 年 10 月同 4 月相比,全国七大城市公私合营及私营钱庄存款余额增加 80%。据统计,1950 年第三季度和第四季度全国十大城市民族资本主义工商业税收比第一季度分别增加了 90% 和 80%。[2] 1949 年到 1952 年,民营资本主义工业户数由 12.3 万户增长到 14.96 万户,增长了 21.4%;职工人数由 164.38 万人增长到 205.66 万人,增长了 25.1%;总产值由 68.28 亿元增长到 105.26 亿元,增长了 54.2%。[3] 但在此期间,由于社会主义工业(主要是社会主义国有工业)增长速度更快,因而民营资本主义工业产值占工业总产值的比重还是逐年下降的。1949 年这个比重为 48.7%,1950 年下降到 38.1%,1951 年略有上升,为 38.4%,1952 年再下降到 30.6%。[4] 从数据上,我们可以看到,从 1950 年到 1952 年,民营资本主义工业产值占比出现了下降过快的问题。

在国民经济恢复时期,大多数民族工商业者接受了国家资本主义的初级、中级形式,如工业接受加工订货、统购包销,商业统购代购、经销代销。同时,由于资本主义工商业经营的困难,部分私营工商业主看到与政府开展合营在产销、资金等方面有利可图,相继申请合营,接受了国家资本主义的高级形式,走上公私合营道路。在 1952 年以前,公私合营的企业以工业企业为主,它们虽然为数不多,但影响很大,在工商界中起到示范作用,代表性的企业有:1949 年,吴羹梅将中国标准铅笔厂与哈尔滨企业公司合营,创办了公私合营哈尔滨中国标准铅笔公司。1950 年,古耕虞经营的四川畜产公司、黄凉尘任总经理的宝元通公司、武汉国贸公司直接转为国营企业。同年,李烛尘代表"永、久、黄"企业集团提出公私合营要求。1951 年,吴蕴初经营的天原厂,以及浙江西山窑业厂、上海华丰钢铁厂、南昌的沈三阳、四川大

---

① 高继仁. 中国工业经济史[M]. 开封:河南大学出版社,1992:155.

② 董辅礽. 中华人民共和国经济史:下卷[M]. 北京:经济科学出版社,1999:62.

③ 中国社会科学院,中央档案馆. 1949—1952 中华人民共和国经济档案资料选编:工商体制卷[M]. 北京:中国社会科学出版社,1993:732.

④ 国家统计局. 中国统计年鉴[M]. 北京:中国统计出版社,1984:194.

华纺织厂等实行了公私合营。1952年,荣毅仁经营的无锡开源机械厂、童少生经营的民生轮船公司获准公私合营。同年,永利公司、塘沽永利碱厂、南京永利碱厂获准公私合营,定名为公私合营永利化学工业公司。随后久大公司、久大精盐厂获准公私合营,并与永利合并,定名为永利久大化学工业公司,李烛尘任董事长,侯德榜任总经理。[①] 1949—1952年公私合营工业企业的数量、职工人数、总产值的基本情况如表2-1所示。

表 2-1　1949—1952 年公私合营工业企业基本情况

指标	1949 年	1950 年	1951 年	1952 年	1952 年与 1949 年比值
实有公私合营的企业户数/户	193	294	706	997	5.166
职工人数/千人	105	131	166	248	2.362
其中:生产工人/千人	78	96	124	174	2.231
总产值/百万元	220	414	806	1367	6.214

资料来源:中国社会科学院,中央档案馆.1949—1952 中华人民共和国经济档案资料选编:工商体制卷[M].北京:中国社会科学出版社,1993:551.

可见,1949—1952 年,实有公私合营的企业户数由 193 户增加到 997户,增幅为 416.6%;职工人数由 10.5 万人增加到 24.8 万人,增幅为136.2%;总产值由 2.2 亿元增加到 13.67 亿元,增幅为 521.4%。

二、民营资本主义工业的改组

民营资本主义工业在此期间经历了深刻改组,在人民政府和国有经济的领导和帮助下,有利于国计民生的工业部门得到了较快的恢复和发展。与 1949 年相比,1952 年全国私营机器制造业企业户数增长 2.26 倍,职工人数增长 2.57 倍,产值增长 3.98 倍;钢铁冶炼业企业户数增长 2.47 倍,职工人数增长 3.71 倍,产值增长 4.04 倍;造纸业企业户数增长 88.1%,职工人数增长 86.84%,产值增长 1.88 倍;日用棉纺织业企业户数增长 25.84%,职工人数增长 10.2%,产值增长 59.35%。[②] 可见,这些部门无论是企业户数的增长速度还是职工人数的增长速度,或者是产值的增长速度,一般都超过了民营资本主义工业总户数、总职工人数和总产值的增长速度。然而,那些

---

① 民建中央宣传部.中国民主建国会简史[M].北京:民主与建设出版社,2010:91-92.
② 中国社会科学院,中央档案馆.1949—1952 中华人民共和国经济档案资料选编:工商体制卷[M].北京:中国社会科学出版社,1993:729-731.

不利于国计民生的部门则趋于衰落的状态,陷入被淘汰的境地。

从表 2-2 可见,从 1949—1952 年,全国私营工业企业单位数、职工人数、总产值的增幅都非常缓慢。较之于国营工业企业的增加份额,民族资本主义工业产值占工业总产值的比重是逐年下降的。从表 2-3 可见,1949—1952 年,在全国私营工业主要行业企业户数的变化趋势上,各工业部门呈现出增幅较缓的特点,增幅前三的行业是钢铁冶炼业、生产用机器制造业、化学加工工业,火柴工业则逐步萎缩。相比 1951 年,1952 年多个行业发展势头明显放缓,轻工业几乎没有增长,这为后来民营经济的衰落埋下伏笔。以"五反"运动为界,民营经济的发展有很大的变化。"五反"运动的开展严重影响了企业家们的信心,在巨大的压力下,很多人都不想继续经营下去。

表 2-2　1949—1952 年全国私营工业变化情况

年份	企业单位数			职工人数			总产值		
	数量/个	定比/%	环比/%	人数/人	定比/%	环比/%	产值/万元	定比/%	环比/%
1949	123165	100	100	1643832	100	100	682816	100	100
1950	133018	108	108	1815893	110.47	110.47	727826	106.6	106.6
1951	147650	119.88	111	2022800	123.05	111.39	1011836	148.2	139
1952	149571	121.44	101.3	2056589	125.11	101.67	1052611	154.2	104

资料来源:中国社会科学院,中央档案馆.1949—1952 中华人民共和国经济档案资料选编:工商体制卷[M].北京:中国社会科学出版社,1993:732.

表 2-3　1949—1952 年全国私营工业主要行业户数变化趋势　　　　单位:%

业别	1949 年	1950 年	1951 年	1952 年
各工业部门总计	100	107.99	119.88	121.44
煤炭开采业	100	127.55	152.27	137.39
钢铁冶炼业	100	252.29	333.49	346.79
生产用机器制造业	100	158.06	313.00	325.53
金属品制造业	100	120.00	216.02	224.67
化学加工工业	100	190.07	211.09	272.89
橡胶工业	100	180.18	200.00	192.07
木材加工工业	100	110.02	118.03	108.03
火柴工业	100	72.67	76.53	72.99

续表

业别	1949 年	1950 年	1951 年	1952 年
造纸工业	100	109.95	163.72	188.09
日用棉纺织品业	100	118.97	121.09	125.84
针织品业	100	108.00	118.84	123.50
缝纫工业	100	108.00	123.71	124.68
制革业	100	108.12	149.57	121.01
食品工业	100	109.57	131.32	126.95
食盐业	100	108.02	119.94	120.80

资料来源:中国社会科学院,中央档案馆.1949—1952 中华人民共和国经济档案资料选编:工商体制卷[M].北京:中国社会科学出版社,1993:730.

到 1952 年底,全国工农业生产已达到历史的最高水平,迅速恢复了在新中国成立以前遭到严重破坏的国民经济,为有计划进行大规模经济建设打下基础。在国民经济恢复时期结束的时候,中国共产党提出了从新民主主义到社会主义过渡时期的总路线。1953 年,根据党在过渡时期的总路线,全国开始对农业、手工业和资本主义工商业进行社会主义改造。到 1956 年,我国基本上完成了生产资料所有制的社会主义改造,使社会主义全民所有制和社会主义劳动群众集体所有制成为我国唯一的经济基础。

第三章　社会主义过渡时期的民营经济

　　1952年下半年,根据国内国际形势的变化,国家的经济政策也相应发生了重大转变,随着社会主义改造运动的兴起,以私营工商业、个体农业和手工业为代表的民营经济,进入了一个前所未有的剧烈变化时期。到1956年底,中国的私营经济转变为公私合营经济,传统农业和手工业都通过合作化转化为合作经济。伴随着计划经济体制的建立,公私合营经济、农业和手工业合作经济基本上没有市场的自由活动空间,逐渐丧失了其民营经济的性质。

第一节　过渡时期的总路线

　　按照中共中央原来的设想,在进入社会主义之前要经历一个比较长时期的新民主主义社会发展时期,先经过10年到15年的新民主主义经济建设,工业发展了,国营经济壮大了,再实行工业国有化和农业集体化。但是,1952年下半年,国内国际形势发生了一些根本性的变化,打乱了中央原定的战略部署,推动了社会主义三大改造的提前到来。

一、过渡时期国内外形势变化

　　1952年下半年,在国内,国民经济已得到全面恢复与初步发展,政治趋于稳定,经济秩序恢复正常,社会秩序较为安定,加快经济发展成为全国人民的一致要求,为大规模开展经济建设提供了难得的历史机遇。国际上,随着冷战的逐渐展开,以苏联为首的社会主义阵营与以美国为首的资本主义阵营的矛盾不断激化。两个阵营不仅在政治制度与军事实力上展开全方位竞争,还围绕着两种不同的经济发展道路展开了激烈较量。中国身处社会主义阵营,对外采取"一边倒"的外交政策。与此同时,正在进行的朝鲜战争加剧了东北亚的紧张局势。以美国为首的资本主义阵营依然没有放弃颠覆中国的企图,中国周边的战争威胁并未消失。因此,如何快速发展经济、巩固新生政权成为党和政府最为关心的问题。

对于当时世界上绝大多数国家而言,无论是资本主义阵营还是社会主义阵营,重建或者恢复一个较为完整的工业化体系是最为重要的任务。尤其是对于大多数新兴的原殖民地国家而言,加快工业化进程并建立一个完整的工业化体系更是成为巩固与维持政治独立的经济前提。早在 1951 年春,中央人民政府政务院财经委员会就开始着手试编第一个五年计划。"一五"期间的基本任务是:建立社会主义工业化的初步基础,对重工业和轻工业进行技术改造;用现代化的生产技术装备农业;生产现代化的武器,加强国防建设;不断增加农业和工业消费品的生产,保证人民生活水平的不断提高。"一五"计划选择了与苏联类似的工业化道路,即高积累、优先发展重工业的发展模式。以重工业为核心是这一时期工业化的鲜明特色,由于中国的工业化基础十分薄弱,苏联式的工业化道路能帮助中国在较短时期内快速建立全面工业化的基础,将中国由自给自足的农业国转变为现代化的工业国。但由于资本主义阵营对中国进行政治孤立、经济制裁与军事封锁,中国无法充分利用资本主义国家的资金与技术进行经济建设,而来自苏联与东欧国家的经济援助在中国工业化的进程中起到了重要作用(见专栏 3-1)。

专栏 3-1 新中国在苏联援助下开展大规模经济建设

1952 年 8 月,以周恩来总理为首的我国政府代表团,到莫斯科与苏联政府进一步商谈请苏联政府对我国经济建设予以援助的问题。商定由苏联在 1953 年至 1959 年内,用技术设备援助中国建设与改建 91 个工业企业项目,包括 2 个百万吨钢铁联合企业、8 个有色冶炼企业、8 个矿井、1 个煤炭联合厂、3 个洗煤厂、1 个百万吨石油炼油厂、32 个机器制造厂、16 个动力机器及电力机器制造厂、7 个化学厂、10 个火力电站、2 个医药工业企业及 1 个食品工业企业。上述 91 个工业企业项目,加上 1953 年 4 月以前,在 1950—1952 年这三年中陆续委托苏联设计,并经苏方同意援助我国建设与改建的 50 个工业企业项目,共 141 个工业企业项目。中国政府为偿付以上设备和技术援助,将按质按量向苏联供给钨精矿 16 万吨、锡 11 万吨、钼精矿 3.5 万吨、锑 3 万吨、橡胶 9 万吨以及羊毛、黄麻、大米、猪肉、茶叶等。

按照协定,在自 1953 年至 1959 年的七年时间内,上述 141 个工业企业项目建成后,我国的工业生产能力将大大提高,在黑色冶金方面,有色金属方面,煤炭、电力、石油方面,机器制造工业方面,动力机械制造方面,化学工业方面,都将超过现有生产能力一倍以上;中国将有自己的汽车工业和拖拉机工业;机械方面和国防工业方面将有许多新的产品出现。到 1959 年,中国钢铁、煤炭、电力、石油等主要重工业产品,大约等于苏联第一个五年计划的水平,接近或超过日本全面发动侵华战争时(1937 年)的水平。即钢的产量超过 500 万吨,煤达到 1 亿吨,电力在 200 亿千瓦·时以上,石油 250 万吨左右。上述主要产品,是国家工业水平的主要标志。这些企业建设完成后,中国将成为一个有自己独立的工业体系的国家,中国的工业化将有一个稳固的基础。

资料来源:董志凯.关于"156 项"的确立[J].中国经济史研究,1994(4):95-109.

但是,进行大规模经济建设,建设独立工业体系,始终面临着一些矛盾和问题,最突出地表现在以下两个方面。[①]

其一,尽管新中国成立后的头三年粮食产量逐年增长,但分散落后的小农经济仍然不能满足大工业和城市发展对大宗粮食和农产品原料日益增长的需要。随着大规模经济建设的开展,城市人口和就业人数增加很快,非农业人口消费品中需求最大的是粮食,而土地改革后个体农民扩大再生产的能力非常有限,粮食产量在一个相当时期内还不可能有较大的提高,这样就带来全国粮食供应严重紧缺的突出问题。据相关部门统计,在 1952 年 7 月 1 日至 1953 年 6 月 30 日的粮食年度内,国家共收入粮食 547 亿斤,比上年度增长 8.9%;但因城市人口和工业就业人数激增,支出 587 亿斤,比上年度增加 31.6%。收支相抵,赤字 40 亿斤。

其二,私人工商业在当时所表现出来的某些消极作用,与计划经济建设对集中调配国内有限资源的要求越来越不相适应。在新中国成立初期,私营经济在全国经济中占有举足轻重的地位。1949 年,私营工业的产值占全国工业总产值的 63%。私营商业所占比重更大,1950 年在社会商品批发总额中占 76.7%,在零售总额中占 85%。不可否认,私营工商业在为社会提

---

① 刘德萍.论中国社会主义改造提前进行的经济原因[J].社科纵横,2009(8):32-34.

供产品、实现商品流通、增加就业、促进国民经济发展方面有积极的作用。但是,私营经济所表现出的某些消极作用,会破坏经济秩序,不法的私营企业主囤积居奇、哄抬物价扰乱市场,私营企业在生产中偷工减料、以劣充好的现象屡见不鲜,同时私营经济与国营经济也存在着争市场、争原料等竞争关系。因此,随着私营经济对国计民生的不利方面一步一步地表现出来,中央政府在建立计划经济体制的过程中,开始下决心采取一定的步骤来逐步地改造私营工商业。

二、过渡时期总路线的提出

针对国家经济发展中出现的这些情况,毛泽东等党和国家领导人改变了原来计划的在经历较长的新民主主义经济发展阶段后,再向社会主义过渡的设想。[①] 1952 年 9 月 24 日,中央书记处召开会议,毛泽东提出:"我们现在就要开始用 10 年到 15 年的时间基本上完成到社会主义的过渡,而不是 10 年或者以后才开始过渡。"[②]这是中共中央第一次正式谈到向社会主义过渡的问题。[③] 在此之后,中共中央继续更为深入地讨论和阐述党在过渡时期的总路线。1953 年 2 月,毛泽东在谈话中讲到过渡时期问题,指出:"什么叫过渡时期? 过渡时期的步骤是走向社会主义","新民主主义是向社会主义过渡的阶段。在这个过渡阶段,要对私人工商业、手工业、农业进行社会主义改造"。[④] "国家实现对农业、手工业和私营工商业的社会主义改造,从现在起大约需要三个五年计划的时间,这是和逐步实现国家工业化同时进行的。"[⑤]这样,毛泽东关于过渡时期总路线的思想已经酝酿成熟,对这条总路线的比较准确的表述也基本形成了。1953 年 9 月 24 日,人民政协全国委员会向全国正式公布了过渡时期总路线,完整表述是:"从中华人民共和国成立,到社会主义改造基本完成,这是一个过渡时期。党在这个过渡时期的总路线和总任务,是要在一个相当长的时期内,逐步实现国家的社会主义工业化,并逐步实现国家对农业、对手工业和对资本主义工商业的社会主义改

①　张奇才,王先俊,高正礼.中国的马克思主义——毛泽东思想[M].北京:人民出版社,2004:161.

②　马社香.中国农业合作化运动口述史[M].北京:中央文献出版社,2012:180.

③　关志钢.世界社会主义纵横[M].北京:人民出版社,2007:150-151.

④　中共中央文献研究室.毛泽东年谱(一九四九——一九七六):第二卷[M].北京:中央文献出版社,2013:31-32.

⑤　王任重.王任重文集:下册[M].北京:中央文献出版社,1999:251.

造。这条总路线是照耀我们各项工作的灯塔,各项工作离开它,就要犯右倾或'左'倾的错误。"[1]

党在过渡时期的总路线是"一化三改""一体两翼"的总路线。它的主体任务是逐步实现社会主义工业化。两翼分别是对个体农业、手工业的社会主义改造以及对资本主义工商业的社会主义改造。主体和两翼是不可分离的整体。

第二节　个体农业的合作化运动

农业社会主义改造的基本组织形式是合作社,其实质是把以生产资料私有制为基础的个体农业经济,改造为以生产资料公有制为基础的农业合作经济,这一社会变革过程也称农业集体化。党中央最初考虑农业集体化应分三步走:按照自愿互利的原则,首先组织带有社会主义萌芽的几户或十几户在一起的农业生产互助组;然后在互助组的基础上,号召农民组织以土地、农具、牲畜入股和统一经营为特点的小型的带有半社会主义性质的农业生产合作社——初级社;最后在生产发展和农民觉悟进一步提高的基础上,组织大型的、按劳分配的、完全社会主义性质的农业生产合作社——高级社。

一、从互助组到初级社

农业生产互助组亦称"农业劳动互助组",简称"互助组"。20世纪50年代初期,我国农民为了解决农业生产中各自的劳动力、畜力、农具不足的困难,在自愿互利基础上建立了劳动互助组织。主要有两种形式:一种是临时互助组,一般由几户农民在农忙季节临时组织起来,进行换工互助,农忙过后,即行解散,是互助组的初级形式。另一种是常年互助组,规模一般较临时互助组大,组员比较稳定,除全年在主要农事活动上进行劳动互助外,还进行其他农副业的互助结合,并且在组员之间有初步的劳动分工,有的还积累了少量的公共财产,是互助组的高级形式。[2] 与传统的个体农户相比,互

---

① 中共中央文献研究室.建国以来重要文献选编:第四册[M].北京:中央文献出版社,1993:700-701.

② 杨继瑞,周莉,李霜怡.新中国农村土地制度调整变迁:个人与集体的天平"定盘星"抉择[J].西南民族大学学报(人文社会科学版),2021(6):162-168.

助组在生产技术上没有什么变化,但在一定程度上解决了生产上劳力、畜力和农具不足的困难,协作产生了新的生产力,农产品产量一般高于个体农户;并在一定程度上限制了出租土地、雇工剥削等现象的发生。但是,它没有改变农业的生产资料私有制,特别是土地私有制,依然是狭小的分散经营,因此,在提高农业生产水平和阻止农民两极分化方面有其局限性。一部分农户由于天灾、人祸又陷入贫困之中,还有一些鳏、寡、孤、独的贫困户存在诸多困难,互助组也无力解决,因此他们不得不出卖刚分得的土地。这些问题促使部分地方政府率先提出应当把互助组转变成以土地入股为特点的初级农业生产合作社。①

对此,以刘少奇为代表的一部分中央领导认为:巩固互助组的主要问题是充实互助组的生产内容,而不是去动摇其私有的基础。② 刚刚获得土地的、小私有者的农民在政治上还没有走社会主义道路的思想准备。以刘少奇为代表的一部分中央领导认为,社会主义不能建立在小农的基础上,强调搞农业集体化,那是将来的任务,并要以国家工业的强大发展和农业机器的大量使用为条件,任何脱离该条件的激进做法都是"错误的、危险的、空想的农业社会主义思想"。③ 但是毛泽东认为,对土改后的农村进行社会主义改造不仅必要,而且也是可能的。刘少奇等人接受了毛泽东的意见。党内在引导农业互助组织走向较高级形式的问题上统一了认识。④

合作化的初期,党中央认为,必须坚持巩固贫农和中农的联合,坚持根据农民自愿的原则,反对主观主义和命令主义。必须采用说服、示范和国家援助的方法来使农民自愿地联合起来,企图用简单的号召或强迫命令的办法来推行合作化是错误的。对暂时不愿意参加互助合作运动的单干的劳动农民,必须采取热情的照顾、帮助和耐心教育的态度,发挥他们的生产积极性,给予必要的贷款和技术援助,帮助他们克服遇到的困难,使他们感到互助合作的好处,并从事实上认识到互助合作优于单干,逐步地加入互助组和合作社。

然而,1953年下半年粮食问题日益突出,通过实行统购统销政策暂时得到缓解,但不能根本改变农业生产落后于工业发展的状况。党中央认为,解决粮食紧张的问题,只能是大量增加粮食生产。但小农经济潜力很小,在农

① 郑谦.中华人民共和国史(1949—1956)[M].北京:人民出版社,2010:200-201.
② 郑谦.中华人民共和国史(1949—1956)[M].北京:人民出版社,2010:201.
③ 中共中央文献研究室.刘少奇论新中国经济建设[M].北京:中央文献出版社,1993:192.
④ 郑谦.中华人民共和国史(1949—1956)[M].北京:人民出版社,2010:202-203.

业中实行大规模的机械化不是近期能办到的。因此根本的出路在于走农业合作化的道路,依靠集体经济的力量并在合作化基础上适当进行技术改造,才能大幅度地提高粮食产量。1953年12月16日,中共中央通过了《关于发展农业生产合作社的决议》(以下简称《决议》)。《决议》指出:孤立的、分散的、守旧的、落后的个体经济限制农业生产力的发展,与社会主义工业化的矛盾日益突出。党在农村工作中的最根本任务就是教育和促进农民群众组织起来,逐步实行农业的社会主义改造,使农业能够从落后的小规模的个体经济变为先进的大规模生产的合作经济,使农民能够逐步完全摆脱贫困的状况而取得共同富裕和普遍繁荣的生活。[①] 1954年春,农业生产合作社发展到9.5万个,参加农户达170万户,大大超过了党中央提出的数字。4月,中央农村工作部召开第二次全国农村工作会议。会议分析了互助合作运动的形势,指出农村将相继出现社会主义革命高涨的局面。为了吸引更多的农民入社,国家从各方面大力支援农业生产合作社。到同年秋,全国新建农业生产合作社13万多个,加上原有的共22.5万多个。1954年10月,中央农村工作部召开了全国第四次互助合作会议,决定到1955年春耕以前,将农业生产合作社发展到60万个。

由于发展速度过快,不少地方出现了强迫命令、违反自愿互利原则的现象。一些地方干部为了完成政治任务,通过施加政治压力强迫农民入社。这不仅违背了农业合作化必须坚持的"自愿"和"互利"原则,而且不可避免地导致这一过程中出现了地方政府全然不顾当地实际社会经济条件和客观需要,"命令主义"和"官僚主义"泛滥,在建社和入社指标上层层加码的现象。[②] 例如,有些地方通过召开富农批斗会来杀鸡儆猴,以警告群众入社就是走社会主义道路,否则就会落得像富农一样的下场。[③] 农户的生产资料,如土地、耕畜,被合作社以很低的价格征收。更糟糕的是,有的地方干部利用粮食统购统销制度来加速合作化,例如,对那些不愿入社的农民,地方干部就加重其粮食征购指标。[④] 这样一来,很多地方的粮食征购指标被大大拔

---

① 期刊编辑部.中华人民共和国经济大事记(初稿)(专辑二)[J].计划经济研究,1983(20):1-58.

② 章奇,刘明兴.权力结构、政治激励和经济增长:基于浙江民营经济发展经验的政治经济学分析[M].上海:格致出版社,2016:72-73.

③ 杜润生.杜润生自述:中国农村体制改革重大决策纪实(修订版)[M].北京:人民出版社,2005:242.

④ 杜润生.杜润生自述:中国农村体制改革重大决策纪实(修订版)[M].北京:人民出版社,2005:49,243.

高了。为了完成征购任务,干部挨家搜索粮食,把农民种植非粮食作物称作是小农经济和资本主义自发势力,禁止农民种植非粮食作物。[①] 除此之外,惩罚措施还包括对单干农民从重征收粮食,对一批中农实行批斗、处罚。在这样的高压下,农民开始担心农业合作化后不仅得不到什么补偿,而且会失去自己的私有财产。为了避免更大的损失,农民开始趁着自己的财产还未被并入合作社,抢着在市场上低价抛售牲畜,甚至把牲畜宰杀掉,或大肆砍伐自己土地上的树木以变现尽可能多的利益。由于粮食征购过重,农民自留粮严重不足,迫使农民吃掉种子粮,而逃荒、要饭等现象时有发生。[②]

党中央、国务院对此极为重视,于 1955 年 1 月至 3 月相继发出《关于整顿和巩固农业合作社的通知》《关于大力保护耕畜的紧急指示》《关于迅速布置粮食购销工作,安定农民生产情绪的紧急指示》等文件,加强对农村工作的指导。3 月上旬,毛泽东提出了"停、缩、发"的三字方针,即根据不同地区的情况,停止发展、实行收缩和适当发展。[③] 为了贯彻三字方针,农村工作部于 4 月下旬召开了全国第三次农村工作会议,总结经验,布置工作,提出要求。到 1955 年 6 月,全国原有 67 万个合作社,经过整顿,巩固下来的有 65万个。

二、从初级社到高级社

到 1955 年夏季,加入农业生产合作社的农户已由 1954 年春季的 180 万户增加到 1690 万户,约占全国农户的 15%。在老解放区的很多地方,由于当地农民有更丰富的斗争经验和多年的互助组基础,合作化运动已具有广大的群众规模。其中,华北各省,如山西加入合作社的农户比例达到 41%,河北达到 35%;东北三省合计加入合作社的农户比例也达到 34%。这些地方,有的全乡、全区,也有全县,合作化已达到农户总数的 60%、70% 或80%。在解放较晚的东南、中南、西南和西北的各省份,大部分的乡也已建立了第一批农业生产合作社。

基于这些数据和基层送上来的一批报告,1955 年 7 月 31 日,中共中央

---

① 杜润生.杜润生自述:中国农村体制变革重大决策纪实(修订版)[M].北京:人民出版社,2005:48-49.

② 章奇,刘明兴.权力结构、政治激励和经济增长:基于浙江民营经济发展经验的政治经济学分析[M].上海:格致出版社,2016:75.

③ 沈云锁,潘强恩.共产党通史·第三卷·上册[M].北京:人民出版社,2011:382.

召开省委、市委和区党委书记会议。毛泽东在会议上作了《关于农业合作化问题》的报告,对党的农业合作化理论和政策作了系统阐述,认为面临着农村合作化运动日益高涨的形势,党的任务就是要大胆地和有计划地领导运动前进,而不应该缩手缩脚。[①] 1955年10月4日至11日,中共中央在北京召开七届六中全会,通过了《关于农业合作化问题的决议》(见专栏3-2),要求到1958年春在全国大多数地方基本上普及初级农业生产合作,实现半社会主义合作化。七届六中全会之后,农业合作化运动急速发展,农业合作化运动进入了一个新的阶段,即由办初级社为主转变为办高级社为主。[②] 到1956年1月底,入社的农户已占总农户的80%。短短几个月,就达到并超过毛泽东所提出的基本完成合作化的指标。到3月底,入社农户的比例已达将近90%。4月底,党中央批准按照3月底的数字发布新闻,宣布"全国基本实现农业合作化"。到1956年底,全国有96%的农户入了社,加入高级社的农户比例高达87%,基本上实现了完全的社会主义改造,完成了由农民个体所有制到社会主义集体所有制的转变。

专栏3-2　中国共产党第七届中央委员会第六次全体会议(扩大)
关于农业合作化问题的决议(节选)

（根据毛泽东同志一九五五年七月三十一日在省委、市委和区党委书记会议上的报告通过的决议,一九五五年十月十一日）

必须了解:我党领导农民推翻帝国主义和封建主义,这是资产阶级民主主义性质的革命,但是工人阶级的目的,是要经过这个革命,再进一步引导农民走进社会主义的革命。前一个革命阶段的农村阶级斗争,主要是农民同地主阶级的斗争,要解决的农民问题是土地问题;但是在新的革命阶段则主要是农民同富农和其他资本主义因素的斗争,这个斗争的内容,就是关于发展社会主义或发展资本主义的两条道路的斗争,要解决的问题是新的农民问题即农业合作化的问题,而工农联盟的新关系和工人阶级在这个联盟中的领导作用,必须在社会主义工

[①] 毛泽东.关于农业合作化问题[M].北京:人民出版社,1964:1-38.

[②] 对于办高级社,毛泽东一直是比较慎重的。要不要很快办高级社,当时党内也不是很清楚。直到中共七届六中全会,毛泽东才做出明确回答:在最近一个时期就应当办一批高级社。尽管他交代说,条件成熟了的就可办,条件不成熟的不要办,而且开头办少数,以后逐步增加。但是这个口子一开,许多地方很快就动手做起来。不但办高级社,还办大社;不但由初级社转高级社,而且由互助组直接跳到高级社。见黄孟复.中国民营经济史纪事本末[M].北京:中华工商联合出版社,2010:66-67.

业化和农业合作化互相适应的基础上建立和加强起来。我国工业的发展是迅速的。事实已经表明:如果农业合作化的发展跟不上去,粮食和工业原料作物的增长跟不上去,我国的社会主义工业化就会遭遇到极大的困难。

农业合作化发展的可能性,当然首先是由于我国已经建立了以工人阶级为首的人民民主专政,而这个人民民主专政正在我国组织社会主义建设;同时是由于大多数农民为了摆脱剥削和贫困,愿意走社会主义的道路。这里所说的大多数农民,主要的就是现在在经济上还没有上升的贫农,原来是贫农的新中农中间的下中农,还有老中农中间的下中农。这几部分农民的经济情况,在土地改革以后都有不同程度的改善,但是其中许多农户仍然有困难,或者仍然不富裕;而且有的还因为受到富农和投机商的盘剥和抵抗不了自然灾害,重新失掉了自己分得的土地。如果党不积极引导农民走社会主义道路,资本主义在农村中就必然会发展起来,农村中的两极分化就会加剧起来。实际生活教育了他们:不能按照原来那种个体经营的方式在分散的和细小的土地上耕种而生活下去,出路只有多数人联合起来,采取共同劳动、集体经营的方式。这种共同劳动、集体经营的优越性,已经由广大的互助组初步地证明出来,随着又由已经建立起来的大批农业生产合作社在更高的程度上证明出来。正是由于农业生产合作社能够合理地组织劳动力来更大地提高劳动生产率,能够有计划地和有成效地利用土地和扩大耕地,有能力抵抗或者减少灾害,有可能在国家援助下逐步地实现农业的技术改革,等等,因而能够迅速地发展农业生产力,使农民得到很多利益和很大利益,所以它就越来越多地吸引了农民的兴趣。

资料来源:中国共产党第七届中央委员会第六次全体会议(扩大)关于农业合作化问题的决议[M].北京:人民出版社,1955:2-4.

三、合作化带来的问题

农业合作化运动在一定意义上使广大农民摆脱了个体土地私有制的束缚,走上合作经济的发展道路,为农田基本建设、采用农业科学技术、发展农业生产创造了条件。但是,由于农业合作化运动使农民刚刚获得的土地私有权得而复失,影响了他们的生产积极性,以及农业合作化出现了要求过急、工作过粗、改变过快、形式过于简单划一的"四过"现象,因此农业集体化的迅速完成是以其质量的下降为代价的。许多研究业已指出,合作社尤其是高级社在组织上的内在缺陷,导致其实际运作存在许多问题,例如规模过大、财务管理混乱等。不仅如此,由于农业合作化和集体化的速度被人为加快,因此更多的问题开始暴露出来,包括合作社产量远未达到预期水平,农民收入下降,干部在管理合作社和集体生产过程中产生了腐败和命令主义等不好的现象。

一些党外人士以"三九"来形容1956年的形势,即90%的农户在政治压力下"被加入"了合作社,90%的合作社产量反而比建社前更低,90%的农民在合作社内的生活条件恶化,缺少必需的生活用品。这些情况使得一些地方的基层领导开始怀疑合作社在生产上的优越性,甚至对农业合作化和集体化所取得的成绩也开始怀疑了。由于合作社存在无法否认的缺陷,许多党员干部对当初鼓吹合作社的优越性产生了负疚感。[①] 正是由于加入合作社前后的对比反差太大,农民对主要依靠行政命令人为组建起来的合作社的不满情绪急剧上升,并最终发展到出现了各种形式的集体抗争事件,其中,以"闹退社"为主要内容的群体性事件最为频繁和普遍。根据中央农工部的一份报告,1956年秋后,在全国多个省份,包括广东、浙江、四川、河南、安徽、辽宁、江西、陕西、河北等地,均有"闹退社"事件发生。平均而言,有1%的入社农户又退出了合作社,有些地方的比例甚至达到5%。例如,在广东,有7万多户农户退社,占入社农户的1%。在河南,1956年冬季有12个县发生了"闹退社"事件。[②]

第三节 个体手工业的改造

在新中国成立初期,手工业在中国国民经济中有着重要的地位和作用。手工业是供应城乡人民生活资料和生产资料的重要来源,农村生产资料的90%、生活资料的70%靠手工业,城市居民也需要大量的手工业品,许多手工业品又是传统的出口商品。与农业相比,国家对手工业所有制形式的改变在时间上要晚一些。

---

① 章奇,刘明兴.权力结构、政治激励和经济增长:基于浙江民营经济发展经验的政治经济学分析[M].上海:格致出版社,2016:78-79.

② 黄道霞,等.建国以来农业合作化史料汇编[M].北京:中共党史出版社,1992:408,424.

一、全国合作总社成立

早在 1949 年党的七届二中全会上，毛泽东就指出："占国民经济总产值百分之九十的分散的个体的农业经济和手工业经济，是可能和必须谨慎地、逐步地而又积极地引导它们向着现代化和集体化的方向发展的，任其自流的观点是错误的。必须组织生产的、消费的和信用的合作社，和中央、省、市、县、区的合作社的领导机关。"[①] 1950 年 7 月，中财委召开了中华全国合作社工作者第一届代表会议，总结解放区和新中国成立初期合作社工作的经验，会议提出了"先整顿后发展、引导合作社走上正轨"的方针。提交会议讨论的《中华人民共和国合作法（草案）》中明确规定，在市民和工人中组织消费合作社，农民中组织供销合作社，城乡独立生产的手工业者和家庭手工业者组织手工业生产合作社。组织手工业生产合作社的目的是"联合起来，凑合股金，建立自己商业的和生产的组织，去推销自己的手工业产品，并购买原料及其他生产资料"，以及"避免商人的中间剥削，提高产品的数量和质量"。[②] 会上，刘少奇也明确地强调，手工业合作应从生产中最困难的供销环节入手，主要是供给原料，推销成品，"尽量不采取开设工厂的方式"。[③] 朱德也强调了对手工业合作组织先不要改变所有制形式。会议选举成立了合作社的领导机关——中华全国合作社联合总社。同年 11 月，全国合作总社临时理事会举行第一次会议。

为了总结手工业合作社的组社工作经验，推动手工业合作社更快地发展，中华全国合作社联合总社于 1951 年 6 月和 1952 年 8 月先后召开了全国合作社第一次手工业生产合作会议和第二次全国手工业生产合作会议，讨论并明确了组织手工业合作社的方针、步骤和方法。在第一次手工业生产合作会议上，还拟定了《手工业生产合作社章程准则（草案）》和《手工业生产合作社联合社章程》，作为各地组社工作的参考。在第二次会议上还提出了要着重总结组织和管理合作社的经验，并强调组织一个、巩固一个。根据中央指示精神，国民经济恢复时期的手工业合作事业，一方面，在一些同国民

---

①　毛泽东.在中国共产党第七届中央委员会第二次全体会议上的报告[M].北京：人民出版社，2004：14.

②　中共中央文献研究室，中央档案馆，《党的文献》编辑部.共和国重大决策和事件述实[M].北京：人民出版社，2005：102.

③　郑谦.中华人民共和国史（1949—1956）[M].北京：人民出版社，2010：340.

经济关系最密切并有发展前途的行业中,选择觉悟较高又具有代表性的手工业劳动者,重点试办合作社;另一方面,对一般个体手工业者,从他们最困难的供销上给予帮助,组织加工订货,给予银行贷款等措施,支持和帮助他们恢复和发展生产,进行生产自救。

到 1952 年,全国手工业从业人员为 736.4 万人,加上农民兼营手工业生产人员有 1200 多万人,合计约为 2000 万人。从产值上看,全国手工业总产值 1949 年为 32.37 亿元,1952 年产值为 73.17 亿元,分别占全国工农业总产值的 6.9％和 8.8％,占工业总产值的 23.09％和 21.36％。[①] 经过重点试办,这一年,手工业合作组织由 300 多个发展到 2700 多个,社员人数从 8 万多人增加到 25 万多人。[②]

二、个体手工业的合作化改造

从 1953 年开始,随着我国进入国民经济建设的第一个五年计划和党在过渡时期总路线的逐步确立,手工业合作化由重点试办进入全面发展的新阶段,个体手工业开始同个体农业和私人资本主义工商业一起被纳入社会主义改造的轨道。

1953 年 11 月,全国合作总社召开全国手工业生产合作会议,明确提出手工业合作组织的三种形式:手工业生产小组、手工业供销生产合作社和手工业合作社。手工业生产小组是组织手工业者的低级形式,也是手工业者最容易接受的组织形式,其特点是原有的生产关系没有改变,仍然是分散生产,只是从供销方面把手工业者组织起来;手工业供销生产合作社是对手工业者进行社会主义改造的过渡形式,其特点是生产资料仍为私有,一般也是分散生产,在供销环节上组织起来,但它已在某些生产环节上开始集中生产,并开始购置公有的生产工具;手工业合作社是手工业社会主义改造的高级形式和主要形式,它的生产由分散变为集中,分配实行按劳分配,根据生产资料公有程度的不同,区分为完全社会主义性质的和半社会主义性质的两种。对手工业的社会主义改造,只有达到完全社会主义性质即生产资料全部公有了,才算完成。

1954 年 11 月,在全国合作总社生产局的基础上,国务院专门建立了手

---

① 中华全国手工业合作社.中国手工业合作化和城镇集体工业的发展:第一卷[M].北京:中共党史出版社,1992:1.

② 薄一波.若干重大决策与事件的回顾:上卷[M].北京:中共中央党校出版社,1991:445.

工业管理局,归口国务院第四办公室领导,省、县级的领导关系也照此相应改变。到 1954 年底,全国手工业合作组织达到 4.17 万多个,社(组)员 121.35 万人,当年产值 11.7 亿元,相当于 1953 年产值 5.06 亿元的 2.3 倍。[①] 全国已有 14 个省、市和 60 个省辖市建立了手工业合作社联合社或筹委会,20 个省、市建立了手工业管理局。[②]

　　从 1955 年下半年开始,在农业合作化步伐加快的影响下,手工业改造的步伐也急剧加快。根据中共中央的指示,1955 年 12 月 21 日至 28 日,国家手工业管理局和中华全国手工业合作社在北京召开了第五次全国手工业生产合作会议,着重批判怕背供销包袱而不敢加快手工业合作化步伐的"右倾保守"思想,提出要迅速地把个体手工业者组织起来。到 1956 年 6 月底,组织起来的手工业者已占手工业者总数的 90％。到 1956 年底,全国组织起来的手工业合作社(组)调整为 9.91 万个,其社(组)员达到 509.1 万人,占全部手工业从业人员的 92％。至此,手工业从个体经济到集体经济的转变基本完成。[③]

　　1957 年 3 月,国家手工业管理局召开社会主义改造座谈会,讨论手工业向全民所有制过渡的问题。会议提出,经省、市、自治区批准,选个别有条件的手工业合作社进行试点,将其转变为全民所有制。9 月 1 日,中共中央批转了这个报告。此后,在 1958 年 3 月召开的成都会议上通过的《中共中央关于发展地方工业问题的意见》进一步指出,手工业合作社在条件成熟的时候,可以转为县的手工业联合社经营的合作工厂,取消分红制,改用工资制。随后,许多地方出现了手工业合作社转厂过渡的热潮。

　　但是,在全国绝大部分私营工商业和手工业实现了社会主义改造以后,一度出现市场商品供应紧张的情况。许多地区又自发地出现了一些小型的私营工业、个体手工业和小商小贩。在紧接着开展的"反右"和"全民整风"运动中,这些私营工业或倒闭或实行公私合营,个体手工业和小商小贩部分组织起来或还乡从事生产。

---

　　① 中共中央党史研究室.中国共产党历史:第二卷[M].北京:中共党史出版社,2011:237.
　　② 中华全国手工业合作社.中国手工业合作化和城镇集体工业的发展:第一卷[M].北京:中共党史出版社,1992:9.
　　③ 薄一波.若干重大决策与事件的回顾:上卷[M].北京:中共党史出版社,2008:317.

第四节 私营工商业的改造

如何对待民族资本和民族资产阶级,私营工商业在社会经济结构中处于何种地位,这既是理论问题,也是复杂的实践问题。在不同的历史时期,党中央对资本主义工商业的政策发生过一系列变化,最终从"利用、限制"转变为"利用、限制、改造"。

一、"利用、限制、改造"政策的提出

早在1948年9月,张闻天起草并向党中央提交的《关于东北经济构成及经济建设基本方针的提纲》就认为:"这种国家资本主义经济的发展方向,对于新民主主义经济的发展是有利的,因为这是从国家需要出发,吸引私人资本来为国家服务,并把私人资本置于国家的管理与监督之下,使之成为国民经济建设计划的有机的一部分。"[①]1949年3月,中共七届二中全会正式提出和确立了对私人资本主义采取"利用和限制"的政策。毛泽东在会议上所作的报告指出:"在革命胜利后一个相当长的时期内,还要尽可能地利用城乡私人资本主义的积极性,以利于国民经济向前发展。但是,对于中国资本主义的存在和发展,将在活动范围、税收政策、市场价格和劳动条件等方面,按照各种不同的具体情况,采取恰如其分的有伸缩性的限制政策。""限制和反限制,将是新民主主义国家内部阶级斗争的主要形式。"[②]七届二中全会的决议指出:"对于占现代工业经济第二位的私人资本主义经济,必须采取利用又限制的政策。这就是说,利用它的积极性,以利于国民经济的恢复和发展,但必须限制它的消极方面,将其纳入国家经济政策和经济计划的轨道。"[③]

从"利用、限制"到"利用、限制、改造"的转变发生在1953年5月,李维汉在向中央报送中共中央统一战线工作部调查组所写的《资本主义工业中的公私关系》的调查报告时指出:"国家资本主义的各种形式(其中一部分将由低级向高级发展),是我们利用和限制工业资本主义的主要形式,是我们将资本主义工业逐步纳入国家计划轨道的主要形式,是我们改造资本主义工

① 中共中央文献研究室.文献和研究(一九八三年汇编本)[M].北京:人民出版社,1984:163.
② 邱守娟.毛泽东的思想历程[M].北京:人民出版社,2003:310,405.
③ 新华月报.永远的丰碑(十四)[M].北京:人民出版社,2006:54.

业使它逐步过渡到社会主义的主要形式,是我们利用资本主义工业来训练干部、并改造资产阶级分子的主要环节,也是我们同资产阶级进行统一战线工作的主要环节。"①同年 6 月,中共中央政治局讨论中共中央统一战线工作部调查组的报告,并听取了李维汉在调查报告基础上起草的《关于利用、限制和改组资本主义工商业的若干问题》的报告。②

1953 年 6 月,过渡时期总路线提出,指明了对资本主义工商业的主导思想。从 1953 年 7 月起,政府开始采取一系列措施对一些主要物资和主要工业原料等进行控制,包括主要农产品和煤、铁、钢材、铜、硫酸等;同时,国家对进口原料也加强了管理。私营工业的产品绝大部分都已经实行了加工订货、统购包销等形式的国家资本主义。这些政策措施为资本主义工商业改造创造了条件。1954 年 9 月 20 日,第一届全国人民代表大会第一次会议通过了《中华人民共和国宪法》(以下简称《宪法》)。《宪法》第十条规定:"国家对资本主义工商业采取利用、限制和改造的政策。国家通过国家行政机关的管理、国营经济的领导和工人群众的监督,利用资本主义工商业的有利于国计民生的积极作用,限制它们的不利于国计民生的消极作用,鼓励和指导它们转变为各种不同形式的国家资本主义经济,逐步以全民所有制代替资本家所有制。"③至此,《宪法》从国家根本大法的角度,提出了对资本主义工商业实行"利用、限制、改造"的政策。

二、公私合营的逐步推进

在"利用、限制、改造"的政策指导下,1954 年 3 月 4 日,中共中央批转了中财委《关于有步骤地将十个工人以上的资本主义工业基本上改造为公私合营企业的意见》(以下简称《意见》)。《意见》指出:"要在今后若干年内(两个五年计划时期,可能更短一点。需要多少年,要作进一步研究才能决定;各地区情况不同,时间长短也会不同),积极而稳步地将国家需要的、有改造条件的十个工人以上的私营工厂,基本上(不是一切)纳入公私合营轨道(视国家需要、企业改造条件及资本家情况的不同,决定纳入步骤之先后,但并非所有资本主义工业的改造,都要经过公私合营的步骤),然后在条件成熟

①　中共中央文献研究室.建国以来重要文献选编:第四册[M].北京:中央文献出版社,1993:215.
②　沙健孙.中国共产党与新中国的创建(1945—1949):下[M].北京:中央文献出版社,2009:705.
③　中华人民共和国宪法(1954 年 9 月 20 日第一届全国人民代表大会第一次会议通过)[M].北京:人民出版社,1954:5.

时,将公私合营企业改造为社会主义企业。"《意见》规定了公私合营的主要方式,包括:(1)国家投入资金和干部于私营工厂(主要是大厂和重要厂),实行合营。(2)先经私私联营或合并,再进行公私合营;或私私合并与公私合营同时进行。(3)国营小厂与私营大厂合并,实行合营。(4)公私合营大厂吸收私营小厂,实行合营。(5)公私合营厂或公私合营投资公司投资私营厂,实行合营。(6)国营大厂投资若干私营小厂,作为附属厂。(7)公私合营筹建新厂。①

1954年7月,中财委第六办公厅制定了《公私合营工业企业暂行条例》(以下简称《条例》)。《条例》规定:(1)由国家或者公私合营企业投资并由国家派干部,同资本家实行合营的工业企业,是公私合营工业企业。公私合营企业不是普通的合股企业,它是在社会主义经济直接领导下的、社会主义成分和资本主义成分直接合作的半社会主义企业,合营企业应当遵守国家计划。(2)对资本主义工业企业实行公私合营,应当根据国家的需要、企业改造的可能和资本家的意愿。(3)私方代表的合法权益受到保护,并负责参加企业的经营管理。(4)工资制度和福利设施,应逐步向相当的国营企业看齐。(5)合营企业应当采取适当的形式,实行工人代表参加管理的制度。(6)股东股息红利,加上董事、经理和厂长等人的酬劳金,共可占到全年盈余总额的25%左右;私股分得的股息红利,由私股股东自行支配。(7)合营企业的董事会是公私双方协商议事的机关,应当定期开会,听取合营企业的生产经营情况和年度决算报告,对企业章程的拟定或者修改、投资和增资、企业盈余分配方案等事项进行协商。②

在上述政策的规范和指导下,扩展公私合营工作取得了很大进展。1954年,全年计划合营500家,结果合营了905家,改组合并793家。经过1954年的扩展,公私合营工业大有发展。连同以前公私合营的企业,到1954年底共有1746家,产值占全部私营工业总产值的33%;公私合营工业在全国工业总产值中所占的比重,由1953年的5.7%上升到1954年的12.3%。③

① 中央档案馆,中共中央文献研究室.中共中央文件选集(一九四九年十月～一九六六年五月):第15册[M].北京:人民出版社,2013:326,331.

② 中共中央文献研究室.建国以来重要文献选编:第五册[M].北京:中央文献出版社,1993:449-454.

③ 沙健孙.中国共产党和资本主义、资产阶级:上[M].济南:山东人民出版社,2005:656.

公私合营初期遇到了很大的阻力。总路线和对资本主义工商业改造的方针传开后，许多工商业者感到震动和不安，一部分人存在严重抵触情绪，少数人则以"三停"（停工、停伙、停薪）、抽逃资金、破坏生产等手段抗拒社会主义改造。为了稳定工商业者的情绪，1955 年 10 月，毛泽东在资本主义工商业社会主义改造问题座谈会上生动阐述了和平赎买政策，向与会代表描绘了社会发展的趋势。他说："我们现在对资本主义工商业的社会主义改造，实际上就是运用从前马克思、恩格斯、列宁提出过的赎买政策。它不是国家用一笔钱或者发行公债来购买资本家的私有财产（不是生活资料，是生产资料即机器、厂房这些东西），不是用突然的方法，而是逐步地进行，延长改造的时间，比如讲十五年吧，在这中间由工人替工商业者生产一部分利润。"①毛泽东的讲话，在很大程度上消除了与会的这些私营企业代表的怀疑和顾虑，坚定了他们爱国守法、积极接受社会主义改造、把自己的命运同国家的前途结合在一起的信心。

公私合营步伐加快出现在 1955 年下半年，11 月 16 日至 24 日，资本主义工商业改造会议在北京举行，讨论通过了《中共中央关于资本主义工商业改造问题的决议》（见专栏 3-3），对原定三个五年计划基本完成资本主义工商业改造的部署做出重要调整，规定在第一个五年计划期间内，即在 1956年和 1957 年，全行业公私合营争取达到 90％左右；并且准备在第二个五年计划期间内，争取逐步地使公私合营的企业基本上过渡到国有化。

专栏 3-3　中共中央关于资本主义工商业改造问题的决议（节选）

（一九五六年二月二十四日）

从中华人民共和国成立到现在，社会主义经济和资本主义经济的力量对比，发生了巨大的变化。经过 3 年的恢复工作，加上 3 年的有计划的建设工作，我们已经在经济上大大地巩固了和扩大了社会主义的阵地，大大地削弱了和缩小了资本主义的阵地。特别是社会主义工业化的成就，农业合作化的大发展，粮食和工业原料的统购统销工作的胜利，使社会主义经济成分对于资本主义经济成分取得了决定性的优势地位。同时，资本主义企业中的生产力和生产关系的矛盾，现在已经暴露得特别突出，资本主义生产关系如果不进一步地受到改造，就不可能提高生产力来适应人民的需要，并且会使生产力受到重大的破坏。因

---

① 中共中央文献研究室.建国以来重要文献选编:第七册[M].北京:中央文献出版社,1993:348.

此,我们现在已经有了充分有利的条件和完全的必要把对资本主义工商业的改造工作推进到一个新的阶段,即从原来在私营企业中所实行的由国家加工订货、为国家经销代销和个别地实行公私合营的阶段,推进到在一切重要的行业中分别在各地区实行全部或大部公私合营的阶段,从原来主要的是国家资本主义的初级形式推进到主要的是国家资本主义的高级形式。在一切重要的私营行业中实行全部或大部的公私合营,使私营工商业分别地、同时是充分地集中在我们国家和社会主义经济的控制之下,这是资本主义所有制过渡到完全的社会主义公有制的具有决定意义的重大步骤。

······

党的任务就是必须贯彻执行党在过渡时期的总路线,主动地、积极地、认真地抓起这个改造资本主义工商业的领导,使资本主义工商业的改造工作,能够同社会主义工业化和农业合作化这两方面的工作互相适应,以便逐步地达到建成社会主义社会的目的。

资料来源:中共中央文献研究室.建国以来重要文献选编:第八册[M].北京:中央文献出版社,1994:148-150.

会议之后,全行业公私合营运动很快波及全国,到1956年1月底,全国50多个资本主义工商业比较集中的大中城市,相继宣布实现全市的全行业公私合营。1956年初,全国原有私营工业8.8万余户,职工131万人,总产值726600万元。到年底,已有99%的户数、98.9%的总产值,实现了所有制的改造。在总户数中,有10%转入地方国营工业,15.6%划归手工业改造,64.23%实行公私合营,10.17%归入其他改造形式。1956年初,全国原有私营商业242.3万户,从业人员313.8万人,资本额84100万元。到年底,已有82.2%的户数、85.1%的从业人员、99.3%的资本额,实现了所有制的改造。在总户数中,有6.1%转入国营商业和供销社,4.9%实行不定息的公私合营,11.6%实行定息的公私合营,35.6%改造为合作商店,24%改造为合作小组。私营饮食业有86%、服务业有77.6%实现了改造,私营轮船业和汽车运输业实现了全行业公私合营。①

---

① 中央工商行政管理局,中国科学院经济研究所.中国资本主义工商业的社会主义改造[M].北京:人民出版社,1962:219-221.

三、和平赎买的定息制

在改造之前,对私营工商业实行的是"四马分肥"政策,即把利润分成国家税收、工人福利费、生产公积金和私人纯利等四个部分。1955 年 11 月 1 日,陈云在中共中央统战部召开的中华全国工商业联合会执委会座谈会上明确表示:"一个工厂百分之九十以上是国营的,应该实行国营的办法,但是单独把一个车间按照四马分肥来计算,就弄不清楚。因此,只好把它固定起来,有多少投资,每年给多少利息,生产则按照整个国营的办法来进行。"[①] 1956 年 2 月 8 日,国务院全体会议第二十四次会议通过了《国务院关于在公私合营企业中推行定息办法的规定》(以下简称《规定》),使定息制度得以确立。《规定》指出:定息,就是企业在公私合营时期,不论盈亏,依据息率,按季付给私股股东以股息。对全国公私合营企业私股实行定息的息率,规定为年息 1 厘到 6 厘。[②] 对资本主义工商企业实行定息之后,资本家占有的生产资料已经全部转归国家使用和管理,他们除了领取固定的利息之外,实际上已经丧失了对企业生产资料的支配权。实行定息制度后,资本家取得的是定息收入,其收入多少取决于股金数量的大小,已经同企业盈余的多少失去了直接联系,从而限制了资本主义剥削。

关于定息的性质,大多数学者认为定息就是利息或股息。但也有学者提出了不同的看法,认为这种说法不能反映全行业公私合营后生产关系的巨大变化。在个别行业公私合营阶段,私营企业主是按照私股股额来分享企业利润的,他们对企业的经营还有较大的发言权。而在实行全行业公私合营和定息制度以后,情况就不同了。私营企业主原来占有的生产资料就转归国家统一管理、统一使用,企业生产关系发生了根本的变化,实际上已是社会主义性质的企业。私营企业主再不能从企业提取利润或股息,他们只能按期从国家领取定息。但定息是固定的,与企业的经营状况无关:经营好,他拿这么多;经营不好,仍拿这么多。更为重要的是,自拿定息的第一天起,私营企业主就实际上同他原有的生产资料脱离了关系,他用不着关心原来属于他的那一部分生产资料了:放在这个厂,他拿这么多定息;调整到别的厂,他还是拿这么多定息。他已不能干预也无须干预这些生产资料的使

① 中共中央文献研究室.陈云文集:第二卷[M].北京:中央文献出版社,2005:670-671.
② 中共中央文献研究室.建国以来重要文献选编[M].北京:中央文献出版社,1994:124.

用了。但是,如果把定息说成是"由国家每年按照资本额发给资本家固定的利息"或"股息",就会造成一种误解,即资本家仍然占有并支配着生产资料,资本家拿定息就像在银行存款,随时可以连本(固定资产)带息全部取出并自由支配。再有,如果把定息说成是"利息"或"股息",那么取消定息,则企业仍应归资本家所有,因为,取消的是"息",而不是"本"。因此,把定息看成是利息的说法不能反映全行业公私合营前后生产关系发生的巨大变化,特别是生产资料所有制的变化,也不能反映赎买政策的实质。总之,从表面上看,定息确实很像利息或股息,但是实质上,定息不是利息或股息,而是国家买下民族资本家的生产资料后,以分期付款的形式付给资本家的款额。①

定息制度实行后,多方面意见都认为规定息率时要简单和放宽一些。陈云在 1956 年 6 月 18 日召开的第一届全国人民代表大会第三次会议上表示:"在息率方面,我们认为可以不分工商、不分大小、不分盈余户亏损户、不分地区、不分行业,统一规定为年息五厘,即年息百分之五。个别需要提高息率的企业,仍然可以超过五厘。过去早已公私合营,但是采取按比例办法分配利润的企业,同新合营的企业一样定息五厘。过去早已公私合营,并且已经采取定息办法的企业,如果超过五厘,照旧支付,不予降低;如果不到五厘,提高到五厘。"②1956 年 12 月 8 日,毛泽东同工商界人士谈话,谈到定息问题时指出:继续维持定息,而且定息时间要延长。③ 此后,中央决定从 1956年起,定息 7 年不变(到 1962 年),如果 7 年后工商业者生活上还有困难,还可以拖个"尾巴"。资本家原有的高薪,一律不动。1963 年,中央又宣布定息延长 3 年,到 1965 年止。

定息制度是社会主义改造完成后对资本主义经济保留的"尾巴"。虽然从量上来讲并没有太大的意义,但足以表明对资本主义工商业的社会主义改造是通过"赎买"实现的。而对于拿定息的工商业者来说,仍表明他们原来的剥削者的身份。所以,工商业者最初是担心定息拿不到,而到后来则不愿再拿定息。

---

① 刘明钢.关于对资改造中"定息"问题的初步探讨[J].湖北大学学报(哲学社会科学版),2001(3):27-30.

② 陈云.陈云文选:第二卷[M].北京:人民出版社,1995:314.

③ 中共中央文献研究室.毛泽东文集:第七卷[M].北京:人民出版社,1999:180-181.

第四章　社会主义三大改造后的民营经济

在社会主义三大改造完成之后,民营工商业转为公私合营,私人资本以定息的方式得以体现,农村小农和传统手工业进入合作化,但社会上仍存在大批的小生产活动和小商贩活动。在随后到来的"反右"运动、"大跃进"和"人民公社化运动"中,民营经济受到严重挤压。1966年"文化大革命"开始后,"斗私批修"和"割资本主义尾巴"在城市愈演愈烈,至1976年底,私营经济在中国已经绝迹,个体经济也微乎其微,全国城镇个体工商业者只剩下19万人,仅为1966年"文化大革命"开始时的12.2%,锐减了87.8%。不过这一时期,社队企业在全国蓬勃发展,有些地区社队企业的规模比较大,奠定了乡村工业化的基础,也为未来乡镇企业的大发展提供了技术条件、管理经验和人才条件。与此同时,城镇集体经济也在历尽曲折中顽强生长。

第一节　新经济政策设想

1956年底,资本主义工商业社会主义改造基本完成,社会主义经济制度在全国范围内初步建立。但是,由于社会主义改造高潮迅速到来,在实行公私合营的过程中,把小商小贩、小手工业者和只有轻微剥削的小业主也一起带进了合营企业,并且把他们同资本家一样看待,从而混淆了剥削者和劳动者的区别。小企业和商业网点大规模减少,造成人民生活的不便。实行合营和手工业合作化后,有些产品质量下降了,花色品种减少了。加上合营以后,对一部分原工商业者使用和安排不当,导致国民经济发展中出现了种种问题。

一、新经济政策的提出

1956 年 12 月,毛泽东分别找全国工商联正副主任、各省市工商界代表进行谈话。这几次谈话"贯穿了一个基本精神,就是在中国还需要继续实行一段'新经济政策'"[①]。毛泽东说:"现在我国的自由市场,基本性质仍是资本主义的,虽然已经没有资本家。它与国家市场成双成对。上海的地下工厂同合营企业也是对立物。因为社会有需要,就发展起来。要使它成为地上,合法化,可以雇工。现在做衣服要三个月,合作工厂做的衣服裤腿一长一短,扣子没眼,质量差。最好开私营工厂,同地上的作对,还可以开夫妻店,请工也可以。这叫新经济政策。"[②]他进一步指明,"只要社会需要,地下工厂还可以增加。可以开私营大厂,订个协议,十年、二十年不没收。华侨投资的,二十年、一百年不要没收。可以开投资公司,还本付息。可以搞国营,也可以搞私营。可以消灭了资本主义,又搞资本主义"[③]。从今天来看,"新经济政策"是当时如何对待民间自发形成的个体和私营经济的一个大胆探索,有多方面的积极意义。[④]

其一,发展生产力的需要。社会主义生产关系的变革和完善必须适应生产力的状况,有利于生产力的发展。为了发展生产力,就必须调动一切有利于发展生产力的积极因素。这种"积极因素",当然也包括个体和私营经济。正如毛泽东所指出的:"中国现在的资本主义经济,其绝大部分是在人民政府管理之下的,用各种形式和国营社会主义经济联系着的,并受工人监督的资本主义经济。这种资本主义经济已经不是普通的资本主义经济,而是一种特殊的资本主义经济,即新式的国家资本主义经济。它主要不是为了资本家的利润而存在,而是为了供应人民和国家的需要而存在。……因此,这种新式国家资本主义经济是带着很大的社会主义性质的,是对工人和国家有利的。"[⑤]

其二,满足人民群众生活的需要。社会主义改造基本结束以后,不仅由于门店集中,商业网点大大减少,小厂并成大厂,而且厂家为了追求产值,只

① 薄一波.若干重大决策与事件的回顾:上[M].北京:中共党史出版社,2008:306.
② 中央文献研究室.毛泽东传:第三册[M].北京:中央文献出版社,2011:1424-1425.
③ 中央文献研究室.毛泽东传:第三册[M].北京:中央文献出版社,2011:1425.
④ 李合敏.毛泽东的"新经济政策"思想[J].中共南京市委党校学报,2018(4):38-45.
⑤ 中共中央文献研究室.毛泽东文集:第六卷[M].北京:人民出版社,1999:282.

生产数量多的大路货,商店也改为经营大路货,致使高档商品和廉价小商品严重脱销,特别是食品商店、小吃铺、小摊贩更是大大减少,供求矛盾十分突出。同时,一些特殊工艺的名贵食品、手工艺品无人制作,不少传统手工艺术面临着失传的危险。国营商店只经营上级部门批发下来的商品,加上是独家经营,没有竞争,"皇帝的女儿不愁嫁",服务质量明显下降。所有这些,都给城乡人民群众的生活带来了极大的不便。实行"新经济政策"就是要对所有制结构进行调整,形成以公有制为主体的多种经济成分并存的格局,以增加商品数量和品种,提高服务质量,满足社会经济和人民群众生活的需要。[①]

其三,促进竞争和推动国民经济健康发展的需要。刘少奇和周恩来对此曾做过深刻的阐释:"自由市场对我们有利,可以暴露我们的缺点,补充国营商业不足,方便人民。社会主义搞计划只能搞个大的项目,凡我们计划不到的,自由市场就可以钻空子……保留一点竞争好,这样若干年后还可以一方面有计划性,另一方面又有多样性,丰富多彩。让自由市场唱对台戏,挖苦我们国营、合作商业、税收工作中的官僚主义,会更好一些。"[②]"大概工、农、商、学、兵除了兵以外,每一行都可以来一点自由,搞一点私营的。文化也可以搞一点私营的。这样才好百家争鸣嘛!在社会主义建设中,搞一点私营的,活一点有好处。"[③]允许自由市场、地下工厂、私营大厂存在,允许华侨投资办厂,并使其与社会主义的国家市场、合营企业、地上(国营的或集体的)工厂"作对",不仅是为了恢复传统产品、名优产品的生产与经营,为了活跃经济、促进经济的发展,而且是要形成一个竞争机制,让它们同社会主义公有制经济比管理、比技术、比质量、比价格、比效益、比服务态度,在比较、竞争中使国营工商企业、合作企业改进管理方法,提高产品质量,改善服务态度,使社会主义经济更有生机,更健康、快速地发展。[④]

二、新经济政策的探索

新经济政策适应了当时的社会需要,有益于社会主义经济的发展,有益于人民群众生活需要的满足,所以无论是在理论上还是实践上,都很快得到

---

① 李合敏.毛泽东的"新经济政策"思想[J].中共南京市委党校学报,2018(4):38-45.
② 黄峥.刘少奇一生[M].北京:中央文献出版社,2008:320.
③ 中共中央文献研究室.周恩来年谱(1949—1976):中卷[M].北京:中央文献出版社,1997:31.
④ 李合敏.毛泽东的"新经济政策"思想[J].中共南京市委党校学报,2018(4):38-45.

了响应。1956 年 12 月,刘少奇在全国人大常委会第五十二次会议上传达了毛泽东的讲话精神:"有一些资本家,他每年分的定息很多,有分到百把万元、几百万元的,他一家子一年用不了这么多钱,如果他们要盖工厂,是否可以准许他盖呢? 可以的。"①"有人要开私人工厂,可以不可以呢? 毛主席说可以开。我们国家有百分之九十几的社会主义,有百分之几的资本主义,我看也不怕……有这么一点资本主义,一条是它可以作为社会主义经济的补充,另一条是它可以在某些方面同社会主义经济作比较,看你的花生好不好,看你的猪肉好不好。"②1957 年 4 月,刘少奇在上海市委召开的党员干部大会上的讲话中不仅强调自由市场问题也是人民内部的问题,而且进一步指出:"社会主义经济的特点是有计划性,是计划经济,但是实际社会经济活动包括各行各业、各个方面,有几千种、几万种、几十万种,国家计划不可能计划那么几千、几万、几十万种,只能计划那么多少类,结果就把社会经济生活搞得简单了,呆板了。"③"如何使我们的社会主义经济同时具有这样几个特点:既有计划性,又有多样性,又有灵活性,这就要利用自由市场。一方面自由市场可以补充当前我们社会主义经济的不足,另一方面它可以帮助我们在经济上搞多样性和灵活性。"④"私商很灵活,地下工厂很灵活,……我们社会主义经济为什么就不能那么灵活? 也可以灵活一些嘛。所以让这个自由市场包括一点私商,给资本主义一点活动余地,让他们来钻我们的空子,我们就可以来填补这些空子。他们钻了几百、几千、几万、几十万样,逼着我们填补几百、几千、几万、几十万样,这样我们就不只有计划性,而且有多样性和灵活性,就可以使我们的社会主义经济搞得更好。"⑤此前,周恩来也曾就个体私营经济的发展发表过重要意见,并提出:"一切东西都靠国家生产不行,各方面都应该有百分之几的自由活动,太死了不行。不仅商业方面如此,工业方面也可以如此。资本主义复活不了。"⑥

在新经济政策的指引下,实践中开始出现了放松个体私营经济的迹象。1957 年 2 月 28 日,继 1956 年 10 月 24 日国务院根据党的八大精神发布《关

① 中共中央文献研究室.刘少奇年谱(1898—1969):下卷[M].北京:中央文献出版社,1996:383.
② 中共中央文献研究室.刘少奇论新中国经济建设[M].北京:中央文献出版社,1993:326-327.
③ 中共中央文献研究室.刘少奇年谱(1898—1969):下卷[M].北京:中央文献出版社,1996:399.
④ 中共中央文献研究室.刘少奇年谱(1898—1969):下卷[M].北京:中央文献出版社,1996:399.
⑤ 胡德平.改革放言录[M].北京:人民出版社,2013:119.
⑥ 中共中央文献研究室.周恩来经济文选年谱(1949—1976):中卷[M].北京:中央文献出版社,1997:33.

于放宽农村市场管理问题的指示》,决定开放农村自由市场,除粮棉油等统购产品外,其他土特产品都可上市交易之后,中共中央、国务院又发出《关于发展养猪生产的决定》,强调除继续贯彻 1956 年下半年实行的"私有、私养、公助"的方针外,决定提高生猪收购价格,恢复农村的豆腐坊、粉坊、油坊,发展青饲料等。1957 年 3 月到 4 月,中央手工业管理局召开了手工业改造工作座谈会。会议认为,全国二三成的手工业合作社规模过大、人数过多,不适应手工业分散、复杂、多样、地方性强以及主要为当地人民生活和生产服务的特点,需要进行分社、增设服务点、改变核算关系等方面的调整。同时,手工业个体户可以年年有发展,产品零星复杂又不甚重要的行业可以在较长时间内保持个体经营方式,不必急于组织起来。1957 年 8 月 1 日,全国人民代表大会常务委员会第七十八次会议批准了国务院提交的《华侨投资兴办学校办法》和《华侨投资于国营华侨投资公司的优待办法》,规定侨资办的学校由创办人定校名、校长,国营华侨投资公司的侨资为投资人所有,年息为 8 厘、不超过 50％的股息经批准可汇往国外。

党的第一代中央领导集体的"新经济政策"是中国共产党最早对传统社会主义所有制模式从理论和实践上的突破[1],但这种探索及其实践很快就被"反右"运动打断了。

第二节 运动下的挤压限制

经过社会主义改造,党中央认为,经济战线上的社会主义革命已取得伟大胜利,广大人民群众热情高涨,经济建设应该搞得更快一些。为此,党中央酝酿并制定了社会主义建设总路线,并在这个过程中相继发动了"大跃进"和人民公社化运动。

一、"大跃进"和人民公社化运动

"大跃进"运动发端于 1955 年下半年开始的"冒进风"。1955 年 7 月,中共中央在北京举行省、市、自治区党委书记会议,提出了加快农业合作化的指导方针。会议结束后,农业合作化运动迅猛发展。据统计,从 6 月到 10 月,全国新建合作社 64 万个,使合作社总数接近 130 万个,仅 4 个月就基本

---

① 毕宪顺,张术环.党对社会主义所有制认识的深化[N].光明日报,1999-12-13(7).

实现了"翻一番"。12月,毛泽东在《中国农村的社会主义高潮》的序言中进一步指出,中国的工业化的规模和速度,科学、文化、教育、卫生等项事业的发展的规模和速度,已经不能完全按照原来所想的那个样子去做了,这些都应当适当地扩大和加快。[①] 在这种形势下,1956年1月召开的全国计划会议和各部专业会议,对1956年工农业产值及主要工业品产量大都提出了较高的要求。1957年9月,中共八届三中全会通过了《一九五六年到一九六七年全国农业发展纲要(修正草案)》,这实际是农业"大跃进"的纲领。会后,全国大部分省、自治区召开党的各级干部会议,传达贯彻八届三中全会精神,积极准备掀起工农业生产的高潮。1957年11月13日,《人民日报》发表社论,号召批判右倾保守思想,提出了"大跃进"的口号。

"大跃进"运动,在生产发展上追求高速度,以实现工农业生产高指标为目标。要求工农业主要产品的产量成倍、几倍,甚至几十倍地增长。例如,提出钢产量1958年要比1957年翻一番,由535万吨达到1070万吨,1959年争取达到3000万吨。粮食产量1958年要比1957年增产80%,由3900亿斤达到7000亿斤左右,1959年要比1958年增产50%,由7000亿斤左右达到10500亿斤。在这样的目标下,基本建设投资急剧膨胀,三年间,基建投资总额高达1006亿元,比"一五"计划时期基本建设总投资几乎高出一倍。积累率突然猛增,三年间年均积累率高达39.1%。

人民公社化运动最初是由高级农业生产合作社的小社并大社引起的。1957年冬到1958年春,全国农村大搞农田水利建设。当时党中央认为:"我国农业正在迅速地实现农田水利化,并将在几年内逐步实现耕作机械化,在这种情况下,农业生产合作社如果规模过小,在生产的组织和发展方面势将发生许多不便。为了适应农业生产和文化革命的需要,在有条件的地方,把小型的农业合作社有计划地适当地合并为大型的合作社是必要的。"[②]但在"大跃进"的背景下,该运动演变成不顾客观条件、争相推动农业集体生产组织向所谓更高级的形式过渡的一场普遍的群众性运动。1958年8月,中共中央政治局在北戴河召开扩大会议,会议做出一项重要决定:在全国农村普遍建立人民公社。会议通过《中共中央关于在农村建立人民公社问题的决议》(以下简称《决议》),指出:"共产主义在我国的实现,已经不是什么遥远

---

① 中共中央办公厅.中国农村的社会主义高潮:上册[M].北京:人民出版社,1956:序言2.

② 中共中央文献研究室.关于建国以来党的若干历史问题的决议注释本[M].北京:人民出版社,1983:312.

将来的事情了,我们应该积极地运用人民公社的形式,摸索出一条过渡到共产主义的具体途径。"《决议》认为,人民公社将是"建成社会主义和逐步向共产主义过渡的最好的组织形式"。①

二、对农村和城镇个体私营经济的挤压

人民公社的特点被概括为"一大二公"。所谓"大",就是规模大。全国原有 74 万多个农业生产合作社,每社有一二百户农户,基本上是一村一社。而人民公社则平均每社由原来的 28 个合作社组成,有农户四五千个到一两万个,基本上是一乡一社,甚至数乡一社。所谓"公",就是生产资料公有化程度高。将原来几十甚至上百个经济条件不同、收入水平殊异的合作社合并到一起,其土地、耕畜、农具等生产资料以及其他公共财产全部转归公社,由公社统一核算和分配,被认为是扩大了农村集体所有制的规模;将社员的自留地、自养牲畜、林木、生产工具等收归集体所有,被认为是消除了所谓生产资料私有制的残余,例如,河南省遂平县《嵖岈山卫星人民公社试行简章(草稿)》规定,社员"应该交出全部自留地",还要"将私有的房基、牲畜、林木等生产资料转为全社所有";将国营商业、粮食、银行等部门在基层的机构下放给人民公社经营,被认为是在集体所有制中增加了若干全民所有制的成分。以上几种所谓扩大和提高农村集体所有制的做法,由于头脑发热,迅猛发展起来,形成一股"共产风",即由集体共了个人的产,穷社共了富社的产,公社共了国家的产。

人民公社下的集体劳动、分配制度,与农业活动的难于监督结合在一起,使得这一体制下的交易成本急剧上升,不仅大大降低了农民的生产积极性,也增加了公社干部的管理和监督成本。同时,由于大量农村劳动力被强制要求进行钢铁生产和其他高强度的体力劳动,例如修建水坝和公路等,正常的农业生产尤其是粮食生产受到极大影响。而有关公共食堂的食物免费的宣传和具体措施,却大大加速了粮食消费,造成粮食供应的极大紧张。但在"大跃进"的政治气氛下,各地竞相汇报虚高的粮食产量,并且由大炼钢铁和高强度劳动投入以及大办公共食堂导致的对粮食的消费需求也不断上升,进一步导致政府大幅度调高粮食征购指标。这些因素交织在一起,最终使得农村生产力受到严重的破坏。

---

① 中共中央文献研究室.建国以来重要文献选编:第十一册[M].北京:中央文献出版社,1995:450.

与此同时,农村的"共产风"也刮到城镇,对城镇残存的个体、私营工商业也采取了严厉的限制和改造政策。1958 年 4 月,中共中央发出《关于继续加强对残存的私营工业、个体手工业和对小商小贩进行社会主义改造的指示》,明确指出,要把小商小贩组成合作小组、合作商店或者使他们成为国营商业的代购和代销人员。据统计,1959 年 7 月底,全国合作商店、合作小组中的小商小贩(不包括并入国营商业的)还有 206 万人,比 1957 年减少大约 150 万人;到 1960 年底,留在合作商店、合作小组的小商小贩仅剩 90 万人。① 而且这些小商小贩虽然维持合作商店、合作小组的形式,但大部分与国营商业统一核算,或者按照国营商业的办法进行管理。这样,城镇的个体经济也大大减少了。

三、有限的政策调整

由于"大跃进"和人民公社化运动中的"左"倾错误,党中央从 1958 年 11 月郑州会议开始进行纠"左",对现行政策作适当的调整。

在农村所有制问题上,党的八届六中全会通过《关于人民公社若干问题的决议》,指出"社员个人所有的生活资料(包括房屋、衣被、家具等)和在银行、信用社的存款,在公社化以后,仍然归社员所有,而且永远归社员所有",重新肯定了"社员可以保留宅旁的零星树木、小农具、小工具、小家畜和家禽等"这一政策,特别是提出社员"可以在不妨碍参加集体劳动的条件下,继续经营一些家庭副业"。② 1959 年 5 月 7 日,中共中央发出《关于分配私人自留地以利发展猪鸡鹅鸭问题的指示》,宣布恢复"给社员一定数量的自留地",以鼓励"社员私养猪、鸡、鹅、鸭"。③ 一个月后,中共中央又发出《关于社员私养家禽、家畜、自留地等四个问题的指示》,对此作了更详细的规定,并指出:"这种大集体当中的小私有,在一个长期内是必要的,有利于生产的发展,也有利于人民生活的安排。允许这种小私有,实际上是保护社员在集体劳动时间以外的劳动果实,并不是什么'发展资本主义'。"④

---

① 万典武. 当代中国商业简史[M]. 北京:中国商业出版社,1998:129.

② 中共中央文献研究室. 建国以来重要文献选编:第十一册[M]. 北京:中央文献出版社,1995:613.

③ 中共中央文献研究室. 建国以来重要文献选编:第十二册[M]. 北京:中央文献出版社,1996:294.

④ 中央档案馆,中共中央文献研究室. 中共中央文件选集(一九四九年十月～一九六六年五月):第31 册[M]. 北京:人民出版社,2013:328.

　　1960 年 8 月的北戴河会议规定,集体所有制占优势的前提下,要有部分的个人所有制,给每个社员留点自留地,使社员能够种菜、喂猪、喂鸡、喂鸭。1960 年 11 月,中共中央下发了《关于农村人民公社当前政策问题的紧急指示信》,规定:允许社员经营少量的自留地和小规模的家庭副业;在不影响集体劳动的前提下,鼓励社员种好自留地,饲养少量的猪、羊和家禽;有领导有计划地恢复农村集市。① 1961 年 5 月,中央工作会议正式决定取消供给制,规定办不办食堂完全由社员讨论决定,实际上是取消了公共食堂制度。1962 年 2 月,中共中央发出《关于改变农村人民公社基本核算单位问题的指示》,决定农村人民公社一般以生产队(即小队,相当于初级社)为基本核算单位。② 9 月通过的《农村人民公社工作条例修正草案》明确规定:(1)自留地一般占生产队耕地面积的 5％—7％,归社员家庭使用,长期不变。(2)饲养猪、羊、兔、鸡、鸭、鹅等家畜家禽,也可以饲养母猪和大牲畜。(3)经过生产队社员大会讨论和公社或者生产大队批准,在统一规划下,可以开垦零星荒地。社员的自留地、饲料地和开荒地合在一起的数量,在一般情况下,可以占生产队耕地面积的 5％—10％,最多不能超过 15％。(4)进行编织、缝纫、刺绣等家庭手工业生产。(5)从事采集、渔猎、养蚕、养蜂等副业生产。(6)在屋前屋后或者在生产队指定的其他地方种植果树、桑树和竹木。这些东西永远归社员所有。③

　　从 1959 年起,全国大面积农田连续几年遭受自然灾害,使我国面临新中国成立以来最严重的经济困难,导致全国许多地区出现"饿、病、逃、荒、死"问题。在严峻的形势面前,包括包产到户在内的各种形式的农业生产责任制在许多地方自发地搞了起来。④ 到 1961 年底已有不少地方开始了不同

　　① 中央档案馆,中共中央文献研究室.中共中央文件选集(一九四九年十月～一九六六年五月):第35 册[M].北京:人民出版社,2013:349,354.

　　② 中央档案馆,中共中央文献研究室.中共中央文件选集(一九四九年十月～一九六六年五月):第39 册[M].北京:人民出版社,2013:62.

　　③ 中央档案馆,中共中央文献研究室.中共中央文件选集(一九四九年十月～一九六六年五月):第41 册[M].北京:人民出版社,2013:434-435.

　　④ 实际上,最早的包产到户试验基本上是与农业合作化和人民公社同时出现的。从 1955 年下半年到 1956 年底,中国农业合作化加速完成了初级化和高级化。但由于合作化速度太快,严重损伤了农民的生产积极性,导致农业生产的下降。所以,各地农民自发地开始在集体所有制条件下进行包产到户试验和探索。例如,四川的江津地区(已撤销的地级行政区,今属重庆)、安徽的芜湖、浙江的温州、广东的中山地区、江苏的盐城地区以及河北的一些地方都出现了包产到户,其中浙江温州的永嘉县最为典型。但是这一做法遭到了激烈的批评,特别是 1957 年 5 月在全国范围内开展了"反右"运动后,包产到户成为批判的对象,因此很快夭折。而三年困难时期兴起的这次包产到户,在规模和范围上都超过了前一次。

程度的包产到户:安徽全省达 80%,甘肃临夏地区达 74%,贵州全省达 40%,浙江新昌县、四川江北县(今重庆市渝北区)达 70%,福建连城县达 42%;广东、湖南、河北、东北三省也都出现了这种形式。据不完全统计,当时全国实行包产到户的约占 20%。①

对于实行包产到户,党内从一开始就有不同看法。1961 年 12 月,毛泽东表示,农村以生产队为基本核算单位以后,不能再退了,这是最后的政策界限,"责任田"这类办法没有必要再试行下去。② 1962 年 2 月,在党中央召开的"七千人大会"上,试行责任田的做法被指责为犯了"方向性错误"和"带有修正主义色彩"。③ 同年 9 月,中共八届十中全会讨论通过《关于进一步巩固人民公社集体经济、发展农业生产的决定》(见专栏 4-1),错误地开展了对所谓"单干风"的批判,包产到户等生产责任制的改革试验也被迫中断。

专栏 4-1 中共中央关于进一步巩固人民公社集体经济、发展农业生产的决定(节选)

(一九六二年九月二十七日中国共产党第八届中央委员会第十次全体会议通过)

全党同志们,全国农民们,你们了解,我们党领导的一切事业,都只能是人民的事业,我们的工作,只是为人民服务,是要把我们的祖国建设成为繁荣昌盛的社会主义国家。为了这种目的,我们党在毛泽东同志的领导下,在农村中进行了长期的革命斗争,和农民群众同甘共苦;人民解放战争在全国胜利以后,党领导农民推翻了封建地主阶级的统治,并且领导农民逐步地走上集体化的道路。广大农民是积极拥护集体化的,因为农业的集体化,提供了农业发展的极大可能性,提供了农民群众共同富裕的可能性。是单干力量大,还是集体经济的力量大;是单干能够使农民摆脱贫困,还是集体经济能够使农民摆脱贫困;是单干能够适应社会主义工业化,还是农业的集体化能够适应社会主义工业化;这些问题是需要回答的。我国农业在实现集体化的过程中,曾经逐年增产,达到过历史上没有过的水平,而且对我国社会主义工业化的发展,给了巨大的援助。这就是事实的回答。前几年农业生产下降,是由

---

① 薄一波. 若干重大决策与事件的回顾:下卷[M]. 北京:中共中央党校出版社,1993:1078.
② 刘金田. 邓小平的历程:修订本[M]. 北京:人民出版社,2014:470.
③ 郑谦. 中华人民共和国史(1956—1965)[M]. 北京:人民出版社,2010:271.

于连续的严重自然灾害,还由于我们工作中发生过的缺点和错误。农民同志们,你们知道,我们党在中央和毛泽东同志的领导下,严格地批评了和坚决地纠正了我们工作中的缺点和错误,并且同全体农民在一起努力向自然灾害作斗争。从去年以来,农村形势已经有很大程度的好转,而且必将继续有更大的好转。农业生产和农民生活,去年比前年好,今年又比去年好。农业生产中和整个国民经济中开始出现的新气象,已经可以看出来了。我国农业生产高涨的新阶段,将要到来。

资料来源:中共中央文献研究室.建国以来重要文献选编:第十五册[M].北京:中央文献出版社,1997:613-614.

在城乡手工业问题上,1961 年 6 月 19 日,《中共中央关于城乡手工业若干政策问题的规定(试行草案)》发布,指出社会主义经济领导下的个体手工业"是社会主义经济的必要补充和助手"[①]。1961 年 6 月,中共中央决定将"大跃进"期间升级过渡和并入国营商业和供销合作社的小商小贩重新划出去,恢复合作商店和合作小组。到 1961 年底,全国开放农村集市 4.1 万多个,相当于公社化以前的 99%[②],大中城市的一些集市贸易市场和自发的商贩市场也逐渐兴起,小商小贩日趋活跃。不过,这一期间的政策具有反复性,国家对个体商贩仍然有严格的限制。1963 年 3 月,中共中央、国务院还发出了《关于严格管理大中城市集市贸易和坚决打击投机倒把的指示》,明确提出代替私商的方针;后来又发出指示,要求严格进行市场管理,坚决打击投机倒把,无情地向资本主义势力做斗争。到年底,全国 147 个大中城市以及许多县城和集镇开展了代替私商的工作。[③]

第三节 极左思潮的冲击

"文化大革命"期间,商品货币关系一直被看作是社会主义的异己力量,唯恐商品生产和商品交换的发展会导致资本主义,城乡中正常的商业往来被视为"投机倒把"并予以打击,甚至把与"投机商贩"的斗争视为社会主义和资本主义两条道路的斗争,人为地限制甚至企图取消商品生产和商品交

---

① 中共中央文献研究室.建国以来重要文献选编:第十四册[M].北京:中央文献出版社,1997:436.

② 万典武.当代中国商业简史[M].北京:中国商业出版社,1998:130.

③ 任杰,梁凌.中国政府与私人经济[M].北京:中华工商联合出版社,2000:292.

换,以产品经济取代商品经济,严重影响了社会经济的发展。

一、从"兴无灭资"到"斗私批修"

20世纪50年代后期,在对资本主义工商业的社会主义改造的过程中,"兴无灭资"口号开始流行。"兴无灭资"是"兴无产阶级思想,灭资产阶级思想"的简称。进入60年代前期,"兴无灭资"出现的频率高起来。到"文化大革命","兴无灭资"更是达到极致。1966年2月3日,以彭真为组长的"文化革命五人小组"拟定了《文化革命五人小组关于当前学术讨论的汇报提纲》(后被称为《二月提纲》),指出:从批判《海瑞罢官》开始的大辩论,是我国无产阶级取得政权并且实行社会主义革命以后在学术领域里清除资产阶级和其他剥削阶级思想的斗争,是"兴无灭资"的斗争,即社会主义同资本主义两条道路斗争的一个组成部分。[1]

"斗私批修"是"兴无灭资"的延伸,"斗私"是要斗掉私心,"批修"是批判修正主义、批判资产阶级。"斗私批修"是毛泽东1967年在视察华北、中南和华东地区"文化大革命"时提出来的。9月25日,《人民日报》报道毛主席在最近视察中提出"要斗私,批修"。10月6日,《人民日报》发表社论文章《"斗私,批修"是无产阶级文化大革命的根本方针》。[2] 10月12日,《人民日报》再次就"斗私批修"发表社论《全国都来办毛泽东思想学习班》,要求以"斗私批修"为纲,普遍举办毛泽东思想学习班,把全国工厂、农村、机关、学校、部队都办成红彤彤的毛泽东思想大学校。[3] 11月6日,《人民日报》、《红旗》杂志、《解放军报》发表编辑部文章《沿着十月社会主义革命开辟的道路前进》。这篇文章提出"文化大革命""在思想领域中的根本纲领是'斗私,批修'"。[4]

二、城市中的严厉限制

在极左思潮的推动下,认真学习无产阶级专政理论的热潮在全国范围内迅速兴起,各地纷纷"打土围子"和"割资本主义尾巴"。所谓"割资本主义

① 黄孟复.中国民营经济史纪事本末[M].北京:中华工商联合出版社,2010:135.
② 新华月报.新中国70年大事记(1949.10.1—2019.10.1):上[M].北京:人民出版社,2020:283.
③ 黄孟复.中国民营经济史纪事本末[M].北京:中华工商联合出版社,2010:136.
④ 中共中央党史研究室.中国共产党历史大事记(1919.5—1990.12)[M].北京:人民出版社,1991:289-290.

尾巴",意思是身子已经进入了社会主义(公有制),而尾巴还留在资本主义(私有制),所以要动刀子,把留在资本主义的尾巴割去,全身毫无保留地进入社会主义。

城市中的小商小贩首先被当作"资本主义尾巴"遭到严格限制。1965年1月,全国财贸工作座谈会召开,会议重新提出"加强对合作商店、合作小组和个体商贩的社会主义改造","坚决反对他们的投机倒把活动和资本主义经营作风",并明确规定了"七个不准":不准经营批发业务;不准超过规定的经营范围;不准超过规定的活动地区;不准任意增加网点;不准任意增加人员;不准违犯国家的价格政策;非经批准,不准在集市上和到外地采购。[①] 有证商贩要逐渐减少,无证商贩要坚决取缔。"文化大革命"开始后,"斗私批修"和"割资本主义尾巴"在城市愈演愈烈,取消了修鞋、修车、裁缝、零售摊点等个体劳动,原来规定的资本家的定息一律取消,公私合营企业转为国营,小商小贩转入国营商店的代购代销店,个体劳动者凡有条件的组成合作小组、合作社。

1966年6月1日,《人民日报》发表社论《横扫一切牛鬼蛇神》。社论在强调要把"资产阶级代表人物"等"牛鬼蛇神""打得落花流水,使他们威风扫地"的同时,明确提出"破四旧"(即所谓旧思想、旧文化、旧风俗、旧习惯)的口号。[②]"破四旧"的第一个行动就是砸掉那些曾经是中国民族资本主义的代表和象征的名店、老店的招牌,统统换上具有政治色彩的新名称。[③] 红卫兵打着"兴无灭资""移风易俗"旗号,一些百年老店纷纷被砸掉老招牌,取而代之换上"红旗"商店、"灭资药店"等新招牌;西餐店里的高级面包,饮食店里的全家福、八宝饭、虾仁面一下子不见了踪影;橱窗里陈列的进口货统统被藏了起来,连指甲油之类的化妆品也消失了;古玩店、咖啡店、弹子房等都被勒令停业,服装店接到命令不准缝制"奇装异服",理发店不准理"大包头",皮鞋店不准出售尖头皮鞋等。[④]

1966年9月24日,中共中央批转的国务院财贸办公室和国家经济委员会《关于财政贸易和手工业方面若干政策问题的报告》(以下简称《报告》)提

---

①　中央档案馆,中共中央文献研究室.中共中央文件选集(一九四九年十月～一九六六年五月):第48册[M].北京:人民出版社,2013:105.

②　中共中央党校中共党史教研部.中国共产党90年知识问答[M].北京:人民出版社,2011:158.

③　黄孟复.中国民营经济史纪事本末[M].北京:中华工商联合出版社,2010:132.

④　黄孟复.中国民营经济史纪事本末[M].北京:中华工商联合出版社,2010:135.

出:(1)关于改换旧商店、扫除服务行业中陈规陋习的倡议,应当继续积极地有领导地实行;(2)公私合营企业应当改为国营企业,资本家的定息一律取消,资方代表一律撤销,资方人员的工作另行安排;(3)大型合作商店有条件有步骤地转为国营商店,小型的合作商店不要停业,小商小贩应当让他们存在;(4)独立劳动者,包括个体手工业者、个体服务业和修理业人员、个体三轮车工人以及家庭服务人员,应当允许继续存在。但是,《报告》同时强调:小商小贩"必须接受国家的管理和群众的监督,不许搞投机倒把。大量的小商小贩应当为国营商店代购代销"。对于独立劳动者,"应当积极加强管理,加强教育和改造。凡是有条件组织起来的,应当组织合作小组或吸收他们参加合作社"。[①]

1968年1月18日,中共中央、国务院、中央军委、中央"文革"小组联合发出《关于进一步打击反革命经济主义和投机倒把活动的通知》。通知再一次强调,要切实加强市场管理,坚决打击投机倒把活动。"坚决取缔无证商贩和无证个体手工业户。农村人民公社、生产大队和社员,一律不准经营商业。"[②]国家企事业单位、机关、学校、团体,非经当地主管部门许可,一律不准到集市和农村社队自行采购物品。

1970年初,中共中央连续发出两项指示、一项通知,内容主要是限制城乡个体经济的发展。1月31日,中共中央发出《关于打击反革命破坏活动的指示》。2月5日,中共中央又接着发出《关于反对贪污盗窃、投机倒把的指示》,指示重申:(1)除了国营商业、合作商业和有证商贩以外,任何单位和个人,一律不准从事商业活动;(2)集市管理必须加强,一切按照规定不准上市的商品一律不准上市;(3)除了经当地主管部门许可以外,任何单位一律不准到集市和农村社队自行采购物品;(4)一切地下工厂、地下商店、地下包工队、地下运输队、地下俱乐部必须坚决取缔。[③] 同日,中共中央还发出《关于反对铺张浪费的通知》。此后,在全国开展了严厉的以打击反革命分子、反对贪污盗窃、反对投机倒把、反对铺张浪费为核心内容的"一打三反"运动,不少人因为从事了当时政策禁止的经济活动而作为"反革命分子"被逮捕。

---

① 中华全国手工业合作总社,中共中央党史研究室.中国手工业合作化和城镇集体工业的发展:第二卷[M].北京:中共党史出版社,1994:455.

② 中华全国手工业合作总社,中共中央党史研究室.中国手工业合作化和城镇集体工业的发展:第二卷[M].北京:中共党史出版社,1994:470.

③ 黄孟复.中国民营经济史纪事本末[M].北京:中华工商联合出版社,2010:133.

三、农村中的激进做法

随着对个体经济清除运动的开展,"文化大革命"从城市开始慢慢向农村蔓延,一些激进的农村政策被强制推行,包括:(1)盲目追求"一大二公",合社并队,扩大社队规模,向大队或公社为基本核算单位过渡;(2)推行"大寨式"记工方法和平均主义的分配方式,强迫农民出"义务工"、积"义务肥";(3)违反等价交换原则,"一平二调"之风泛滥;(4)减少经济作物种植面积,砍掉多种经营;(5)停办了一批集体工副业;(6)严厉限制农民家庭副业。

1975 年,在学习无产阶级专政理论、批判资产阶级法权的热潮之中,中央各部门、各省市、各地区为"防止资本主义复辟",纷纷出台政策和采取措施限制个体经济。在这种形势下,我国农村经济走上了平均主义的歧路①,鼓吹"政治工分",取消自留地、家庭副业、集市贸易。例如,广西壮族自治区革命委员会于 1975 年 6 月 15 日做出《关于学好无产阶级专政理论,把我区农业学大寨群众运动提高到一个新水平的决定》。决定在全区打一场"批判修正主义、批判资本主义倾向、批判资产阶级法权思想的总体战"②,具体规定包括:(1)自留地只种社员家庭自食、自用的作物,不准搞商品化,自留地面积不得超过耕地面积的 5%—7%,超过部分要坚决回收;(2)不准私人搞运输捞钱;(3)严禁私人开荒;(4)不准搞"野马副业",多种经营要以种养为主;(5)严格管理集市,全区所有农村集市从 7 月份起,一律改为每星期一圩制。③

四、个体私营经济萎缩殆尽

在这样的政策环境下,从 1966 年至 1970 年的短短 5 年中,仅剩的个体商贩又减少了一半以上。据统计,1966 年,全国商业人员共 805 万人,其中从事社会主义商业的有 545 万人,合作商店(小组)有 190 万人,个体商贩有 57 万人。到 1970 年,全国商业人员减少为 775 万人,其中社会主义商业人

---

①　平均主义也体现在城市经济中,虽然工资制被作为有用的资产阶级法权保留下来,但长期实行低工资广就业的政策使工资的差别很小,几乎任何一个人只要成为全民所有制单位的职工,不管劳动态度好坏和劳动贡献大小,都能按月领到一份标准工资。平均主义分配制度造成以后长久困扰我国经济发展的"铁饭碗""大锅饭"现象,使社会动力机制受到侵蚀和破坏,不能完全调动广大劳动者的积极性,反而降低职工队伍的素质,阻碍了经济效率的提高和人民生活的改善。

②　赵德馨.中华人民共和国经济专题大事记(1967—1984)[M].郑州:河南人民出版社,1989:171.

③　刘雪明.1966~1976 年我国个体私营经济政策述评[J].当代中国史研究,2006(3):42-49.

员反而增加到 613 万人,合作商店(小组)的商业人员缩减为 124 万人,个体商贩锐减到 25 万人。[①] 另据统计,中国城镇个体工商业者 1966 年为 156 万人,1967 年为 141 万人,1968 年为 126 万人,1969 年为 111 万人,1970 年为 96 万人,5 年递减了 38.5%。[②]

传统的城乡集市贸易受到严重冲击,几乎全面萎缩。1976 年 5 月 9 日,《人民日报》刊发文章《社会主义大集好——辽宁省彰武县哈尔套公社改造农村集市的调查》。随后许多地方相继效仿,致使"取代"(取消自由市场,代替集市贸易)之风盛行全国。如山西省运城、临汾地区学习哈尔套开展"取代"活动,组织大批干部和民兵到集贸市场撵人,并强行没收交易商品,驱赶甚至扣押赶集群众。安徽省萧县则实行所谓"商业革命",并派人民武装部、公安局及民兵指挥部的武装人员联合围剿集贸市场,严禁农民养鸡养羊,而且还派人到社员自留地去拔菜、砍树,甚至没收自留地。其他地方也有类似情况。

经过几番折腾,中国农村集市贸易奄奄一息。据统计,至 1976 年底,全国只有农村集市 29227 个,比 1965 年减少 7770 个,比 1973 年减少 2770 个。[③] 而且许多集市是有集无市,上市商品极少。全国的城市集市贸易也逐步被取消,商品流通渠道由原来的国营、集体、个体三条变为一条,几乎是国营商业独统天下。以上海市为例,1976 年底,上海市日用工业品集体商业网点只有 1283 个,比 1962 年减少 47.6%;个体商贩只有 3085 人,比 1965 年减少 46.7%。[④] 而全国的情况减少得更厉害,至 1975 年底,全国的个体商贩仅剩 8 万人,比 1964 年减少 85.0%。[⑤]

第四节 社队企业的发展

与处在严苛政策环境中的个体私营经济不同的是,社队企业在这一时期进入了一个相对快速的发展阶段。社队企业又称社办企业,是我国人民

① 赵德馨. 中华人民共和国经济专题大事记(1967—1984)[M]. 郑州:河南人民出版社,1989:222.

② 张厚义,明立志. 中国私营企业发展报告(1978~1998)[M]. 北京:社会科学文献出版社,1999:92.

③ 赵德馨. 中华人民共和国经济史(1967—1984)[M]. 郑州:河南人民出版社,1989:209.

④ 上海社会科学院《上海经济》编辑部. 上海经济(1949—1982)[M]. 上海:上海社会科学出版社,1984:501.

⑤ 郭今吾. 当代中国商业:上[M]. 北京:中国社会科学出版社,1987:95.

公社制度的产物,它是随着人民公社产生和发展起来的,兴起于 1958 年的"公社工业化",即在农业合作化和集体化过程中,由农村人民公社和生产大队、生产队办起来的集体所有制企业。仅从现象形态上看,我国农村社队企业的兴办、发展在 20 世纪 50 年代末和整个 20 世纪 70 年代有两个高峰期:一是社队企业在 1958 年人民公社化运动中曾经兴起过。1962 年国民经济调整时,这些社队企业纷纷下马,所剩无几。二是 1965 年以后社队企业又逐渐兴起,70 年代进入快速发展期,到 20 世纪 70 年代末已成为国民经济的重要组成部分。

一、社队企业的缘起和停滞

社队企业的萌芽最早可追溯到 1953 年 6 月开始的农村互助合作运动。当时部分地区一些原本在农村从事泥、木、竹、铁、石加工的个体工匠,有一定的手艺却缺乏从事农业生产的技术和生产资料。当地合作社组织他们逐步办起了一批小规模的手工业社。

1955 年 11 月 9 日,全国人大常委会第二十四次会议通过的《农业生产合作社示范章程(草案)》提出:"在不妨碍农业生产、不进行商业投机的条件下,农业生产合作社应根据需要和可能,积极地经营副业生产,逐步地发展农业同手工业、运输业、畜牧饲养业、渔业、林业等生产事业相结合的多种经济。"①副业规模比较大的合作社,还可以根据需要设专门负责副业的生产队或生产组。这样,农业社办副业(包括办工业)就有了国家政策的积极支持。后来在毛泽东的"人民公社"设想里面,乡村工业的发展是人民公社经济发展的有机组成部分,"我们的方向,应该逐步地有次序地把工(工业)、农(农业)、商(交换)、学(文化教育)、兵(民兵,即全民武装)组成为一个大公社,从而构成为我国社会的基本单位"②,这就突破了仅仅在城市发展工业、农村仅仅为城市工业提供原料的传统思想。现在看来,这个思想是极有远见的,以社队企业和乡镇企业为标志的中国独特的工业化道路实源于此。

1958 年开始,中共中央正式提出了发展农村工业的政策主张。1958 年3 月 23 日成都会议通过、同年 4 月 5 日中共中央政治局会议批准下发执行的《中共中央关于发展地方工业问题的意见》提出:"县以下办的工业主要应

---

①　中共中央文献研究室.建国以来重要文献选编:第七册[M].北京:中央文献出版社,1993:376.
②　中共云南省委党校.毛泽东同志论农民问题[M].昆明:云南人民出版社,1960:65.

该面向农村,为本县的农业生产服务。为此,在干部中应该提倡,既要学会办社,又要学会办厂。现在各地县以下工业企业的形式,大体上可分为县营、乡营,合作社(农业社或手工业社)营,县、社或乡、社合营等三种。"这一文件还首次明确提出"社办工业"的生产经营范围:"农业社办的小型工业,以自产自用为主,如农具的修理,农家肥料的加工制造,小量的农产品加工等。"①1958年10月30日,中共中央批转了轻工业部党组《关于人民公社大办工业问题的报告》,强调人民公社要"在切实抓紧农业的同时,还要大力举办工业"②。于是各地因陋就简、土法上马,建起了一批农具厂、修配厂、小水泥厂、土化肥厂、土农药厂及其他各类"小土群"工厂。

1958年12月10日,中共八届六中全会通过的《关于人民公社若干问题的决议》提出:"从现在开始,摆在我国人民面前的任务是:经过人民公社这种社会组织形式,根据党所提出的社会主义建设的总路线,高速度地发展社会生产力,促进国家工业化、公社工业化、农业机械化电气化,逐步地使社会主义的集体所有制过渡到社会主义的全民所有制,从而使我国的社会主义经济全面地实现全民所有制,逐步地把我国建成为一个具有高度发展的现代工业、现代农业和现代科学文化的伟大的社会主义国家。""人民公社必须大办工业。公社工业的发展不但将加快国家工业化的进程,而且将在农村中促进全民所有制的实现,缩小城市和乡村的差别。应当根据各个人民公社的不同条件,逐步把一个适当数量的劳动力从农业方面转移到工业方面,有计划地发展肥料、农药、农具和农业机械、建筑材料、农产品加工和综合利用、制糖、纺织、造纸以及采矿、冶金、电力等轻重工业生产。人民公社的工业生产,必须同农业生产密切结合,首先为发展农业和实现农业机械化、电气化服务,同时为满足社员日常生活需要服务,又要为国家的大工业和社会主义的市场服务。"③

1958年后,人民公社所办的工业得到了快速发展。1958年,社办企业达260万个,产值达62.5亿元,全国社办企业就业人数达到1800万人。

---

① 中共中央文献研究室.建国以来重要文献选编:第十一册[M].北京:中央文献出版社,1995:225-226.

② 中共中央文献研究室.建国以来重要文献选编:第十一册[M].北京:中央文献出版社,1995:577.

③ 中央档案馆,中共中央文献研究室.中共中央文件选集(一九四九年十月~一九六六年五月):第29册[M].北京:人民出版社,2013:300,307-308.

毛泽东热情赞扬社办工业："我们伟大的、光明灿烂的希望也就在这里。"①但同时在"左"的错误指导思想影响下,许多人民公社不顾客观经济条件,匆匆办起大批社办工业企业。当时,农村社队办工业所需的劳动力、资金、机械设备和技术力量都十分缺乏,必然使得这些社队企业先天不足、半路夭折。同时,这些企业也忽视了社会的实际需要,盲目发展手工操作的重工业,从而造成了社会生产力的破坏和物质财富的巨大浪费。

在国民经济严重困难时期,中央为了纠正工作中的"左"倾错误,同时也为了恢复农业生产和国民经济,1960年提出了对国民经济实行"调整、巩固、充实、提高"的方针,曾多次发出指示,"公社和生产大队一般地不办企业,不设专业的副业生产队。原来公社、大队把生产队的副业集中起来办的企业,都应该下放给生产队经营,一个生产队无力经营的,可以归几个生产队共有,实行联合经营,按股分红"②,"平调的房屋、家具、土地、农具、车辆、家畜、家禽、农副产品和建筑材料等等各种财物,都必须认真清理,坚决退还。有实物的退还实物,并且付给公平合理的租金、折旧费或修理费;实物已经消耗、无法退还的,作价补偿,付给现款"③。这个政策一度被写入1962年9月中共八届十中全会通过的《农村人民公社工作条例修正草案》(见专栏4-2)。根据中央指示精神,社队企业纷纷下马。1961年,全国公社工业的产值减少到19.6亿元,1963年又下降到4.1亿元。

专栏4-2　农村人民公社工作条例修正草案(节选)

(一九六二年九月二十七日,中国共产党第八届中央委员会第十次全体会议通过)

在今后若干年内,一般地不办企业。已经举办的企业,不具备正常生产条件的,不受群众欢迎的,应该一律停办。需要保留的企业,应该经过社员代表大会讨论决定,分别情况,转给手工业合作社经营,下放给生产队经营,或者改为个体手工业和家庭副业;个别企业,经过社员代表大会同意,县人民委员会批准,可以由公社继续经营,或者下放给生产大队经营。

公社经营的企业,都应该直接为农业生产和农民生活服务。都不

---

①　中央档案馆,中共中央文献研究室.中共中央文件选集(一九四九年十月～一九六六年五月):第30册[M].北京:人民出版社,2013:285.

②　中共中央文献研究室.建国以来重要文献选编:第十五册[M].北京:中央文献出版社,1997:703.

③　中共中央文献研究室.建国以来重要文献选编:第十三册[M].北京:中央文献出版社,1996:662.

能妨碍农业生产和增加社员负担,也不能影响国家对农产品的收购任务。

资料来源:中央档案馆,中共中央文献研究室.中共中央文件选集(一九四九年十月～一九六六年五月):第41册[M].北京:人民出版社,2013:97.

二、社队企业的恢复和增长

经济调整后,我国农业形势不断好转,人口出生率大大提高,农民严格限制在农村不准进城,又不断下放城里的干部、知青到农村,人地矛盾非常突出。1965年,农村人均占有耕地为2.48亩,平均每个农业劳动力负担的耕地只有6.27亩;而到了1970年,农村人均占有耕地面积又减少为2.15亩,平均每个农业劳动力负担的耕地面积减少为5.25亩。[①] 农村大量剩余劳动力迫使农村开辟工业道路来致富。劳动力剩余越严重,他们办工业的动力就越大。由于当时社会上轻工产品和生活用品匮乏,凡是生产的产品,不管是什么,都有旺盛的市场需求。这为当时的公社、大队发展企业、生产日用产品提供了机遇,一些公社和生产大队办起了不少城市停办的工业项目,为一些田少人多和资源匮乏的公社大队的多余劳动力找到了一条就业门路。所以,社队工业在劳动力严重剩余的广大农村以一种潜流的形式在20世纪60年代下半期暗暗发展起来。

与此同时,随着国民经济的迅速恢复和发展,随着形势的要求,人民公社发展社队企业的政策又开始实施。1965年,为了缓解当时十分紧张的物资供应状况,中共中央、国务院于9月5日发出《关于大力发展农村副业生产的指示》,再次提出了"以农为主、以副养农、综合经营"的方针。1966年"文化大革命"开始后,毛泽东提出"农民以农为主(包括林、牧、副、渔),也要兼学军事、政治、文化,在有条件的时候也要由集体办些小工厂"[②],这就给农村工业的发展留下了很大空间,社队企业在一些农业生产先进的地区重新兴办起来,而且开始走上了积极、稳妥的发展道路。1970年,在全国计划工作会议上,国家做出发展地方"五小"工业的决定,各地要建立小钢铁厂、小煤矿、小水泥厂、小化肥厂和小机械厂,形成为农业服务的地方工业体系。

---

① 李彦超.社队企业恢复发展历史分析[J].合作经济与科技,2018(9):27-29.
② 中共中央文献研究室.毛泽东年谱(一九四九—一九七六):第五卷[M].北京:中央文献出版社,2013:585.

同年8月,国务院北方农业工作会议召开,又一次强调发展"五小"工业,促进农业机械化。1971年,国务院召开第二次全国农业机械化会议,进一步要求社队企业逐渐增多,为加速实现农业机械化提供物质基础。此后,全国各地的人民公社陆续办起了一些农机修理和修配厂、站,许多生产大队办起了农机修理点,随后又在这些厂、站的基础上发展了一批机械加工业,从而使社队企业得到了较大发展。从这些政策看,虽然当时社队企业被限制在农业机械行业内,但农民在市场需求的刺激下,常常会越过这些规定去发财致富。因此,国家政策允许是社队企业存活并发展的重要条件。

当时社队企业发展的另一个有利条件是大批城市人员下放到农村,在这一过程中,许多地方积极实施"城乡协作和厂社挂钩"政策(四川省的相关政策见专栏4-3),推动社队企业与城市工业之间建立起广泛的互动关系。城市工业在发展过程中总会遇到资金、场地、劳动力不足等问题,他们通过"扩散""脱壳"等协作方式将一部分工艺、零部件或某些产品交给社队企业承担。从城市到农村安家落户的2000多万名干部、职工和其他城镇居民,"文革"中机关、研究机构、大专院校的各类下放人员和上山下乡的知识青年,他们来到农村,为农村带来科学文化知识和大量信息,这些下放人员成为城乡经济交流的纽带,有些成为社队工业的技术骨干。比如,1962年,辽宁省海城市福安村以鞍钢等工业基地返乡的技术职工作为基础,建立了大队预制厂,1964年又以鞍钢工业基地的退休和下放职工为技术骨干成立了机械维修队。在山西屯瓦村,1962年从太原重型机械厂下放的杨文珠利用自身掌握的焊接、锻压等技术,推动该村建立机械修配厂,亲自指导和培养出屯瓦村自己的技术力量。在20世纪60年代末,在一个南京下放的机械工人的建议和帮助下,安徽砻村所在的公社办起了一个修理手拉葫芦(手动起重设备)的小厂。[①]

专栏4-3 四川省社队企业局关于城乡协作、厂社挂钩,加速发展社队企业的试行办法(节选)

二、工矿企业要采取各种形式和办法帮助社队发展企业。可根据自己生产发展的需要,或把工厂的一般产品、零部件、半成品和产品的中间工序扩散给社队企业生产;或把更新下来的设备或一个车间放给社队,建立一个独立的新厂;或把工厂的边角余料和"三废"给社队兴办

---

① 李彦超.社队企业恢复发展历史分析[J].合作经济与科技,2018(9):27-29.

企业;或厂社签订合同,由社队搞来料加工;或支援社队设备、物资技术,帮助社队办企业。但尘毒严重又不具备有效的防治设施以及无销路的淘汰产品,不要下放或扩散给社队。

三、社队要充分利用本地资源,积极为挂钩厂矿兴办原燃材料和副食品基地。企业可列入厂矿的发展项目,由厂矿提供设备、资金和技术指导。产品(包括禽、蛋、鱼、肉、水果等)按合同协议供应挂钩厂矿。社队要积极供应厂矿建设需要的三类建材。

四、厂矿基本建设、维修和职工生活等方面需要社队建筑修缮、装卸运输、生活服务时,社队应协助厂矿完成任务。

五、厂社可合办工业和农副产品加工企业。合办企业为集体经济组织,生产业务由厂矿领导,领导干部由厂矿派正职、公社派副职,技术人员由厂矿调配,公社提供土地、施工力量、三类建材和生产工人,厂矿也可安排部分符合招工条件的待业青年。企业的产、供、销由厂矿纳入主管部门计划(不含农副产品);产值归厂矿,利润由工农双方按投资比例分成,向国家缴税各自负责。

六、厂社可以合办知青场、厂。合办的知青场、厂,由厂矿负责提供设备、技术和大部分资金,社队提供土地、厂房、劳力和三类建材,知青办公室要从资金和木材等方面予以支持。企业建成后,所有权归厂社。厂矿知青参加企业劳动的报酬,根据本人出工天数和完成任务情况,按同工种务工社员的报酬(包括生活补贴)付给现金。

七、厂、社本着自愿互利的原则,可以自行选择挂钩对象。已挂钩的老关系不要中断,原订协议要严格执行。

八、社队企业直接为挂钩厂矿兴办的原料和副食品基地,供应厂矿的产品,应按国家现行价格或略低于市场价格结算;社队企业自己生产的工业产品(如原煤、砖瓦等)、农副产品(在不影响国家计划上调任务的前提下)可优先供应挂钩厂矿;为挂钩厂矿提供的运输服务,按国家现行价格或略低于市场价格收费。

但是,开始恢复创办社队企业时,"左"的思想干扰仍旧相当严重,干部抓生产怕沾"走资本主义道路"的边,农民搞家庭副业被当作"资本主义尾巴",搞贩运做买卖被当作投机倒把。这些都严重束缚了农村干部群众的手脚,一度阻碍了社队企业的发展,步子虽迈出去了,却战战兢兢。1975年9月召开的全国第一次农业学大寨会议肯定了社队企业的发展,使公社、大队两级经济强大起来,有效地帮助了穷队,促进了农业生产,支援了国家建设,加速了农业机械化的步伐,要求各地党委采取积极态度和有力措施,推动社队企业更快发展。同年 10 月 11 日,《人民日报》发表了调查报告《伟大的光明灿烂的希望》和评论文章,介绍河南巩县(今巩义市)回郭镇公社发展社队企业的事迹,对社队工业予以明确的肯定和积极的支持,指出其发展方向主要是为农业和人民生活服务,有条件时也要为大工业、出口服务,要求各级领导采取积极措施,加以扶持。此后,社队工业得到了更快的发展。1965 年至 1976 年,按不变价格计算,全国社办工业产值由 5.3 亿元增长到 123.9 亿元,在全国工业产值中的比重由 0.4% 上升到 3.8%。到 1976 年底,全国社队企业发展到 111.5 万个,工业总产值 243.5 亿元,社办工业产值比 1971 年增长 216.8%。[①] 其中江苏省农村工业发展比较好,1975 年社队工业总产值达 22.44 亿元,比 1970 年的 6.96 亿元增长了 2.22 倍,平均每年增长 20% 以上;同期社队工业在全省工业总产值中所占比重由 3.3% 上升到 9.3%。[②]

有学者指出,作为两个高峰期,20 世纪 50 年代末和整个 20 世纪 70 年代社队企业的发展在许多方面是不同的。[③]

首先,在这两个不同的时期,"社队企业"这个概念的外延是很不相同的。在人民公社化运动中,社的规模相当大,有的是一县一社,有的是一县数社,比 20 世纪 70 年代后期的人民公社的规模大得多。1958 年全国农村共有 26000 多个人民公社,而 1978 年,全国农村共有 52000 多个公社。公社化初期,基本核算单位是人民公社,直到 1959 年初才改为以生产大队为基本核算单位。在 1960 年秋又改为以生产队为基本核算单位,实行"三级所有、队为基础"的制度。除了从原来农村手工业作坊转化而成的社队企业,当时所兴办的企业主要是所谓的社办企业,队办企业并不多。那种社办企业,有相当一部分实质上是地方集体所有制企业,有的后来还转为地方国营企业。并且,许多城镇人民公社兴办的各种企业,也被归入社队企业之列。而 20 世纪 70 年代的社队企业却是指农村中依附于人民公社"三级所有"体制的、社办和队办的企业。人民公社化运动时期的社队企业和 20 世纪 70 年代的社队企业,由于其所依附的"社"和"队"的规模、特点和性质极不相

①　李正华.毛泽东与中国社会主义建设规律的探索:第六届国史学术年会论文集[C].北京:当代中国出版社,2006:432-441.

②　莫远人.江苏乡镇工业发展史[M].南京:南京工学院出版社,1987:140.

③　徐宽,沈晓莉,孙方明.论社队企业[J].经济理论与经济管理,1982(1):54-55.

同,因此存在着很大的差别,在许多方面是不可比的。

其次,在这两个不同的时期,社队企业的发展过程也很不相同。在人民公社化运动中,出现了以大炼钢铁为先导的全民办工业、城乡办工业的运动,社办工业企业在全国各地一哄而起。没过多久,就难以维持。而20世纪70年代,社队企业却得到迅速、稳步的发展。1979年底,全国共有社队企业148万个,其中社办企业32万个,大队办企业116万个,平均每个公社6个,每个大队1.7个,全国已有98%的公社、82%的大队办了企业。社队企业总收入达504.7亿元。[①] 更为可喜的是,社队企业渐渐萌发出向新阶段过渡的萌芽——社队企业与其他企业的横向或纵向的经济联合。

最后,在这两个不同的时期,社队企业在技术水平和经营方向上很不相同。在人民公社化时期,社队企业技术水平很低,大部分采用手工劳动,部分是半机械化,只有极小部分是机械化。如农机具修造,公社一级至多可以搞一些简单农机具修造,而大队和生产队一级只能搞些小农具修造。1970年以后,农村社队企业不仅技术水平比较高,而且经营方向也广泛得多。之前由城镇人民公社企业经营的,在20世纪70年代农村社队企业也能够经营。据统计,1979年农村社队企业的固定资产达到280亿元,占农村人民公社三级固定资产的29.4%,社队企业生产产品上万种。[②]

三、社队企业的性质与作用

按照今天的标准,社队企业的突出特点是"产权不明、政企不分"。产权不明主要表现在集体所有制的社队企业内部。名义上,当时的社队企业是"社办社有、队办队有",即由办企业的社或队集体占有。实际上,控制企业的是所在社队的干部。但无论是名义所有者还是实际支配者,他们与所在社队企业资产和收益的关系都是模糊的。由于当时农村实行的是政社合一的体制,人民公社或生产大队的干部兼有行政官员和企业领导的身份,因而社队企业必然是政企不分的。

传统经济学理论认为,在产权不明的企业中,生产者和管理者的激励不足,政企不分的企业必然受到政府行为的干预,从而影响到资源的有效配置,两者共同作用的结果是这样的企业不可能有高效率。但是,"产权不明、

---

① 徐宽,沈晓莉,孙方明. 论社队企业[J]. 经济理论与经济管理,1982(1):54-55.
② 丛刊编辑部.1979年全国社队企业发展情况[J].农业经济丛刊,1980(5):42-50.

政企不分"似乎并没有明显阻碍社队企业的高速发展。其原因必须结合当时的具体情况来进行具体分析。

首先,当时影响农民积极性的主要问题是社队企业在各级政府之间的产权归属不明。在政社合一的条件下,公社、大队都兼有政府职能,早在"大跃进"时期,上级政府就有权无偿调拨下级政府或经济组织的人、财、物,对此,农村干部和群众心有余悸,生怕社队企业办起来后,上面刮"共产风"、"一平二调","自己的孩子给别人抱走"。不解决这个问题,农村各级政府和广大农民都不会有办企业的积极性。针对这个问题,各地都明确提出并坚持执行了社队企业"社办社有、队办队有"的政策。社队企业由所办经济组织(政府)自筹资金、自定管理人员、自主经营。上级政府对下级政府或经济组织所办的企业没有所有权,禁止以任何借口搞"一平二调"。解决了"平调",就解决了当时最迫切的产权问题。

而在集体内部,当时社队企业的产权的确是模糊的。但这种产权模糊没有影响社队企业的发展,原因在于:第一,在当时的政治环境下,不可能允许创办个体或私营的企业,因而大多数农民也不会以个体或私营企业作为参照系来提出明确产权的要求。第二,短缺的供给和扭曲的价格体系意味着务工肯定强于务农。而当时的城乡分工使农民得不到务工的机会。对于农民来说,最要紧的是把工厂办起来,把蛋糕做出来。或者说当时的迫切问题是解决非农产业收入的有无,而不是明晰个人产权。第三,当时农村人口极少流动,除了婚嫁等少数情况,大多数农民必须一直在同一个生产队工作;又由于当时农村分配方式的特点(总收入减去非人工总支出、各项税收和提留后,其余的部分统统分给农民),因而在既是所有者又是劳动者的农民眼里,只要能增加收入,以什么名义(资产收益或工资)去获得收入并不重要。第四,传统的农民看重的是家族的而非个人的产权。就家族而论,存在着某种产权补偿机制:子女进厂意味着对父辈在社队企业辛劳的回报,娶来的儿媳妇上班则是对出嫁的女儿以往工作的补偿。这一机制的存在,大大减轻了农村集体内部产权不明所导致的副作用。

至于政企不分,则必须具体分析当时农村"政"与"企"的特点。就"政"而论,当时的公社与大队的管辖范围很小,行政权力极其有限,因而对社队企业进行行政干预的范围和程度也极其有限。就"企"而论,刚刚兴起的社队企业倒闭、转产、改名十分频繁,几乎没有什么信用。无论是解决倒闭后的遗留问题,迅速筹集转产所需的人、财、物资源,还是在与外界打交道时提供某种担保(作为政府,公社和生产大队是既不会倒闭也不会改名的),都需要政府出面,行使投资主体、保险主体、资信主体等经济职能,换句话说,当时农村的公社和大队实际上相当于所管辖的所有企业的董事会,其经济职能远强于政府职能。有了政府的介入,农民放心、社队企业工人放心、外地客户也放心。就实际行使社队企业管理权的农村干部而论,他们或者处于国家行政干部系列的最低一级(公社),或者干脆被排除在上述系列之外(大队),作为公社或生产大队干部,他们没有什么可以夸耀的。只有把所属的社队企业规模做大、效益做好,使得自己能够支配的财力和物力增多,他们才可能提高自己的社会地位。以上种种因素,使得公社和大队的经济职能大大超过行政职能。公社和大队与其说是一级政府,还不如说与"办社会"的城市企业一样,是一个多少承担一点行政职能的经济组织,因而无法也没有必要把它与社队企业分开。

当然,社队企业也有着不足的一面。在计划经济时代,受资金、资源短缺影响,原材料、燃料、设备等未能列入国家计划。社队企业发展生产只能采取"资金靠自筹、技术靠退休、设备靠换旧"的办法,因此,上规模的企业较少。企业在探索中发展,没有现成的模式,缺少技术和管理经验。因此产品的技术含量、企业的管理水平都不是很高。少数企业产品销售渠道不畅,有的因经营不善出现亏损,给集体资产造成损失。有些企业只顾眼前利益,在生产过程中造成环境污染和生态被破坏等负面影响。有的地方农业和社队企业之间的关系处理不当;社队企业各部门之间比例失调,产供销问题不能及时、妥善地得到解决;忽视价值规律的作用,不注意经济效果,片面追求产值产量。这些因素在一个时期内制约和影响了社队企业的快速发展。

但总的来说,这一时期社队企业的发展奠定了乡村工业化的基础,也为未来乡镇企业的大发展提供了技术条件、管理经验和人才条件。应该说,社队企业这种草根工业还是很有生命力的,也有它的优势。社队企业吸收了农村的剩余劳动力,利用了自己就地取材、就地生产、就地销售的优势,为农业机械化、农田水利事业、农村治理等提供了支持。同时,由于社队企业的发展,农村的各种资源得到了较好的利用,尽管当时还不存在全国性的市场,但是在办社队企业的过程中,社队企业的管理者对市场的运行有了一定的感受,管理企业的经验也丰富起来,这种人力资本积累的作用不容小觑。我们可以想象,如果没有这些社队企业的发展,如果没有20世纪六七十年代社队企业管理经验的积累和技术积累,80年代以来的乡镇企业的异军突起是不可能实现的。据统计,到改革开放前的1978年,社队企业恢复发展到152万个,企业总产值达493亿元,在农村社会总产值中的占比为24.3%。[①]这就为乡镇企业的发展奠定了坚实基础,也为我国的改革开放尤其是农村改革提供了雄厚的物质基础。这个事实我们不能刻意抹杀。80年代之后,苏南的乡镇企业发展迅猛,实际上它的基础就是六七十年代的社队企业,是那时候的老底子起了作用,积累了一些技术,培养了一批人才,也积累了管理经验。因此可以说,乡镇企业是社队企业的合乎逻辑的发展和延伸。

第五节　城镇集体经济的成长

我国城镇原有的集体经济是在合作化和社会主义改造时期,由个体手工业者和小商小贩组织的手工业生产合作社和合作商店发展起来的,当时被界定为半社会主义性质的经济。社会主义改造基本完成之后,城镇集体所有制经济还要不要发展?它究竟是什么性质的经济?长期以来,由于极左路线的干扰,这个问题从理论和实践层面都没有得到真正彻底的解决。因此,三大改造完成以后的20多年间,我国城镇集体经济一直在曲折中向前发展,走过了坎坷不平的道路。从不适当地合并、上收和"过渡",到"文革"期间被当作"资本主义尾巴"来割,几起几落,终究是"野火烧不尽,春风吹又生"。

一、运动中历尽曲折

城镇集体经济是我国社会主义经济的重要组成部分。在这些企业中,由于劳动者直接占有生产资料,因此可以更好地根据集体切身利益来安排生产资料的使用、经营方向的确定、产品的分配和管理干部的选拔,大大调动了社员和职工群众的社会主义积极性,有助于使人力、物力、财力得到合理的利用。实际上,我国城镇集体经济从一开始就表现出了巨大的优越性和生命力,促进了生产的高速发展。据统计,到1956年底,全国手工业合作社的组织达到10万多个,参加的手工业者多达530万人,占全国个体手

---

① 韩俊.中国经济改革三十年:农村经济卷[M].重庆:重庆大学出版社,2008:145.

工业从业人员总数的 92%。手工业者组织成为手工业合作社后,其产值和劳动生产率有了很大的提高。据 1955 年的统计,全国手工业生产合作社社员平均年产值为 1970 元,比同期个体户平均年产值 1060 元高 85%。[①] 其间,集体所有制企业的生产管理相当灵活。许多工厂是前面设店,后面设厂。大部分是分散生产、分散经营,企业自主权较大,并能适应人民消费的需要。

但是,长期以来的传统观点总是把社会主义国家所有制说成是公有制的高级形式,而把集体所有制说成是公有制的低级形式或者是不成熟的社会主义公有制。由于这种认识的影响,到了 1957 年开始出现一些所谓"向全民看齐""向全民靠拢""向全民过渡"的做法,以对资本主义工商业改造的政策来对待集体所有制,对其加以限制,进而有部分手工业社、组开始转为地方国营企业和合作工厂。1958 年更是兴起集体企业大并、大联、大转的风浪。"并"就是合并,"联"就是联合,"转"就是升级过渡,变为国营工厂。这样一来,集体经济的管理机构大部分被撤掉了,集体经济的专业联社和地方联社被撤掉了,集体所有制的合作社(组)也大部分过渡为国营工厂了。当时全国手工业合作组织中占职工人数 40.8%的部分,直接"过渡"到了国营企业;占职工人数 18.7%的部分经过并社"升级"为合作工厂,改由上级主管部门统负盈亏,也与地方国营企业没有多少差别。至于合作商店,则普遍实行并店撤点。"升级过渡"的结果是,企业由独立自主经营变为事事等待上级行政主管部门安排,传统的合理供销渠道也被打乱,产品质量和服务质量下降,日用工业品品种减少三分之一以上,造成市场供应紧张,人民生活不便。[②]

1961 年 1 月,中央提出"调整、巩固、充实、提高"的八字方针,同年 6 月颁布了《关于城乡手工业若干政策的规定(试行草案)》(以下简称为《手工业三十五条》)。各地开始对城镇集体所有制的组织形式、管理体制、分配形式和供产销关系进行调整,将一部分过渡效果不理想的国营工厂退回为合作社,或者将合作工厂退为合作社,恢复了集体经济的管理机构,集体所有制工业重新得到恢复和发展,日用工业品的生产和供应有了很大的好转。总的来说,这次调整是有成效的,对于社会生产力的发展起到了促进作用,但

① 薛暮桥,苏星,林子力.中国国民经济的社会主义改造[M].北京:人民出版社,1978:100.
② 城镇集体经济研究[M].北京:人民出版社,1981:122.

纠正并不彻底,调整没有全部完成。

到了"文化大革命"期间,《手工业三十五条》受到批判,社会主义集体经济被说成是"每时每刻产生资本主义"的"小生产"。许多地方的政权机关对集体企业层层"割韭菜",利润层层截留平调,把生产经营好一点的企业逐级"上收",重新对其实行统负盈亏。结果再次使城镇集体企业受到空前严重的摧残,日用工业品生产又大受影响,1970 年全国日用工业品品种比 1965 年又减少三分之一以上。粉碎"四人帮"以后,虽然我国在加强领导、改善管理方面做了大量的工作,但是"平调"之风仍未刹住,不少地方仍以"组织专业化协作""行业归口"等名义"上收"城镇集体企业。

二、夹缝中顽强生长

尽管多次遭到错误路线的干扰破坏,但我国的城镇集体经济仍然在夹缝中顽强地发展。最明显的是 1958 年,一边有大批的手工业合作社(组)并社转厂、升级过渡;另一边又有大批的职工家属、街道妇女、退休职工组织起来进行生产,办了许多集体经济组织。人们习惯把它们叫作"五八"式。1966 年在贯彻"五七指示"①时,许多企业、机关、学校、部队以至街道大办五七工厂、五七车间、五七生产服务组等。这些企业一般是由街道或国营企业组织的,其主要成员是职工家属、社会闲散劳动力和病退、病休知识青年。人们习惯把它们叫作"五七"式。1979 年之后,为解决城镇知识青年的就业问题,成批成批以待业青年为主力组成的各种形式的生产、服务合作社(组),犹如雨后春笋,纷纷破土而出。有人把这些集体经济叫作"七九式"。它们的出现,在许多地方对长期居于"独家经营"地位的国营企业的"官工""官商"作风提出了挑战,为社会经济生活增添了活力,受到了广大人民群众的欢迎。②

生产关系一定要适应生产力的发展,这是社会经济发展的基本规律。一种所有制产生和发展的根据就在于社会的生产力。城镇集体所有制之所以具有旺盛的生命力,就是因为它是同我国社会生产力的发展相适应的。

---

①　1966 年 5 月 7 日,毛泽东对总后勤部关于进一步搞好部队农副业生产的报告作出批示(即"五七指示"),提出全国各行各业都要办成"一个大学校",既"学政治、学军事、学文化","又能从事农副业生产","又能办一些中小工厂"……见中共中央党史研究室.中国共产党历史大事记(1921 年 7 月～2011 年 6 月)[M].北京:人民出版社,2011:103-104。

②　城镇集体经济研究[M].北京:人民出版社,1981:122,123,200.

从社会主义三大改造基本完成到改革开放初期，城镇集体所有制企业无论是在企业户数、职工人数还是生产总值所占的比重方面，都呈现出上升的趋势。这些集体企业在为社会主义国家积累建设资金方面，在支援大工业和农业方面，在满足人民生活和市场需要方面，在提供出口产品和换取外汇方面，以及在解决城镇的就业问题方面，都做出了积极的贡献。

第五章　改革开放初期的民营经济

计划经济时期,我国奉行重工业优先战略,导致国民经济结构严重失衡,甚至一度濒临崩溃边缘。直到1977年,党和政府开始把发展经济放在中心位置。1978—1991年这段历史时期是一个政策和制度回归常识的过程,是一个聆听人民呼声、响应社会需求的过程,也是一个放权的过程——放权于普通民众、放权于地方政府。尽管几经波折,但总体上改革的基本方向不曾动摇,由此构成了这一时期我国民营经济发展的背景。

第一节　农村改革与民营经济发展

农村改革以及农村民营经济的发展都包含了农业改革和乡镇企业发展两部分。对合作化农业的改革是通过20世纪80年代逐步推行家庭联产承包责任制实现的。在这一制度下,每个农户家庭与队或村签订合同,规定应当上交国家和生产队的部分,剩下的产出归农户。家庭联产承包责任制是20世纪80年代农村改革的关键,它取代人民公社的集体经济,使农民可以自主经营土地,极大地调动了农民的生产积极性,促进了农业增产。与此同时,大量乡镇企业如雨后春笋般出现,为推进农村劳动力转移和就业发挥了重要作用。总体上,这一时期农村改革取得了很大的成绩,农业生产实现迅猛增长,乡镇企业异军突起,占据我国工业的半壁江山,农村的这些突破性发展进一步推动和促进了城市经济的改革与发展。

一、农业改革的民营化性质

计划经济年代之初,我国农业生产资料名义上是集体所有。根据1954年9月通过的《中华人民共和国宪法》,"国家依照法律保护农民的土地所有权和其他生产资料所有权"①,但是此后不到一年,在"农业社会主义改造"运动过程中,农民的土地及其他生产资料被纳入"准国有制"的高级合作社。1958年掀起的人民公社化运动通过整合高级合作社发展人民公社,进一步削弱了农业生产资料的农民所有制:一方面,人民公社具有"政社合一"的性质,这使得农业生产资料归人民公社所有实际上就是归地方政府所有;另一方面,在人民公社运动中,社员被要求全部交出自留地,并将私有宅基地、牲畜、林木等悉数上交,归公社所有,从而在当时的农村实现了完全公有化。国家通过指令性计划,产品统购统销,严禁长途贩运和限制自由商业贸易(哪怕由集体从事的商业),关闭农村要素市场,以及隔绝城乡人口流动,事实上早已使自己成为集体所有制配置其经济要素(土地、劳动力和资本)的第一位决策者、支配者和受益者。集体在合法的范围内,仅仅是国家意志的贯彻者和执行者。② 实际上,实行人民公社制度以后,每年各个农村种植哪些农作物、各种农作物分别种植多少面积、各种农作物的产量要达到什么目标,甚至是采用何种种植技术,都是由政府计划决定的,以及农产品价格、农民收入都由政府规定。当然,农民的收入不仅由政府规定,还取决于本生产队的收成(见专栏 5-1)。

专栏 5-1　计划经济时代我国农业的运作方式

新中国成立后,我国社会主义建设实行计划经济,即按计划生产,按计划供应,按计划消费。农业生产也不例外,也是要按计划生产的。每年秋冬季节,人民公社就会召开三级干部大会,下达第二年各种作物的计划种植面积是大会的主要内容之一。各大队先组织全体党员干部讨论,统一思想,再将计划按比例分解到各生产队。各生产队对照上级计划要求,再根据自己生产队的圩、田块、水利、劳力等实际情况,编制各种作物的具体种植面积,但是不能与上级下达的指标相去甚远。大队将各生产队编制的计划进行汇总,如果某一品种的计划数字与公社党委下达的指标差距太大,大队就要做各生产队的思想工作,要求各生产队根据要求重新编排计划。每年都要像这样上上下下反复多次修改,才能完成符合党委下达的各种品种种植指标的计划上

---

① 中华人民共和国宪法(1954年9月20日第一届全国人民代表大会第一次会议通过)[M].北京:人民出版社,1954:4-5.

② 周其仁.改革的逻辑[M].北京:中信出版社,2013:100.

交给公社党委。

资料来源：王柏坤.计划经济时代的农业往事[N].丹阳日报,2016-12-21(19).

农村实行家庭联产承包责任制(也就是包产到户)改革时,国家实际上放弃了对农业生产资料所有权的控制,农业生产资料实现了向集体所有制的回归。这时候,基本上所有农业生产工具以及部分生产对象(即家禽家畜)都成为农民的私产。在改革年代作为农地的法定所有者的农民集体,这时候不再只是国家意志的贯彻者和执行者,因为这时候在农业生产方面已经不存在计划年代的那种国家意志。此外,政府开始放开对农产品定价和销售的控制,允许农民自由销售部分农副产品,增加了农民收入,提高了其生产积极性。

农村推行家庭联产承包责任制后,农业经营主体也不再是国家,甚至也不是农村集体组织,而是农民家庭——由农民家庭根据自然条件和市场价格决定种植何种农作物、何时种植以及怎样种植。虽然原则上说农村实行所谓"统分结合的双层经营体制",农村集体也是经营主体之一,但是农村集体主要负责土地分配、建设和维护农田水利等公共服务,并非我们通常所理解的经营主体。从这种意义上讲,我国农村改革实际上实现了农业的民营化。

二、农业民营化的过程与成效

我国农村改革最著名的、被教科书奉为典范的案例是安徽省小岗村实行的改革,它也是官方认可的在农业改革中实行家庭联产承包责任制的开拓者。实际上,新中国成立以后,我国最早的包产到户实践发生于 20 世纪 50 年代。当时,四川、安徽、浙江、广东、河北等地都发生了农民自发组织"包产到户"的事件,也有地方政府领导实施"包产到户"的,例如浙江永嘉的做法就是这种"有组织、有计划、有步骤进行的实践探索"(见专栏 5-2)。

专栏 5-2　20 世纪 50 年代温州永嘉的"包产到户"实践

永嘉县委党史研究室副主任徐李送说："20 世纪 50 年代,四川、安徽、浙江、广东、河北等地都发生了农民自发组织的'包产到户'的事件,但永嘉的'包产到户'是有组织、有计划、有步骤进行的实践探索,这是区别于其他地方的最为突出的特点。"1956 年 5 月,永嘉县委书记李桂茂召开县委常委会,讨论是否实行"包产到户"试验,在支持、反对各占4票的情况下,拍板决定,在燎原社(今属温州市瓯海区郭溪镇)实行"包产到户"试验,取得成功经验后,在全县推广。

徐李送介绍说,由于"左"的思想干扰,1957年3月8日永嘉包产到户被扼杀。此后,永嘉许多农民或明或暗坚持包产到户几十年。因"包产到户",永嘉县有好几个人付出生命,20多人被判刑,200多人被处理,付出了沉痛的代价。中共十一届三中全会后,"包产到户"被冠以家庭联产承包责任制的学名,成为新时期中国农村改革的突破口,永嘉县因"包产到户"被处理的人员先后得以平反。永嘉县"包产到户"42周年时,原国务院农村发展研究中心主任杜润生,不顾年老体弱到永嘉参加"包产到户"纪念活动,并给永嘉题词:"包产到户第一县。"

资料来源:叶圣义,张沙默. 温州永嘉"包产到户"载入党史[EB/OL].
(2011-03-15)[2024-10-19]. https://www. zjzzgz. gov. cn/art/2011/3/15/art_
1405238_14802802.html.

到了20世纪70年代后期,也还有其他地区早于安徽省小岗村实行包产到户的做法,而且和浙江永嘉类似,是由基层政府组织实施而非农民自发实行起来的,例如四川省蓬溪县群利镇九龙坡村的包产到户改革(见专栏5-3)。

专栏5-3　四川省九龙坡村的包产到户改革

九龙坡村是其所属群利公社中最穷的贫困村,也是该地区有名的"乞丐村"。1976年9月的一天晚上,公社党委书记邓天元召集一小群干部商讨如何提高粮食产量。经过漫长而激烈的辩论后,他们一致同意采用包产到户的方式来尝试解决在集体耕种中困扰大家已久的经营和激励问题。他们意识到面临的政治风险,于是决定先把处在边角的土地分配到其中两个生产队的家庭,其余地方则仍然保持集体耕种不变。那一年,那些边角耕地的粮食产量比集体耕种的肥沃土地的产量高出了3倍。第二年,更多的土地被划分为"试验田",更多的生产队加入了包产到户的行列。在1978年召开党的十一届三中全会之前,包产到户已经遍布整个公社,而县政府还不知情。1979年,县政府召开了一个会议讨论粮食增产问题,邓天元将九龙坡村成功的秘密公之于众,并得到了县委书记的支持。紧接着第二年,农林部派出了一个调查组到九龙坡村。调查组负责人名义上对包产到户的做法提出了批评,但对邓天元在提高粮食产量上做出的贡献表示了赞赏,甚至还提议考虑把九龙坡村作为家庭联产承包责任制的试验基地。

资料来源:罗纳德·科斯,王宁.变革中国:市场经济的中国之路[M].徐尧,李哲民,译.北京:中信出版社,2013:71.

相比之下,小岗村的改革是在九龙坡村实践了两年多之后才开始的。而且与小岗村由农民自己发动改革不同的是,四川九龙坡村的改革是基层干部发起的。不过,对我国当时的农业改革最具影响力的是安徽省政府推行的改革。

1977 年之前,安徽一度是全国最贫困的省份之一。这一年,安徽省政府出台了解决农村问题的《安徽省关于当前农村经济政策几个问题的规定》(以下简称《安徽六条》)。这一方案建议:(1)生产队根据自身条件,只要能完成生产任务,可以把一些地里的农活安排给生产小组甚至个人;(2)上级要尊重生产队的自主权;(3)减少给生产队和个人下达的定额;(4)实行按劳分配,放弃按需分配;(5)粮食分配的决策要兼顾国家、集体和个人利益;(6)允许生产队的社员种自留地,在当地集市出售自己的产品。[①] 在出台《安徽六条》时,全国层面的政策仍然明令禁止包产到户。1978 年初,《安徽六条》开始实施。正是在这一年,发生了后来闻名全国的凤阳小岗村大包干冒险。这一年,农村取得夏粮大丰收,这让安徽的干部备受鼓舞,他们开始反驳批评的声音,并宣传本地的做法。

与此同时,四川省委、省政府推出了一系列农村改革措施,特别是 1978 年 10 月,四川省委对广汉县(今广汉市)金鱼公社实行"分组作业、定产定工、超产奖励"的生产责任制给予充分肯定,并以省委办公厅工作简报印发各地推广。这是四川省发出的第一个突出"包"字(包工包产到作业组)并要求全面推广的文件。但是,这一时期四川的农村改革不像安徽走得那样远,尚未直接允许包产到户。[②]

尽管当时有很多人反对包产到户,甚至给它扣上"搞资本主义"的帽子,但是其并没有受到中央的批评,中央选择让结果说话。人们逐渐认识到了

[①] 傅高义.邓小平时代[M].冯克利,译.北京:生活·读书·新知三联书店,2013:425.

[②] 前文指出,四川省蓬溪县群利镇九龙坡村最早开始实行包产到户,此处又说当年四川尚未直接允许包产到户,看起来似乎相互矛盾。实际情况是:当时四川省委不允许包产到户,但是四川蓬溪县群利镇九龙坡村是在未经上级政府允许的情况下暗中实行的。专栏 5-3 明确指出:直到 1979 年,九龙坡村的秘密做法才公之于众。

包产到户的好处,于是没用几年这种尝试就变成了全国性政策。1980 年 9 月,国务院支持新政策的正式文件下发。农业政策专家提出了"家庭联产承包责任制"一词,政策文件正式允许农村集体将生产责任分散到户,尤其是那些需要防止饥荒发生的特别贫困地区。1982 年,中央一号文件进一步明确提出,"包产到户、到组,包干到户、到组,等等,都是社会主义集体经济的生产责任制",由此为几年来的争论做了总结。

在政策实施进度上,1979 年,我国实行包产到户的农民只有 1%[①];到 1980 年底,全国 50%的生产队实行了包产到户,到 1982 年 6 月,这一比例提高到 86.7%[②],到 1983 年底,这一新制度覆盖了 99.1%的生产队[③],标志着家庭联产承包责任制完全普及化。

家庭联产承包责任制一经实施就产生了显著的效果。粮食产量从 1977 年的 3 亿吨增长到 1984 年的 4 亿多吨;农民收入从 1978 年到 1982 年大约翻了一番;人均粮食消费从 1977 年的 195 公斤增加到 1984 年的 250 公斤,猪肉、牛肉和禽蛋的消费增长得更快。农业的迅猛发展令政府始料未及:政府对 1984 年的大丰收完全没有准备,结果没有足够的仓库收储粮食,一些地方政府没有足够的资金收购打下的全部粮食。1985 年 1 月 1 日,政府宣布,不再义务收购粮食。1989 年以后,我国粮食产量一直维持在较高的水平上,于是在 1993 年政府取消了粮食配给制,消费者已能够买到他们需要的任何粮食。包产到户也促进了经济作物(如棉花、亚麻和烟草)产量的增长。1981 年以后,粮食供应的增长使得政府鼓励农户改种蔬菜水果和经济作物。1981 年时,中国是全球第四大棉花进口国,四年后反倒开始出口棉花。

总而言之,家庭联产承包责任制下的农业本就是民营经济的重要组成部分,故而农业的发展本就是民营经济发展的一部分,而且如此巨大的成功为民营工商业的发展提供了有力的支持。一方面,农业的迅猛发展显著提高了农民的收入和积蓄,这为接下来的乡镇企业大发展提供了资金支持,也为以民营经济为主的、正在扩张的轻工业提供了销路。另一方面,农业生产的组织方式发生巨大变化,农民获得更多的行动自由。实际上从长远角度

---

① Lin Y F. Rural reforms and agricultural growth in China[J]. American Economic Review,1992, 82(1):34-51.

② 朱思雄,高云才,常钦. 中国农民的伟大创造[N].人民日报,2021-03-17(5).

③ 陈大斌."包产到户"是怎样报上"户口"的[EB/OL]. (2018-04-27)[2020-03-14]. http://www. xinhuanet. com/politics/2018/04/27/c_1122749892. htm.

来看,农民重新获得的经济自由对发展农村经济的意义甚至要比家庭联产承包责任制还要重大得多。年轻人可以去乡镇企业以及后来城市里的工厂打工,农民也进城叫卖农副产品,从而进一步壮大了民营经济。

三、乡镇企业的产生与发展

1970 年,国家要求农村大力发展农机修造业、机械加工业、铸造业等。于是,社队企业开始了恢复性发展。1972 年,国务院召开全国农业机械化会议,提出要发展"五小工业"(小钢铁、小煤窑、小机械、小水泥、小化肥),为农业机械化创造物质基础。以此为契机,农村的社队企业慢慢发展起来。1978 年,我国有 150 万家社队企业,吸收了 9% 的农村劳动力,贡献了 9% 的全国总工业产出、40% 的非国有工业产出和 17% 的农村地区生产总值。据统计,1978 年我国的社队企业总产值约为 493 亿元,在更名前的 1983 年达到约 1017 亿元。[①]

1983 年人民公社改为乡(镇)、生产队改为村后,社队企业本应改为乡村企业,但当时考虑到小集镇发展,1984 年 3 月,中共中央、国务院批转了农牧渔业部《关于开创社队企业新局面的报告》,这是"乡镇企业"一词第一次出现在中共中央的政策文件中,这一政策文件同意将社队企业更名为"乡镇企业",并明确将其定义为"社(乡)队(村)举办的企业、部分社员联营的合作企业、其他形式的合作工业和个体企业"。1997 年 1 月,《中华人民共和国乡镇企业法》(以下简称《乡镇企业法》)正式实施,将这类企业纳入调整范围。根据《乡镇企业法》,乡镇企业是指农村集体经济组织或者农民投资为主,在乡镇(包括所辖村)举办的承担支援农业义务的各类企业,它主要包括乡镇办企业、村办企业、农民联营的合作企业、其他形式的合作企业和个体企业等。很显然,官方的"乡镇企业"是一个地域概念,很多人把它当作一个所有权概念,以为乡镇企业就是集体所有制的企业,这纯属误会。

虽然乡镇集体企业并不能与民营企业画等号,但其与民营经济存在密切联系。

首先,虽然在改革开放初期,乡镇集体企业占主体地位,但是随着政策的调整,在数量上民营乡镇企业很快就成为乡镇企业的主体:1984 年出台的

---

① 国家统计局.新中国 50 年系列分析报告之六:乡镇企业异军突起[EB/OL].(1999-09-18)[2020-03-14].https://www.stats.gov.cn/zt_18555/ztfx/xzg50nxlfxbg/202303/t20230301_1920444.html.

政策明确允许民营乡镇企业发展,当年民营乡镇企业在乡镇企业中所占比例就达到了近七成。不仅如此,甚至不少名义上的乡镇集体企业实质上也是民营企业。

其次,如果不看产权,仅就产供销活动而论,纵然是乡镇集体企业,也具有市场导向、按劳取酬的民营经济色彩。之所以如此,是因为早在计划经济时代,这些企业的定位就是服务农村集体,属于农村集体经济的一部分,政府不将其作为国家工业体系的一部分,不与城市工业体系同等对待。换言之,这类乡镇企业的生产活动不在政府计划控制范围之内,"独立核算、自负盈亏,不吃大锅饭,不捧铁饭碗,投资少、费用低,自主权比较多"[1],可以随意生产产品,并按自己的愿望把产品卖到任何地方。这使得在相当长时期内从行为特征上看,它们更像是民营企业而非国有企业。

再次,乡镇集体企业的存在为实质上是私有企业的乡镇企业的产生和发展拓宽了政治上的生存空间。可以说,它们为实质上私有的乡镇企业在政治上提供了掩护,使后者的产生和存在显得不那么刺眼,如果没有这类乡镇企业的存在,恐怕我国农村民营工业的发展至少要缓慢、曲折得多。

最后,这类乡镇企业通过改制,尤其是 20 世纪 90 年代中期的大规模改制,成为严格意义上的民营经济,从而为我国民营经济的发展贡献了有生力量。

这一时期,在家庭联产承包责任制下高速发展的农业为乡镇企业提供了资金、劳动力和市场,城市职工工资水平的上涨也帮助扩大了乡镇企业的市场空间。城市所面临的沉重就业压力使得发展乡镇企业更容易获得政治支持:在农村就地工业化,既能缓解城市就业压力和治安问题,又能解决农村隐性和新增的剩余劳动力的就业问题,还能富裕农民、支援农业(扩大农业基本建设,增强农业合作经济组织的实力,更多更好地向农民提供农业机械和各种服务)、发展农村(促进农村的城镇化),我国农村民营工业就是在这样几种力量的联合作用下发展起来的。1978—1991 年,我国乡镇企业的发展可以分为三个阶段。

(一)单一所有制阶段(1978—1983 年)

该阶段最显著的特点是,由于政策限制,乡镇企业的所有制形式单一,全部是集体经济性质。1979 年,《国务院关于发展社队企业若干问题的规定

① 姜长青.改革开放初期经济调整与经济体制改革[EB/OL].(2013-10-19)[2020-03-14].http://hprc.cssn.cn/gsyj/yjjg/zggsyjxh_1/gsnhlw_1/d12jgsxslw/201310/t20131019_4068904.html.

（试行草案）》要求"社队企业要有一个大发展"。正好那些年农村家庭联产承包责任制的推广催生了越来越多既有人身自主权又不用从事农业生产的闲置劳动力，也创造了越来越多的资金，社队企业得到了迅速发展。

从 1978 年到 1983 年，社队企业总产值由 493.07 亿元增加到 1016.83 亿元，年均增长率为 15.6％；上缴税金从 21.96 亿元增加到 59 亿元，年均增长率为 25.5％。不过，这一时期社队企业数量没有增长，实际上企业数量从 154.2 万家减少到 134.64 万家，年均减少 2.4％；企业职工人数从 2827 万人增加到 3235 万人，年均增长 2.75％。

（二）多元化高速增长阶段（1984—1988 年）

1984 年 3 月，中共中央同意将社队企业改名为乡镇企业。1985 年 9 月通过的《中共中央关于制定国民经济和社会发展第七个五年计划的建议》指出："发展乡镇企业是振兴我国农村经济的必由之路"，要积极地"鼓励农民兴办乡镇企业"。[①] 从政策表述可以看出，这时候我国政府已经在公开支持民营乡镇企业。在一系列政策的扶持下，我国乡镇企业进入了多元高速增长阶段，企业数量在 1984 年剧增的基础上进一步猛增至 1985 年的 1222.5 万家，呈现爆发式增长，此后一直到 1988 年，乡镇企业数量每年以 100 万—300 万家的规模增长。从业人员从 1983 年的 3235 万人增加到 1988 年的 9546 万人；总产值从 1983 年的 1016.83 亿元增长到 1988 年的 5049 亿元，年均增长 37.7％；利润总额从 1983 年的 137 亿元增长到 1988 年的 650 亿元，年均增长 36.5％。在国家资金投入和银行贷款都很少的情况下，乡镇企业创造了全国近五分之一的工业总产值。

乡镇企业在这个阶段发展的一个显著特点是所有制形式发生了巨大变化，非集体乡镇企业迅速发展，出现了多种多样的经济形式和经营方式。1984 年，民营乡镇企业在数量上占乡镇企业总数的 69.28％，在职工人数上占全部乡镇企业的 23.54％；到了 1988 年，企业数量比例提高到 91.58％，职工人数比重提高到 48.73％。不过，从经济总量上看，1984 年，乡镇集体企业总产值占全部乡镇企业总产值的 85.73％，到 1988 年，乡镇集体企业仍占 67.54％。

（三）整顿提高阶段（1989—1991 年）

1988 年 9 月，党的十三届三中全会提出了治理经济环境、整顿经济秩序

---

① 中共中央关于制定国民经济和社会发展第七个五年计划的建议[M]．北京：人民出版社，1985：10，11．

的改革方针,着手调整经济发展的速度和规模。国家对乡镇企业采取"调整、整顿、改造、提高"的方针,乡镇企业的生存环境趋于恶化。1989年到1991年,企业职工人数年均增长率仅为0.24%,在1989年、1990年两年甚至出现了负增长。

但是,在这场整顿中,我国乡镇企业仍然在顽强成长:从1989年到1991年,我国乡镇企业总产值、利润总额和税金总额的年均增长率分别达到21.36%、7.73%和13.58%;1991年,乡镇企业向国家纳税的净增额已占到全国税收净增额的45%,总产值达到了11621.7亿元,首次突破1万亿元大关。另外,这一时期很多乡镇企业积极开拓国外市场,出口交货值由1989年的371.4亿元增加到1991年的789.1亿元,年均增长46.63%。

需要说明的是,虽然我们将1989—1991年称为乡镇企业的"整顿提高阶段",但是在1989年之前的年份里,由于受到意识形态的制约,实际上我国包括乡镇企业以及接下来要论及的城市民营经济同样受到巨大的限制,在发展中屡受打击。举例来说,1982年发生了轰动全国的温州"八大王事件",这项行动对一段时期内我国——特别是作为事发地的温州地区——民营经济的发展构成重创(见专栏5-4)。在这样的环境下,不仅农村的乡镇民营企业不得不寻求挂靠公有单位,城市民营企业也要挂靠在国有企业甚至是国有事业单位才得以生存。这类"戴红帽子"的企业在浙江县域非常普遍。

专栏5-4 温州的"八大王事件"

党的十一届三中全会后,随着家庭联产承包责任制的推行,农民不再被强行束缚在土地上。为了摆脱贫困,温州农民一方面开始进行以家庭经营为基础的非农产业,另一方面能工巧匠和众多的小商小贩纷纷外出谋生。此时正值国家商品短缺,群众对低档日用消费品的需求巨大,温州农民就发挥自己善于制造小商品的优势,开始生产和销售服装、鞋帽、低压电器、眼镜、编织袋、商标牌等。几乎一夜之间,以家庭工业为支柱的各种经济组织涌现在浙南大地。与此同时,由小商小贩等演变而来的10万名购销员在全国各地千方百计为家庭企业推销产品或采购原材料,并把千变万化的市场信息带回温州,组织千家万户再进行生产。家庭工业的发展使温州农民找到了一条致富的路子。

不过,虽然当时全国上下经过了思想解放的大讨论,但对于究竟该解放哪些思想、改革哪些领域,人们的认知还非常有限。当时的主流观念是要坚持社会主义道路,必须坚持计划经济,而且计划经济必须"为主",即使在农村发展非农产业也必须以发展集体经济为主。而温州个体私营企业四处出击"挖墙脚",民间贩运异常活跃,对公有制经济造成了严重的冲击。出于对社会主义道路的担心、忧虑,指责个私经济的声音越来越大。不少人认为温州个私经济是在"刮资本主义歪风",是"资本主义复辟的典型",即使在温州当地对此也存在严重分歧。

对于温州经济打击最大的一次是在 1982 年。为贯彻中共中央、国务院《关于打击经济领域中严重犯罪活动的决定》,浙江省委工作组进驻乐清市柳市镇,以"投机倒把"和"扰乱市场秩序"等罪名抓捕人称"八大王"的 8 名个体户。"八大王"被捕之后,柳市个体户逃的逃、被捕的被捕,七零八落。由此,柳市的低压电器生产和销售遭受全面重创。当年,柳市镇工业总产值比上年下降 53.8%,温州全市工业总产值比上年仅增长 2.5%。之后的两年多时间里,"八大王"事件如一块乌云始终笼罩着温州甚至整个浙江,使得温州的经济徘徊不前。

直到 1984 年中央一号文件提倡农村发展商品生产,乐清"八大王"才得到平反。"八大王"的平反,使广大干部群众消除了顾虑。正好这一年,温州被列为全国首批 14 个沿海对外开放城市之一,这使温州广大干部群众精神更加振奋,思想更为解放,城乡商品经济随即向广度与深度发展。到 1985 年,全市农村家庭工业户达 13400 户,农村工业总产值 21 亿元,其中以生产小商品为主的家庭工业贡献 10.7 亿元,占50.9%。家庭工业的从业人员达到 30 多万人。但鉴于当时政策上尚存在种种限制,家庭企业多采取挂靠集体企业或戴"红帽子"的方法开展经营。

资料来源:俞红霞,姜卫东."温州模式"的历史考察[EB/OL]. (2011-12-08)[2024-11-19]. https://www.zjds.org.cn/zhyj/1113.jhtml.

四、乡镇企业的产业分布与产权特征

经过三个阶段的跨越式发展,我国乡镇企业广泛遍布三大产业。

(一)农业类乡镇企业

这类企业起初在全部乡镇企业总数中占比很高,1978 年达到乡镇企业总数的近三分之一(见表 5-1)。这在很大程度上反映了计划经济年代对乡镇

表5-1 1978—1991年乡镇企业在主要产业中的数量与比重

年份	总数/家	农业企业		工业企业		建筑业企业		交通运输企业		批发零售贸易企业		旅游饮食服务企业		其他企业	
		数量/家	比重/%	数量/家	比重/%	数量/家	比重/%	数量/家	比重/%	数量/家	比重/%	数量/家	比重/%	数量/家	比重/%
1978	1524268	494638	32.45	793977	52.09	46707	3.06	65112	4.27	60328	3.96	61988	4.07	1518	0.10
1980	1424661	378342	26.56	757806	53.19	50772	3.56	89387	6.27	70836	4.97	76055	5.34	1463	0.10
1984	1649641	248420	15.06	900981	54.62	80425	4.88	129563	7.85	137855	8.36	111824	6.78	40573	2.46
1985	12225000	224194	1.83	3985350	32.60	592912	4.85	2743694	22.44	3004025	24.57	1344750	11.00	330075	2.70
1988	18881644	232846	1.23	7735213	40.97	955810	5.06	3725541	19.73	3420959	18.12	2022976	10.71	788299	4.17
1989	18686282	226829	1.21	7364664	39.41	925512	4.95	3798800	20.33	3609564	19.32	2123674	11.36	637239	3.41
1990	18734397	223643	1.19	7320357	39.07	904665	4.83	3893725	20.78	3633870	19.40	2065528	11.01	694609	3.71
1991	19087422	230974	1.21	7426691	38.91	888436	4.65	4008610	21.00	3863209	20.24	2049881	10.74	619621	3.25

数据来源：农业部乡镇企业局．中国乡镇企业统计资料（1978—2002年）[M]．北京：中国农业出版社，2003：3．

企业的定位,即服务农村集体。但是,在此之后这类乡镇企业的数量不断下降,到 20 世纪 80 年代中期起稳定在 20 多万家,所占比重在 1984 年下降到 15.06%,并在 1985 年急剧下降到 1.83%,此后稳定在 1.2%上下。从产值和职工人数上看,1978—1991 年农业类乡镇企业的绝对量一直在稳步提高,但是在全部乡镇企业中所占比重持续下降:产值占比从 1978 年的 7.34%降到 1991 年的 1.6%;职工人数占比从 1978 年的 21.5%下降到 1991 年的 2.5%。

(二)工业类乡镇企业

工业一直是乡镇企业的主要产业归属,特别是在 1985 年以前,它是乡镇企业的第一大产业,略超一半的乡镇企业都属于工业企业。随着 1985 年乡镇企业大爆发的到来,从数量上看,工业沦为第二大产业:此后直到 20 世纪 90 年代初,工业类乡镇企业一直占乡镇企业总数的四成左右。不过,无论是从产值还是职工人数上看,1978—1991 年,工业一直是乡镇企业最集中的行业。即便是到了 1991 年,工业总产值仍然占全部乡镇企业产值的 75%,职工人数仍然占全部乡镇企业的 60.5%。

在工业内部,受计划年代我国奉行重工业优先发展战略的影响,改革开放初期,我国乡镇企业的产业结构也表现出明显的畸重特征。据统计,1978 年,乡镇企业产值中重工业占比达到了 55%以上。但是随着经济发展战略的调整,这一结构迎来重大变迁。短短三年间,轻工业产值在工业产值中的份额提高了近 10 个百分点,达到 1981 年的 54%。不过,轻工业的产值比重此后未发生显著变化,例如在 1988 年和 1991 年,这一比重仍然分别为 53.1%和 54.2%。在轻工业中,乡镇企业主要分布在皮革皮毛制品、造纸及纸制品、工艺美术品制造、木材加工及竹藤棕草编织、家具制造、化妆品制造及塑料制品行业等七类产业。

在建筑业中,1978—1991 年,乡镇企业的数量先是稳步增长,1988 年达到顶点,此后逐步减少,到 1991 年时减少至 88.8 万家。建筑类乡镇企业在乡镇企业总数中所占比重比较稳定,虽然也是先升后降,但是大体上一直位于 3%—5%。从产值和职工人数上看,建筑类乡镇企业产值在乡镇企业总产值中所占比重一直处于 10%左右;职工人数所占比重大体上也是先升后降,从 1988 年开始一直停留在 15%左右(见图 5-1)。

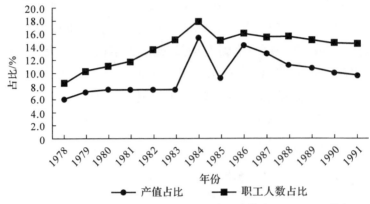

图 5-1　建筑类乡镇企业在全部乡镇企业中的产值占比和职工人数占比

数据来源:农业部乡镇企业局.中国乡镇企业统计资料(1978—2002 年)[M].北京:中国农业出版社,2003.

(三)服务类乡镇企业

1985 年之前,服务业是乡镇企业最少"光顾"的行业,从职工人数占比和产值占比上看,服务类乡镇企业在全部乡镇企业中的比重虽然一直在提高,但是始终不足一成。不过,1985 年的乡镇企业大爆发使服务业一跃成为第一大产业,集中了最多的乡镇企业,光是交通运输、批发零售贸易、旅游饮食服务这三大类主要服务业就汇聚了一半的乡镇企业。实际上,从 1985 年到 1991 年,交通运输类和批发零售贸易类乡镇企业在乡镇企业总数中所占比重均维持在20％左右,而旅游饮食服务类乡镇企业所占比重一直维持在 10％左右。不过,从职工人数和产值占比上看,服务类乡镇企业的增长就没那么急剧,就处于这三大类服务业中的乡镇企业而言,职工人数占比在 1985 年一举由近 7％跃升到近 20％之后,直到 1991 年就一直停留在 20％附近;产值占比则由 8％左右一举跃迁至 15％,并保持相对稳定(见图 5-2)。

在 1992 年以前,我国政府将乡镇企业划分为乡办企业、村办企业、联户办企业和个体企业四种。很显然,这种划分反映的是企业产权主体的不同。各类企业的数量和比例如表 5-2 所示。从中可以看出,联户办企业和个体企业这两种明确属于民营企业的乡镇企业(至少名义上)是 1984 年才开始大规模涌现出来的。个体企业自诞生之日起,无论是数量还是比重,均不断增长,比重从 1984 年的约五成一路提高到 1991 年的九成左右。至于联户办企业,是由于当初想要创办企业的农民单个家庭往往势单力薄,于是采取多个农户集

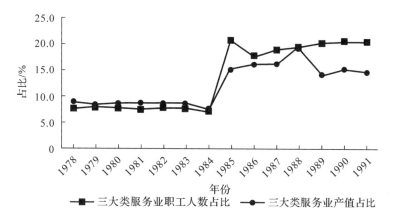

图 5-2 1978—1991 年三大类服务业乡镇企业的职工人数和产值在全部乡镇企业中所占比重

数据来源:农业部乡镇企业局.中国乡镇企业统计资料(1978—2002 年)[M].北京:中国农业出版社,2003.

资入股、合资合劳的经济形式而形成的,也被称为经济联合体、合作经济组织等。到 1988 年,联户办企业数目发展到 119.99 万家,占乡镇企业总数的 6.35%。但是 1988 年《中华人民共和国私营企业暂行条例》公布以后,许多联户办企业转为私营企业,新设立的联户企业也越来越少。1990 年我国公布《农民股份合作企业暂行规定》,又有一部分联户办企业转而注册为股份合作制企业,并被纳入集体企业范畴。从此,联户办企业的概念逐步被淡化,直到不被使用。

表 5-2 1978—1991 年我国各类乡镇企业的数量和比重

年份	合计 /万家	乡办企业		村办企业		联户办企业		个体企业	
		数量 /万家	比重 /%	数量 /万家	比重 /%	数量 /万家	比重 /%	数量 /万家	比重 /%
1978	152.42	31.97	21.0	120.45	79.0	0	0	0	0
1979	148.04	32.05	21.6	115.99	78.4	0	0	0	0
1980	142.46	33.74	23.7	108.72	76.3	0	0	0	0
1981	133.75	33.53	25.1	100.22	74.9	0	0	0	0
1982	136.17	33.78	24.8	102.39	75.2	0	0	0	0
1983	134.64	33.81	25.1	100.83	74.9	0	0	0	0
1984	606.52	40.15	6.6	146.15	24.1	90.63	14.9	329.59	54.3
1985	1222.45	41.95	3.4	143.04	11.7	112.11	9.2	925.35	75.7
1986	1515.31	42.55	2.8	130.22	8.6	109.34	7.2	1233.20	81.4

续表

年份	合计/万家	乡办企业		村办企业		联户办企业		个体企业	
		数量/万家	比重/%	数量/万家	比重/%	数量/万家	比重/%	数量/万家	比重/%
1987	1750.10	42.01	2.4	116.27	6.6	118.75	6.8	1473.07	84.2
1988	1888.16	42.35	2.2	116.65	6.2	119.99	6.4	1609.17	85.2
1989	1868.63	40.57	2.2	113.00	6.0	106.94	5.7	1608.12	86.1
1990	1850.44	38.78	2.1	106.61	5.8	97.88	5.3	1630.17	88.1
1991	1907.88	38.16	2.0	106.01	5.6	84.86	4.4	1678.85	88.0

数据来源:中国乡镇企业年鉴编辑委员会.中国乡镇企业年鉴(1992)[M].北京:农业出版社,1992:137.

从经营规模上看,1978—1991年,我国乡镇企业的职工规模均比较小(见表5-3),但是一般而言,乡办企业大于村办企业,集体企业(包括乡办企业和村办企业)大于民办企业(包括联户办企业和个体企业);集体企业的规模增长更为显著。个体企业平均从业人员一直不足3人,估计夫妻店的形式非常普遍。

表5-3　1978—1991年我国各类乡镇企业的平均职工人数

单位:人

年份	乡办企业	村办企业	联户办企业	个体企业
1978	39.3	13.0	0	0
1980	41.3	14.8	0	0
1981	42.3	15.5	0	0
1982	44.3	15.8	0	0
1983	46.3	16.5	0	0
1984	46.8	14.4	5.8	2.1
1985	50.3	15.5	6.9	2.0
1986	53.4	17.4	7.6	2.1
1987	57.1	20.0	7.8	2.1
1988	58.8	20.6	8.1	2.2
1989	58.8	20.7	8.3	2.3
1990	60.2	21.2	8.3	2.4
1991	63.7	22.0	8.6	2.5

数据来源:中国乡镇企业年鉴编辑委员会.中国乡镇企业年鉴(1992)[M].北京:农业出版社,1992:135,137.根据该年鉴所提供的各类企业职工总数和企业数量计算得出,原年鉴中即缺失1979年的相关数据。

　　就经营方式而言,这一时期我国相当一部分乡镇企业有个重要特点,即基层政府(包括乡镇政府、村集体组织)介入经营事务,也即所谓"政企不分"。乡镇企业本就属于集体所有制,基层政府参与其经营事务是天经地义的,是所有权的体现。但是除此之外,一方面,当时传统意识形态的影响力仍然很大,法律和政策对新生的民营经济的保护力度还不是很强;另一方面,很多民办乡镇企业为了获得政治保护和政府扶持,也主动挂靠到公有单位名下,成为产权模糊进而身份模糊的企业,从而为基层政权组织介入经营提供了机会。由于这个原因,我国乡镇企业统计可能夸大了集体乡镇企业各方面的比重。而且不难想象,规模越大、产值越高的民营乡镇企业因为面临的风险更大,越可能寻求庇护,而且基层政府也更有兴趣介入这类企业的经营,从而这些企业越可能被统计部门计为集体乡镇企业。这种倾向将进一步扭曲统计数据,夸大集体乡镇企业的存在和作用。

　　客观地讲,这种参与在乡镇企业发展的初期起到了一定的保护和扶持作用,从这种意义上讲,主动"集体化"(包括仅仅名义上的集体化)是特殊历史背景下的一种理性选择。但公共部门的参与是一把"双刃剑",后来其消极作用也日益明显。实际上,西方经济学的一种基本观点认为,产权明晰是企业效率的前提,产权模糊的企业不可能达到效率最大化。结合这一见解来看,当特殊时期产权明晰的成本过高时,人们宁愿选择模糊产权;而当意识形态和制度发生变化,使得产权明晰的成本显著下降时,明晰产权就成为人们的理性选择。这也便是 1994 年《中华人民共和国公司法》生效之后,民营乡镇企业的数量和员工人数急剧上升,而集体所有的乡镇企业数量和员工人数却相应下降的原因所在,也就是说这里实际上发生了一个明晰和澄清所有权的过程。

第二节　城市民营经济的复兴

　　20 世纪 70 年代末,在中国面临的一系列社会问题中,最严峻、紧要的就是大量城镇劳动人口的就业问题。1979 年,全国城镇待业人员接近 2000 万人,达到新中国成立以来待业人数及占人口比重的最高峰。为了解决就业问题,城市的公有单位自主创办集体企业,知识青年在新政策环境下自主创业,由此构成了我国城市民营经济复兴的一部分。与此同时,我国知识分子下海、国企放权让利改革等,也推动了城市民营经济的兴起。

一、公有单位自主创办集体企业

1979 年我国的城市,尤其是大城市就业压力非常大。如北京市有待业人员 40 万人,占城市总人口的 8.6%,平均每 2.7 户城市居民中就有一人待业;天津市有待业人员 38 万人,占全市总人口的 11.7%。[①] 这个庞大的待业队伍包括两部分:一是回城的上山下乡知识青年和其他落实政策回城人员;二是新增城镇劳动人口和其他城镇闲散待业人员。前者所占比重更大,例如天津市 1978 年初仅有 2 万人待业,由于大批知识青年陆续回城,到 1979 年待业人员猛增到 38 万人。[②]

为了给大规模的城市待就业人口解决就业问题,各城市使出浑身解数,所采取的办法大体上有三种:一是号召提前退休,并允许子女顶替;二是要求各机关、企业、事业单位把职工子女中的待业青年包下来;三是组织待业青年积极发展城市集体所有制企业。有些地方、有些企业把这后两个办法结合起来,即为了解决职工子女的就业问题,一些国有企业自主创办了一些集体企业。为支持所属集体企业的发展,这些国有企业采取的措施包括以下几类:其一,腾出厂房、设备、车间给所属集体企业使用;其二,向所属集体企业下订单;其三,为所属集体企业提供启动资金或贷款。

这类集体企业的产权性质较为模糊。实际上,其中一部分可能更适合定性为国有企业,而另一部分则更接近民营企业。1991 年,针对用国有资产开办的集体企业或经营单位产权归属问题,国有资产管理局专门下发了《关于用国有资产开办的集体企业或经营单位产权归属问题的通知》。很显然,这个通知的存在本身就证明国企自主创办集体企业这种现象已经达到了需要引起政府重视的程度。1994 年,国有资产管理局又发布《集体企业国有资产产权界定暂行办法》,对全民单位(全民所有制企业、事业单位、国家机关等)投资或创办的集体企业的产权界定做出了更加明确的规定。按照该规定,只要全民单位没有向集体企业投入货币、实物和无形资产,那么集体企业就不算作国有企业和国有资产。这两个政策文件意味着,对于这类集体企业的产权性质不能搞一刀切。实际上,由国企创办的按照这两项规定应

---

① 苏峰.改革开放初期北京安置待业青年与多种经济形式的起步[J].当代中国史研究,2017(4):50-62,126.

② 中共中央文献研究室.三中全会以来重要文献选编:下[M].北京:人民出版社,1982:483.

该列为集体企业的企业,就其经营活动而言,确实更接近民营企业的范畴。

国有企业自主创办集体企业的典型案例,是 1986 年成为新中国成立后第一家正式宣告破产倒闭的企业——沈阳市防爆器械厂。这家企业原是沈阳变压器厂为解决职工生活困难,安排家属就业而组建起来的一个职工家属生产组,以家庭妇女为主。几经变革,于 1983 年改名为沈阳市防爆器械厂。逐步发展起来之后,这个自负盈亏的小厂攒下了 5 万元资产。后来,工厂变为市属集体企业,职工吃上了"大锅饭"并享受劳保福利,但生产经营每况愈下。最终,这家"没有技术、没有设备、没有资金、没有产品、没有市场的企业",在经过为期一年的"破产警戒通告"和重整拯救无效后宣告破产倒闭。

二、知青返城与个体经济的发展

改革开放初期,我国政府发现,仅仅依靠体制内消化以返城知青为主体的城市待业人员仍属杯水车薪。在这种形势下,我国政府将体制打开一个小口子,个体经济逐渐得到允许。

实际上,1978 年时,个体经济政策就有了松动。开始时,政府只对 1968 年以前有证照并实际保留下来的个体工商户进行登记发照,许多做法仍服从于"利用、限制、改造"的方针。如经营行业范围仅限于从事个体手工业和修配业,不许经营商业和饮食业。1979 年 3 月,国务院明确提出恢复和适当发展个体工商业,这意味着只要"个体户"自食其力,不剥削他人,就应当被看作劳动者而不是资本家。

改革开放初期,对于各类适合由个体企业提供的服务和产品,我国社会上存在被抑制的巨大需求,用北京市的一份调查报告来说,就是"大批人无事干,大量事无人干"[①]。一旦政策出现松动,庞大的市场需求和巨量的青年创业者一拍即合,个体经济如雨后春笋般涌现出来,城镇里出现了各种小摊:理发、修鞋、磨刀、修自行车、卖饮料小吃和各种手工或制造商品。有些地方只允许这类活动在晚上营业,于是变成了夜市。

全国城镇个体劳动者的数量从 1978 年的 15 万人增长到 1979 年的 32 万人,1980 年又增长到 81 万人,又翻了一番多(见图 5-3)。也有专门关于城镇个体工商户的统计显示,到 1981 年底,全国城镇个体工商户发展到 185

---

① 苏峰.改革开放初期北京安置待业青年与多种经济形式的起步[J].当代中国史研究,2017(4):50-62.

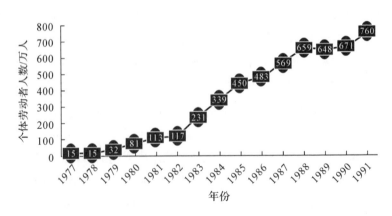

图 5-3　我国城镇个体劳动者人数

数据来源：国家统计局.中国统计年鉴（1992）[M].北京：中国统计出版社，1992：110.

万户，从业人员 227 万人，比 1980 年翻了一番多。在行业上，北京市的个体户经营的行业就达 48 种之多。[①] 1979 年 11 月，武汉市也开始恢复登记发证工作，而且率先于全国，把整整一条街（汉正街）开放为小商贩集中经营的市场，第一批核发小百货个体工商户营业执照 103 户，使汉正街成为一时颇有影响力的小商品批发市场。城市服务业的复兴就像包产到户一样大受欢迎，无论对于能挣钱养活自己的人还是能得到所需服务和商品的消费者，都是如此。

尽管个体经济在实践中一再遭受打击，但是，无论是理论界还是政界，主流舆论都倾向于支持个体经济发展。

在理论界，1980 年 10 月，我国著名经济学家薛暮桥提出，20 多年的实践证明，我们城市中的社会主义改造走过了头，需要后退一两步。我们不主张资本主义死灰复燃，但对资本主义也不必过于害怕，有一点也可以，现在还不能叫资本主义绝种。这篇讲话不仅得到新华社的报道，还得到全国各大报纸的登载。讲话不回避资本主义，甚至说"有点资本主义不可怕"，这在当时需要相当大的勇气。[②]

在政府部门，1980 年下半年以后，各地对发展个体经济态度更加积极。如 11 月上海市政府批准市工商局关于适当发展城镇个体经济的 12 条规定，在经营资格、经营范围、货源和原材料供应、价格、税收等方面，对个体工

---

　　① 萧冬连.探路之役[M].北京：社会科学文献出版社，2019：58.
　　② 萧冬连.探路之役：1978—1992 年的中国经济改革[M].北京：社会科学文献出版社，2019：61.

商户特别是知青从事个体经营给予优惠。对个体经济限制较多的北京市也放宽了限制,特别是放宽了在经营商业和饮食业方面的限制。1981年4月,北京市的《政府工作报告》提出,解决"吃饭难""做衣难"和"修理难"的问题要"国营、集体、个体一齐上"。1981年,中央的政策进一步放宽。5月6日,国家劳动总局、国家城建总局、公安部和工商行政管理总局四部门联合发出通知,要求各地统筹规划、合理解决民办集体、个体工商户等所需要的场地问题。7月7日,国务院颁布《国务院关于城镇非农业个体经济若干政策性规定》,其中一项重要政策是关于个体工商户请帮手、带徒弟的问题。文件规定:"个体经营户,一般是一人经营或家庭经营;必要时,经过工商行政管理部门批准,可以请一至两个帮手;技术性较强或者有特殊技艺的,可以带两三个最多不超过五个学徒。请帮手、带学徒,都要订立合同,规定双方的权利、义务、期限和报酬等。合同要经当地工商行政管理部门鉴证。"①

受到传统意识形态的影响,我国当时个体经济发展面临一个重大问题:如何区分个体户和资本家(或者说私营业主、私营企业)?作为一个社会主义国家,按理说是不能允许资本家存在的。马克思在《资本论》中讲过一个算例,根据该算例,有八名雇员的雇主就可以依靠剥削他人劳动实现扩大再生产。② 以此为基础,雇工不超过七人就成为我国个体经济发展的一条不可逾越的红线。前述国务院颁布的《国务院关于城镇非农业个体经济若干政策性规定》就体现了这一原则。

1982年,有些个体户雇工超过八人的现象引起了争论。邓小平主张建议"放两年再看"③。1987年召开的党的十三大明确提出鼓励发展私营经济,官方将这个概念明确定义为企业资产属于私人所有、雇工八人以上的营利性的经济组织;1988年更进一步,在宪法层面将"私营经济"合法化,还专门制定了《中华人民共和国私营企业暂行条例》。受此影响,1988年我国私营企业达到9万多户,从业人员达到164万人,注册资本达到84亿元。到1989年底,全国私营企业户数仍有9万户,从业人员达到185万人。

总体上讲,仅仅说是知青返城催生了个体经济,实际上低估了知青返城对于我国城市民营经济发展的意义。知青返城确实催生了个体经济,但是,

---

① 国务院法制局.中华人民共和国现行法规汇编(1949—1985):财贸卷[M].北京:人民出版社,1987:760.

② 马克思.资本论:第一卷[M].北京:人民出版社,2004:356-358.

③ 邓小平.邓小平文选:第三卷[M].北京:人民出版社,1993:91.

在个体经济的发展过程中,"私营企业""私营经济"自然而然地涌现出来,这是经济发展的客观规律。换言之,从整个城市民营经济发展历程来看,知青返城实际上催生了整个城市民营经济,驱动了我国城市民营经济的合法化。

三、知识分子下海创立科技型民营企业

《中国青年报》的一份调查显示,1984年最受欢迎职业前三名是出租车司机、个体户、厨师,排在最后三个的选项则是科学家、医生、教师。用当年的流行语来讲,"修大脑的不如剃头的,搞导弹的不如卖茶叶蛋的"。[1] 在这种情况下,一方面,相当一部分知识分子向体制外寻求收入上的和社会地位上的认可;另一方面,改革开放后的乡镇企业如雨后春笋,对科技人才的需求急剧上升,科技人才和知识分子的市场价值得到了越来越多的肯定。于是,两方面一拍即合,从而造就了20世纪80年代的第一次知识分子下海经商浪潮。

1984年被称为"中国公司元年"。在北京的中关村,卖电子配件的商店如雨后春笋般冒出,中关村"电子一条街"很快就声名鹊起,所谓的"中关村模式"由此诞生,与苏南模式和温州模式一起并列为我国民营经济早期发展的三种模式。1984年9月11日,《北京日报》头版的一篇文章《开创中国式硅谷的探索》第一次将中关村与美国硅谷联系起来。以中国科学院的科研人员为主的知识分子下海在中关村创办企业是"中关村模式"的一个重要特征。据统计,1984年,中关村已经有40多家科技企业,其中最出名的是所谓的"两通两海"——信通、四通、京海和科海,最著名的创业者是"中国硅谷第一人"陈春先,他在1980年成立北京等离子体学会先进技术发展服务部。这些企业的创办人无一例外都是中国科学院的科研人员。但是要承认的是,中关村模式里的知识分子虽然比重比较大,但总量并不大。

中关村的发展不久便进入了高层的视线。1987年12月,由中共中央办公厅调研室牵头,国家科委、国家教委、中国科学院、中国科协、北京市科委、海淀区政府等单位组成中关村电子一条街联合调查组,对中关村科技企业进行大规模调查,最后向中央提交了调查报告,充分肯定了中关村科技企业的发展,并向党中央、国务院建议在中关村设立我国首家高新技术开发区。[2]

---

① 吴晓波.激荡三十年:中国企业1978—2008:上[M].中信出版社,2008:140.
② 赵弘.中关村:三十年铸就辉煌　新时代走向未来[EB/OL].(2018-07-11)[2020-03-14].
http://www.71.cn/2018/0711/1008885.shtml.

1988 年 5 月 10 日,国务院正式批准发布《北京市新技术产业开发试验区暂行条例》,试验区的核心以中关村电子一条街为基础,这是我国首家国家级科技园。

中关村知识分子下海,只是那时候全国上下体制内的知识分子下海现象的一部分。1984 年,深圳特区的发展得到了中央的肯定,极大地鼓舞了人们改革创新的热情,尤其是在知识界,无数雄心勃勃的青年知识分子纷纷南下创业,出现了"孔雀东南飞现象"。浙江大学数学系毕业生史玉柱南下深圳开始了自己的创业生涯;从华南理工大学毕业的李东生在一个简陋的农机仓库里开出了自己的工厂;军医大学教授赵新先带着自己的"三九胃泰"在深圳开始新事业;甚至中关村的科技创业企业因为中关村缺少产业化发展空间,都到南方寻求发展空间,到 1990 年 8 月底,13 家中关村企业在珠三角、东南沿海兴办了 38 家科技企业。[①]

20 世纪 80 年代的知识分子"下海潮"催生了我国第一批民营科技企业。至于那段时间知识分子下海究竟创办了多少家民营科技企业,可能没有严格的统计数据,估计数量也不是很多。另外,知识分子下海所创办的企业也未必全是科技型民营企业,特别是那些人文社科领域的知识分子,他们往往是根据自己对商机的把握来选择所经营的产业,因此其企业的科技含量相对较低。

四、放权让利改革催生国企民营化

1978 年,面对国企效率低下甚至亏损严重的问题,我国政府和学界的主流观点认为,应该放权让利来提高国企效率。厂长负责制、企业承包制都是放权让利的具体方式。厂长负责制改革旨在消除之前所谓党委领导下的厂长负责制所存在的决策者不负责、负责者不决策等问题,由厂长统一领导和全权负责企业的生产经营和行政管理工作的决策体制。所谓企业承包制,就是承包者按照"包死基数、保证上交、超收自留、欠收自补"的原则自主经营国有企业。这是在不改变国有企业所有权的条件下扩大企业自主权的最高形式。

1979 年 5 月,国家经济委员会等六部门选择首都钢铁公司等八家大型企业进行扩大企业自主权试点。1983 年,全国国有企业普遍实行了承包制,但是这次承包制改革只进行了几个月就被叫停了。从 1986 年底开始,国有企业中又掀起一轮企业承包的高潮。虽然承包制改革并未改变国企的国有

---

① 迟明霞.中关村:从一条街到一片天[N].中华工商时报,2018-10-12(4).

性质,但是它实现了国企经营权的私人化,让国企成为国有民营的企业。

马胜利承包石家庄造纸厂是国有企业承包制改革的典型案例。[①] 在1984 年之前,石家庄造纸厂连续三年没有向国家上交过一分钱,反而让国家倒贴了 10 万元。1984 年初,时年 45 岁的马胜利承包造纸厂,一举成为中国"国企承包第一人"。获得造纸厂经营权之后,马胜利推行了大刀阔斧的改革,大胆起用了一批能人,并根据市场需求对造纸厂的产品结构进行了大幅度调整。这些举措取得了立竿见影的效果:1984 年,造纸厂就实现了盈利140 万元的奇迹;1985 年,又实现盈利翻番,达到 280 万元;1986 年盈利高达560 万元,超过了石家庄造纸厂建厂以来的利润总和。在众多企业"求承包"的呼吁下,马胜利开始了大范围承包之路,决定在全国范围内承包 100 家亏损造纸厂企业。从 1987 年 11 月开始,马胜利只用了两个月时间就承包了27 家造纸企业,于 1988 年 1 月创办了中国马胜利造纸企业集团。

第三节　对外开放与外资经济[②]

早在 1978 年,在党员干部大规模出国考察,重新了解世界和学习国外先进经验的基础上,党中央宣布,我国进入"对外开放"的新时代。这个新时代的主要特征,就是从单纯引进发达国家的先进生产技术转变为接受境外资本来我国投资建厂,开展商业活动。于是,时隔几十年之后,外资经济在我国又重新发展起来。

外资经济本身就是广义的民营经济的一部分,同时,这种经济成分又对本土民营经济的发展产生了深远影响,特别是对我国民营经济的技术进步、管理技能提升做出了重要的贡献。

一、外资经济的发展历程

对境外商人来说,在我国境内投资办企业具有多方面的好处,例如享受

---

① 吴晓波.激荡三十年:中国企业 1978—2008:上[M].北京:中信出版社,2008:181-184.

② 本节所称"外资经济",是指由外商直接投资所形成的经济成分。根据《中国统计年鉴 2023》,"外商投资是指国外及港澳台地区的法人和自然人在中国大陆地区以现金、实物、无形资产、股权等方式进行的投资。其中,外商直接投资是指国外及港澳台地区投资者在非上市公司中的全部投资及在单个外国投资者所占股权比例不低于 10% 的上市公司中的投资"。另外,在商务部发布的《中国外商统计公报2023》中,"外商投资来源地"统计、"外商直接投资"统计也都包括我国港澳台地区。依循这一做法,本节"外资经济"包括国外及我国港澳台地区的法人和自然人在我国内地所拥有的经济资源和开展的经济活动。

廉价劳动力、开拓市场、确保原材料供应、利用丰富的自然资源、享受投资优惠等。一般来说,追求廉价劳动力的企业占多数,不过不同产业部门的投资动机侧重点有所不同。

鉴于存在诸多益处,外商在我国投资企业数量逐年增长。从年末注册登记的外商投资企业数来看,1980 年只有 7 家,到 1991 年时增长到 37215 家(见图 5-4);从投资金额来看,1979—1991 年,外商直接投资(FDI)项目累计达42027 个,合同金额累计达 523.37 亿美元,实际利用金额 233.48 亿美元。

从图 5-5 中可以看出,1979—1991 年的这段时期内,我国吸收外商直接投资出现三次井喷。

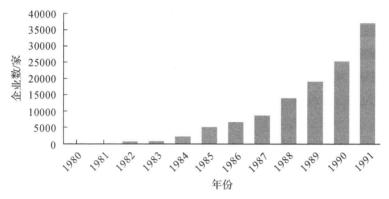

图 5-4　1979—1991 年注册登记的外商投资企业数

数据来源:国家统计局贸经司.中国对外经济统计年鉴(1998)[M].北京:中国统计出版社,1999:332.

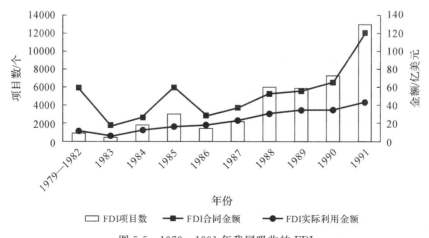

图 5-5　1979—1991 年我国吸收的 FDI

数据来源:国家统计局.中国统计年鉴(1992)[M].北京:中国统计出版社,1992:641.

第一次是 1984—1985 年。1984 年,我国签订直接投资合同 1856 笔,比 1983 年多了近 3 倍;实际利用 FDI 金额达 12.58 亿美元,比 1983 年增长 97.8%,几乎翻番。1985 年签订的 FDI 项目数又比 1984 年增加 65.6%;实际利用 FDI 金额达到 16.61 亿美元,比 1984 年增长了 32%。这一次井喷的背景是 1984 年 1 月邓小平同志视察经济特区并肯定了特区发展,于是我国进一步开放 14 个沿海城市,在这些地区给予外资企业与经济特区相似的优惠待遇。

第二次是 1988 年。这一年批准的 FDI 项目比 1987 年增长 166%,接近前 9 年批准项目累计数的一半;实际投资额 31.9 亿美元,比 1987 年增长了近 40%。这一次井喷的背景是我国政府从上至下对引进外商投资的重视程度达到空前高度:1988 年初,中央政府提出了沿海地区经济发展战略,要求我国沿海地区继续扩大对外开放,加快发展外向型经济;进一步扩大沿海经济开放区,新划入沿海经济开放区 140 个市、县,包括杭州、南京、沈阳 3 个省会城市;建立了海南经济特区;进一步扩大了地方政府在对外经济技术合作中的自主权。另外,1988 年 1 月,国务院专门召开了外商投资工作座谈会,提出要继续改善投资环境,尤其是要帮助办好已投资开业的外商投资企业;会后各地积极改进工作,为外商投资企业排忧解难,提高对外商来华投资的吸引力。

第三次是 1991 年。这一年我国政府批准外商直接投资协议金额达 120 亿美元,比 1990 年增长了 82%,实际投入金额 43.66 亿美元,比上年增长 25%。实际上,1991 年的井喷只是一个延续多年的高速增长期的开始——众所周知,1992 年邓小平南方谈话为改革重新注入了动力。1991 年井喷的背景是:我国政府对吸收外商投资的立场坚定不移,不仅已经建立起来的外资法体系经受住了考验,而且 1990—1991 年又陆续对有关立法进行了修改和充实,维护了政策的稳定性和法律的连续性;还于 1990 年 9 月启动上海外高桥保税区,于 1991 年 5 月批准设立深圳福田保税区、沙头角保税区以及天津港保税区,以实际行动彰显了对外开放的决心。

二、外资经济的来源分布

1979—1991 年,我国内地吸收的 FDI 来源地比较广泛。到 1985 年底,外商已经扩展到 30 个国家和地区,1991 年底进一步扩展到 50 多个国家或地区。不过总体来看,FDI 主要来源于少数几个国家或地区(见表 5-4)。

表 5-4　1984—1991 年我国内地 FDI 的主要来源地

序号	1984 年		1985 年		1986 年		1987 年		1988 年		1989 年		1990 年		1991 年	
	地区	金额/亿美元	地区	金额/亿美元	地区	金额/亿美元	地区	金额/亿美元	地区	金额/亿美元	地区	金额/亿美元	地区	金额/亿美元	地区	金额/亿美元
1	中国香港和澳门	7.48	中国香港和澳门	9.56	中国香港和澳门	11.32	中国香港	15.88	中国香港	20.68	中国香港	20.37	中国香港	18.8	中国香港	24.05
2	美国	2.56	美国	3.57	美国	3.15	美国	2.63	日本	5.15	日本	3.56	日本	5.03	日本	5.33
3	日本	2.25	日本	3.15	日本	2.01	日本	2.2	美国	2.36	美国	2.84	美国	4.56	中国台湾	4.66
4	英国	0.98	英国	0.71	澳大利亚	0.6	新加坡	0.22	英国	0.34	新加坡	0.84	中国台湾	2.22	美国	3.23
5	法国	0.2	法国	0.33	法国	0.42	波兰	0.21	挪威	0.32	德国	0.81	德国	0.64	德国	1.61
6	意大利	0.18	德国	0.24	英国	0.27	意大利	0.16	意大利	0.31	澳大利亚	0.44	新加坡	0.5	中国澳门	0.82
7	德国	0.08	意大利	0.19	意大利	0.23	法国	0.16	新加坡	0.28	中国澳门	0.41	中国澳门	0.33	新加坡	0.58
8	泰国	0.04	澳大利亚	0.14	德国	0.19	泰国	0.11	中国澳门	0.28	意大利	0.3	澳大利亚	0.25	英国	0.35
9	瑞典	0.04	新加坡	0.1	新加坡	0.13	中国澳门	0.1	法国	0.23	英国	0.28	科威特	0.24	意大利	0.28
10	菲律宾	0.02	加拿大	0.09	泰国	0.09	加拿大	0.1	荷兰	0.21	挪威	0.28	法国	0.21	泰国	0.19

数据来源：《中国对外经济贸易年鉴》编委会编写的 1985—1992 年的《中国对外经济贸易年鉴》。

我国香港地区一直是内地外商直接投资的主要来源地,这种情况甚至延续至今。除 1985 年以外,香港地区贡献了内地每年实际利用 FDI 金额的一半以上。尽管 1987 年以来,来自香港地区和澳门地区的数据分开统计,但是按实际利用 FDI 金额计,来自香港地区的 FDI 所占比重仍然接近60%。澳门地区与香港地区投入内地的 FDI 不在一个数量级上。实际上,还有多种其他来源的统计数据显示,这段时期内,港商直接投资一直占据内地吸收的全部 FDI 的八九成。

台商对大陆的直接投资有其特殊性。20 世纪 80 年代,台湾当局禁止台湾企业到大陆投资,这一政策制约着大陆台资企业的发展。不过,当时仍然有一些台商通过各种途径——例如请代理人——赴大陆投资。1987 年 11月,在台湾当局有限度地开放台湾民众回大陆探亲之后,台资进入大陆的步伐日益加快。按照实际利用金额计,1990 年台湾地区就跻身大陆 FDI 来源第四位,到 1991 年进一步晋升到第三位。

1979—1991 年,处于我国 FDI 来源地第二阵列的是美国和日本,大部分时间比第一阵列低一个数量级,只有几亿美元。处于第三阵列,一般又比第二阵列低一个数量级的通常是德国、英国、意大利、法国、澳大利亚、新加坡等国,明显以欧洲发达国家为主。日后成为我国重要 FDI 来源地的韩国,这一时期尚未登场。

上述外商投资来源地结构充分体现了语言文化、血缘关系、地理距离对跨境投资的重大影响。虽然美国作为唯一超级大国是最具投资能力的国家,但是多年位居我国 FDI 来源地第二位或第三位。实际上,在我国港澳台资之外的其他 FDI 来源中,相当一部分也是来自当地的华人华侨。

三、外资经济的投资方式

按照外商投资企业的方式,或者说外资与境内合作主体的关系模式的不同,长期以来我们将外资企业分为中外合资经营企业、中外合作经营企业和外商独资企业,合称"三资企业"。改革开放初期,无论就企业数量还是实际利用的外商投资金额来看,合作企业所占比重都最大,可以说是绝对主体,合资企业次之,独资企业无论是绝对量还是比例都不在同一个数量级上,几乎可以忽略不计。

但是,随着时间的推移,合作企业所占比重不断降低,合资企业所占比重则先升后降,而外商独资企业所占比重则在多年低位徘徊之后逐年走高

（见图 5-6、图 5-7）。其中,按照实际利用外资金额计,合资企业所占比例在 1987 年达到最高点,之后逐年降低;而外商独资企业所占比重则从 1988 年开始逐年提高。

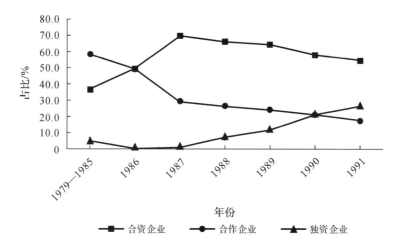

图 5-6　1979—1991 年我国批准各类外商投资企业比例(按实际利用外资金额计)

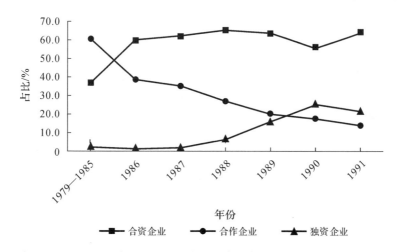

图 5-7　1979—1991 年我国批准的各类外商投资企业比例(按批准项目计)

数据来源:中国对外经济贸易年鉴编委会.中国对外经济贸易年鉴[M].北京:中国社会出版社,1992;国家统计局.中国统计年鉴(1992)[M].北京:中国统计出版社,1992.

这种演变趋势有两方面成因:一方面,起初我国政府担心引入外资存在政治和经济风险,为了尽可能地规避风险,即便合作企业效益相对最差,也仍然要求尽可能使用这种合作模式。另一方面,从外商的角度来看,其初来乍到,对我国的政策、社会和市场的了解都付之阙如,找个合作方,特别是与政府有关联的实体合作,能调动对方的积极性、利用对方的社会资本来维护共同的利益,降低政策风险,弥补自身的短板。

但是,随着时间的推移,特别是随着我国市场化改革的不断推进和越来越深地融入国际社会,现代市场经济观念在我国社会越来越普及,加上引入三资企业的实践成效逐步显现,我国对外资的认识水平和管控水平不断提高,越来越愿意减轻对外资企业的直接控制;从外方来看,法治化营商环境的不断改善及我国政府与越来越多的国家签订投资保护协定降低了其所面临的风险,加上经营经验的不断积累,其对境内合作者的依赖程度不断降低。多方面因素结合在一起,最终使得外商对其所投资企业的控制程度越来越高,由此表现为合资和独资企业所占比重不断提高。

四、外资经济的发展成效

(一)产业分布不平衡

外资经济的行业分布,既受到政府意志的影响,也受到境内制度环境、外商的利益取向的影响。从经济学的角度来看,我国政府是制度和政策的供给方,而外商则是需求方,两方联合决定外商的产业选择。改革开放初期,我国首先开放了轻工业,而重工业、第三产业中的大部分行业还没有开放。从外商的角度来讲,面对这样一个制度和观念环境相对陌生的投资目的地,其势必倾向于投资少、周期短、见效快、易兑现、利润高的产业,即所谓的"短平快"项目,以尽可能降低经营风险、提高经营收益。由此导致的结果是,1979—1991年的大部分时间里,外资经济主要分布在宾馆、写字楼、游乐场、出租车、旅游服务等非生产性项目以及食品饮料、纺织服装、家用电器、通信设备、轻型机械设备等轻加工业,而且以中小型项目为主。据统计,1979—1982年,我国设立中外合资企业40家,其中有15家轻工企业,9家机械、电子企业,8家旅游服务企业,占合资企业的80%。1984年后,外商投资开始扩展到农业、商业、重化工等部门,但投资比重不大。1985—1987年三年间,全部协议FDI金额的三分之一指向宾馆旅游业,以至于1988年我国政府不得不出台政策予以严控,才使得流入宾馆旅游业的FDI比重大幅下降到6.7%。由于非生产性项目占比过重的问题突出,我国政府每年都将其作为FDI工作的一个重要关注指标。作为硬币的另一面,我国政府鼓励的能源、交通、短缺的基础原材料项目和高技术项目FDI所占比重很小。

动态地看,这些年里生产性行业中的外商投资企业在全部外商投资企业中所占比重越来越高。之所以如此,是因为一方面,随着我国的政策与营商环境不断改善,以及外商越来越了解我国社会,外商的安全感越来越高,从而其产业选择越来越趋于长期化、资本密集化;另一方面,愿意进入我国市场的外资越来越多,可供我国政府筛选的外商也就越多,我国政府也就越来越占据主导地位。1986 年,我国批准的生产性外商投资企业所占比重从前几年的平均 45% 提高到 76%;从 1988 年起,我国外商直接投资中的非生产性项目占比不到 10%。1988 年,在一些沿海地区,如广东、江苏、山东等,外资开展的生产性项目占比甚至达到 95% 左右。

(二)整体规模偏小

我国外商投资企业的规模是多方面因素共同决定的。在改革开放之初,无论是我国政府还是境外资本,实际上都希望外资企业小规模经营。对我国政府来说,从意识形态的角度来看,外资企业的规模小一点就不至于过于刺眼,观念保守者的抵触情绪就会弱一些;另外,规模小一点还有见效快的优点,所以能更快地证明开放政策走对了,更快地为开放政策赢得支持,从而能更大力度地推进改革开放。实际上,当时有领导人明确指出:"为了有效地吸引直接投资,需要一套开明的方针。第一是大中小项目一起上,当前以中小为主,这样见效快。"[①]而对境外资本来说,初步试水,保持小规模有助于控制风险、积累经验;对于那些其所处行业存在规模壁垒的外商,自然也不敢轻率进入,要继续观察、了解和等待中国经营环境的改善。另外,当时外商进入我国,最主要的动机便是利用中国的廉价劳动力发展劳动密集型产业,而这类产业对规模的要求往往也不是很高。

作为这一时期外商投资企业的主体,我国港澳台资企业的规模充分印证了:多年来,内地的港澳台资企业一向因规模小、档次低而颇受争议。此外,统计数据也显示,1986 年,我国 FDI 项目中,外商投资金额在 1000 万美元以上的项目仅有 2 项,1989 年有 8 项,1991 年也只有 11 项。

(三)技术水平偏低

我国外商投资企业的技术水平,一般低于其母公司。由于缺乏关于技术先进的外商投资企业的系统性的统计数据,我国外商投资企业技术水平究竟有多低,带着先进技术而来的外商有多少,我们不得而知。但是,遍览

---

①　中共中央文献研究室.三中全会以来重要文献选编:下[M].北京:人民出版社,1982:1119.

历年《中国对外经济贸易年鉴》可以发现,1987年出版的《中国对外经济贸易年鉴》才第一次论及我国外商投资企业技术水平提高的情况,1988年出版的《中国对外经济贸易年鉴》做了更细致的介绍:1987年,新设立的外商投资企业中出现了一批技术密集型、资本密集型企业,如大型炼油厂、彩色显像管、复印机、空调设备、杀虫剂等项目;一些国际知名的公司,如松下电器、美国施乐公司、瑞士雀巢公司等来华投资开设合资企业;到1987年底,被审批机关确认为产品出口企业的累计为605家,先进技术企业为226家。考虑到刚刚开始进行先进技术企业评定时评定标准很可能会比较低,大体上可以说,直到1986年,我国才开始出现技术水平相对较高的外商投资企业,而且到1987年时,高技术外商投资企业在我国仍属凤毛麟角。

之所以这段时期内我国外商投资企业的技术水平比较低,原因主要有以下几个方面:首先,改革开放初期我国人民收入水平较低,对于高技术产品还缺乏购买力,因此,对于那些为我国广阔市场而来的外资而言,其高技术在我国没有市场。其次,当时我国人民的劳动技能可能还达不到操控高技术生产设备所要求的水平,这是由我国数十年的经济技术发展落后造成的。再次,当时我国的知识产权保护制度还处于从无到有的建立过程中,外商投资企业在我国使用高技术面临很大的知识产权风险。最后,高技术不仅其本身就价值高,因而使外商面临高风险,而且使用高技术进行生产往往还需要高额的配套投资,从而进一步提高外资所要承受的风险。鉴于此,当时我国的外商投资企业的技术水平往往落后于其母公司,而那些高技术企业则往往要观望几年,等待投资环境足够安全之后才愿意到来。

（四）区域结构:区域分布不均衡

1979—1991年,我国吸收FDI的地区分布不断扩大,集中度不断降低。对外开放初期,我国只有少数几个沿海城市利用外资。截至1980年底,我国批准的外商投资项目绝大多数在广东、福建地区,主要是港澳同胞和华侨的投资。之后,随着经济特区、沿海开放城市和沿海开发区的兴起,外商投资的承接地越来越多。到了1985年前后,除西藏自治区外,其余各省、自治区、直辖市都开始积极吸收外资,建立了各种外商投资企业。到1991年底为止,也只有西藏自治区没有吸收外资。不过从总体上看,这段历史时期内,我国外商直接投资项目绝大部分都分布在东部沿海地区,包括江苏、山东、辽宁、上海、广东、浙江、天津、北京等地,中西部和东北地区分布较少。1979—1987年,全部外商投资项目的七成集中在广东和福建,其中广东就占了六成多。到了 1991 年,虽然从批准的 FDI 项目比重上看这两省不到全国的一半,但它们仍然是外资流入量最大的地区,区域分布不均衡的特点仍然非常突出(见表 5-5)。

表 5-5　1979—1991 年我国 FDI 的主要流入地

排名	1979—1987 年		1991 年	
	地区	比重/%	地区	比重/%
1	广东	61	广东	35.29
2	福建	10	福建	9.45
3	上海	3	江苏	8.82
4	广西	2.90	山东	6.21
5	北京	2.60	北京	5.61
6	天津	2.40	浙江	4.53
7	辽宁	2.20	辽宁	4.46
8	江苏	2.00	海南	3.64
9	浙江	1.60	上海	2.81
10	山东	1.40	天津	2.74

数据来源:中国对外经济贸易年鉴编委会.中国对外经济贸易年鉴(1992)[M].北京:中国社会出版社,1992.

这段时期我国吸引外商直接投资的地区分布与开放政策密切相关,毕竟一个地区要引入 FDI,必须得到中央的批准成为开放区。进一步分析起来,哪些地区会被中央政府批准为开放区或经济特区,不是我国政府可以随意决定的,相当程度上还受到外商投资意愿的影响。我国东部沿海地区跨境交通方便,经济发展水平相对较高,也是大量海外华人华侨及港澳同胞的祖籍所在地,便于发挥华人华侨的作用,而且当地群众与境外联系更密切,观念也更为开放,商品意识更强。这些因素使得这些地区天然地就是以境外华人华侨为主的外商的首选投资目的地。因此,我国中央政府对开放地区的选择在很大程度上反映了客观必然性,具有很强的内生性。

尽管存在这些问题,但是这一时期我国发展外资经济毫无疑问是利大于弊的。外资企业给我们带来了资金、技术和管理技能,为我们培养了人才,创造了就业岗位,贡献了税收,也丰富了人民群众的商品选择,满足了人民的生活需要,还帮助人民群众和政府了解和学习现代市场理念。虽然如今看来这些技术和管理技能相对低端，但是对于当初刚刚开始发展市场经济的我国来说，仍然代表着更为先进的生产力，值得学习。而且这个渐进的过程有其必然性，是不可能直接跳过的，如果没有初期双方的相互了解、相互试探和学习，没有一个"双向奔赴"的过程，就不可能有后来更大规模的资金、更高水平的技术和管理来到我国。

作为本章最后的总结，总体上，这一时期我国民营经济发展首先从农村起步。农村家庭联产承包责任制改革开启了我国民营经济复兴的旅程，而且促成了农村民营工业的发展，从而使我国农村地区成为这一时期民营经济发展的福地。而在城市地区，计划经济年代的重工业优先战略和十年动荡形成了大量城市待业人口，为此，城市的国有企业和集体企业自主创办了集体性质的企业来帮助解决就业问题，这些企业中的相当一部分实际上更接近于民营企业而非国有企业；由于以返城知青为主体的城市待业人口规模仍然远远超出了传统体制的消化能力，这使得政府不得不放开个体经济，于是个体经济得到迅猛发展，并很快发展成了私营经济，成为我国民营经济发展的重要力量；同时，在城市改革初期，国有企业放权让利改革所采取的厂长负责制和承包制也让相当一部分城市国有企业成为国有民营性质的企业。最后，随着对外开放的不断扩大，我国外资经济的规模不断扩大，来源地、涉足产业、地域分布的多元化程度也不断提高，而外资经济也构成了这一时期我国民营经济的一个重要组成部分，对本土民营经济的发展产生了深远影响。

第六章　南方谈话之后的民营经济发展

民营经济自 1992 年开始进入改革开放以后发展的第二个重要阶段,民营经济在这一时期的地位已不是社会主义公有制的重要补充,而是开始成为社会主义市场经济的重要组成部分。1992 年,党的十四大明确指出,"我国经济体制改革的目标是建立社会主义市场经济体制",并提出要"在所有制结构上,以公有制包括全民所有制和集体所有制经济为主体,个体经济、私营经济、外资经济为补充,多种经济成分长期共同发展"。[①] 1997 年,党的十五大把"公有制为主体、多种所有制经济共同发展"作为"我国社会主义初级阶段的一项基本经济制度"确立起来,并明确了非公有制经济的地位,指出"非公有制经济是我国社会主义市场经济的重要组成部分"。[②] 本节介绍了这一时期民营经济发展的时代背景、发展成果、区域特征、结构调整等。

第一节　社会主义市场经济的确立

20 世纪 80 年代末期,中国经济增长从过热逐渐转向紧缩,政府以调整为主的宏观调控政策,以及整个社会对未来的改革方向是姓"资"还是姓"社"意识形态的争论,极大地影响了民营经济的发展。1992 年初,邓小平南方谈话后,民营经济的发展环境发生了根本性的变化,党的十四大确定了将建立社会主义市场经济体制作为我国经济体制改革的目标,国有企业的改革和乡镇企业的改制大规模展开,民营经济得到了极大的发展,并开始确立了其在国家宪法中的地位。

---

① 中国共产党第十四次全国代表大会文件汇编[M].北京:人民出版社,1992:22,23.
② 《中国共产党简史》编写组.中国共产党简史[M].北京:人民出版社,中共党史出版社,2021:292.

一、重拾民营经济的信心

1988 年 9 月召开的党的十三届三中全会果断决定,把今后两年改革和建设的重点突出地放到治理经济环境和整顿经济秩序上来。1988 年不再进行任何价格调整,企业和工作单位被告知不得涨价。一直以低于通货膨胀的水平支付利息的中国人民银行做出保证,在必要时将存款利率与通胀挂钩。各地被要求缩小基建规模,投资受到压缩,物价也被严格管制,银行信贷受到严格控制,暂停向乡镇民营经济贷款。1988 年底出现了经济硬着陆。当时国民生产总值增长率从 1988 年的 11％骤降至 1989 年的 4％,工业增长率从 15％下跌到 5％。1990 年最后一个季度,零售价格指数的增幅降至 0.6％。[1] 在此情形下,全国民营经济发展受挫,也影响了民营企业家的信心。

进入 20 世纪 90 年代以后,国际、国内形势发生重大而深刻的变化。国际上,苏联、东欧社会主义国家共产党纷纷丧失执政地位,世界共产主义运动遭受巨大挫折;持续几十年的东西冷战格局宣告结束,世界正朝着多极化方向发展。在国内,治理整顿的结束和"七五"计划的完成,为加快改革开放和社会主义现代化建设创造了有利条件。世界格局的大变动、大改组,对我国的改革开放既是重要机遇,又是严峻挑战。一方面,在多极化进程中,我国逐渐打破西方国家的对华"制裁",获得回旋空间,经济全球化进程加快,高新技术产业迅猛发展,为我国加入全球性竞争与合作格局提供了机遇。另一方面,我国经济运行中积累的深层次问题尚未得到根本解决,在治理整顿期间,经济发展速度有所放缓。并不是所有人都对社会主义事业充满信心,也有人对改革开放产生怀疑,围绕姓"社"还是姓"资"展开争论。在这一重大历史关头,能否坚持党的基本路线不动摇,抓住机遇、加快发展,把改革开放和现代化建设继续推向前进,成为中国共产党人亟须回答和解决的重大课题。

在党和国家历史发展的紧要关头,1992 年 1 月 18 日至 2 月 21 日,88 岁高龄的邓小平先后到武昌、深圳、珠海、上海等地视察,前后历时 35 天,行程 6000 余公里,其中有在武昌火车站站台的短暂停留,也有在经济特区深圳和珠海的深度视察。邓小平一路走,一路看,发表了一系列重要谈话,这就是

---

[1] 傅高义.邓小平时代[M].冯克利,译.北京:生活·读书·新知三联书店,2013:458-459.

著名的邓小平南方谈话。邓小平在南方谈话中提出,革命是解放生产力,改革也是解放生产力。改革开放胆子要大一些,敢于试验。针对姓"资"还是姓"社"的问题,他提出,判断的标准,应该主要看是否有利于发展社会主义社会的生产力,是否有利于增强社会主义国家的综合国力,是否有利于提高人民的生活水平。针对一些人对改革开放的非议和责难,邓小平强调,右可以葬送社会主义,"左"也可以葬送社会主义。中国要警惕右,但主要是防止"左"。①

对于长期困扰人们思想的计划与市场的关系问题,邓小平指出,计划多一点还是市场多一点,不是社会主义与资本主义的本质区别。计划和市场都是经济手段。社会主义的本质是解放生产力,发展生产力,消灭剥削,消除两极分化,最终达到共同富裕。邓小平在谈话中反复强调,要抓住时机,发展自己,关键是发展经济。发展才是硬道理。②

邓小平南方谈话的重要之处在于,直接表明当时特定时期内经济发展对于社会主义国家的重要性和紧迫性,提高了整个社会的时间贴现。生产力、综合国力和提高人民生活水平在经济发展过程中有机地统一起来,并且提高人民生活水平的立足点就是当前人民的生活状态。"抓住时机"强调时间的紧迫性,"提高人民生活水平"强调了老百姓的现实需要。无论是"计划"还是"市场",最终都是为了解放和发展生产力,摆脱贫困。在发展生产力面前,民营经济和国营经济并没有实质性差别。

1992年3月26日,《深圳特区报》头版头条刊登了长篇通讯《东方风来满眼春——邓小平同志在深圳纪实》,被全国报纸头条转载,可谓"一石激起千层浪",解放思想、加快推进改革再次成为共同的呼声。邓小平南方谈话犹如一股强劲的东风,驱散了人们思想上的迷雾,深刻回答了长期困扰和束缚人们思想的许多重大认识问题,是把改革开放和现代化建设推向新阶段的又一个解放思想、实事求是的宣言书。南方谈话一周后,1992年2月28日,党中央将邓小平南方谈话要点作为中央文件下发,并要求尽快逐级传达到全体党员干部。1992年3月9日至10日,中共中央政治局召开全体会议,根据邓小平南方谈话精神,讨论我国改革和发展的若干重大问题,会议对邓小平南方谈话表示完全赞同,认为谈话不仅对当前的改革和建设,对即将召开的党的十四大,具有十分重要的指导作用,而且对整个社会主义现代

---

① 中共中央宣传部.中国共产党宣传工作简史:下册[M].北京:人民出版社,2022:413-414.
② 中共中央宣传部.中国共产党宣传工作简史:下册[M].北京:人民出版社,2022:414-415.

化建设事业具有重大而深远的意义。① 1992 年 5 月 16 日,中共中央政治局会议通过《中共中央关于加快改革,扩大开放,力争经济更好更快地上一个新台阶的意见》,部署了贯彻落实邓小平南方谈话精神的相关工作。

为了推进全党就南方谈话精神统一思想,迎接党的十四大的召开,1992 年 6 月 9 日,江泽民同志到中共中央党校,在省部级干部进修班发表题为《深刻领会和全面落实邓小平同志的重要谈话精神,把经济建设和改革开放搞得更快更好》的讲话。这次讲话意在就党的十四大报告征求意见,实际上是一次寻求共识的"吹风会"。江泽民同志在讲话中列举了关于经济体制改革目标的几种提法,表示倾向于使用"社会主义市场经济体制"这个提法。6 月 12 日,江泽民同志向邓小平同志汇报了关于建立"社会主义市场经济体制"的提法,得到了邓小平同志的赞同。邓小平同志说:"在党校的讲话可以先发内部文件,反映好的话,就可以讲。这样十四大也就有一个主题了。"可以说,江泽民同志在中央党校的这篇讲话为党的十四大的召开做了必要准备。②

1992 年 10 月 12 日至 18 日,中国共产党第十四次全国代表大会在北京举行。党的十四大是在我国加快改革开放和社会主义现代化建设的新形势下召开的一次十分重要的大会。大会的任务是:以邓小平同志建设有中国特色社会主义的理论为指导,认真总结党的十一届三中全会以来 14 年的实践经验,确定今后一个时期的战略部署,动员全党同志和全国各族人民,进一步解放思想,把握有利时机,加快改革开放和现代化建设步伐,夺取有中国特色社会主义事业的更大胜利。③ 党的十四大做出了三项具有深远意义的重大决策:一是抓住机遇,加快发展,集中精力把经济建设搞上去;二是明确我国经济体制改革的目标是建立社会主义市场经济体制(见专栏 6-1);三是确立邓小平同志建设有中国特色社会主义理论在全党的指导地位。

专栏 6-1 社会主义市场经济体制

党的十四大报告指出,我国经济体制改革确定什么样的目标模式,是关系整个社会主义现代化建设全局的一个重大问题。这个问题的核心,是正确认识和处理计划与市场的关系。实践的发展和认识的深化,

---

① 中国共产党第十四次全国代表大会文件汇编[M].北京:人民出版社,1992:10-11.
② 曹普.当代中国改革开放史:下卷[M].北京:人民出版社,2016:432.
③ 中国共产党第十四次全国代表大会文件汇编[M].北京:人民出版社,1992:2.

要求党明确提出我国经济体制改革的目标是建立社会主义市场经济体制,以利于进一步解放和发展生产力。我国要建立的社会主义市场经济体制是同社会主义基本制度结合在一起的,目的就是要使市场在社会主义国家宏观调控下对资源配置起基础性作用,使经济活动遵循价值规律的要求,适应供求关系的变化。建立和完善社会主义市场经济体制,把社会主义制度与市场经济结合起来,是中国共产党人与时俱进的伟大创举,是中国共产党对马克思主义的重大发展,也是社会主义发展史上的重大突破。

尽管并不是每一个人都能从邓小平南方谈话中察觉到具体影响,但确实有一些民营企业家已经敏锐地感觉到了其中存在的商机。经济的发展势必要带动原材料价格的上涨,很多像吴仁宝这样的民营企业家开始囤积像铝锭这样的原材料。铝锭的收购价从每吨 6000 多元上涨到 1.8 万元。民营企业家们就是这样一群能够随时感受到社会当时需要的人。民营经济也在这样一种带动下又一次出现了空前的繁荣。在北京中关村,1991 年的企业数量为 2000 多家,到了 1992 年就达到了 5000 多家。全国很多省份的公司都较 1991 年成倍增长。已经发现社会当时需要的民营企业家们赚到了钱,还没有发现的人也在积极地观察。"十亿人民九亿倒,还有一亿在寻找"这句富有时代特征的话在当时的民间广为流传。1993 年,国家工商行政管理局局长刘敏学对"投机倒把"做了一番积极的解释:在计划经济体制下,几乎把带有营利性的经商活动都视为投机倒把,做违法处罚,这显然是"左"的思想影响,是不对的。某些过去认为是投机倒把的行为,现在看来是商品流通中不可缺少的环节。他举例说:"如来信提到的套购紧俏商品、就地加价倒卖行为,过去被视为投机倒把,今天看来笼统这样说就不一定合适。"[1]刘敏学的这番讲话一登报,全国的贸易商人都大大地松了一口气。

二、民营经济的宪法保障

1986 年 9 月,中共中央召开十二届六中全会,肯定了党的十一届三中全会提出的基本路线。[2] 1982 年 2 月,宪法委员会提出了修改草案。同年 12

---

[1]　刘敏学. 依法衡量经商活动[N]. 人民日报,1993-02-22(2).

[2]　会议强调"必须是促进全面改革和实行对外开放的精神文明建设",详见中共中央关于社会主义精神文明建设指导方针的决议[M].北京:人民出版社,1986:4.

月 4 日,全国人大正式通过并颁布新宪法,一般认为这是对 1954 年宪法的继承和发展。

1982 年 12 月 4 日第五届全国人民代表大会第五次会议通过的《中华人民共和国宪法》(以下简称"82 宪法")第十一条规定:"在法律规定范围内的城乡劳动者个体经济,是社会主义公有制经济的补充。国家保护个体经济的合法的权利和利益。""国家通过行政管理,指导、帮助和监督个体经济。"①这是新中国成立后我国第一次在宪法中给予民营经济中的个体经济以合法地位。但是,其中对个体经济的保护并不全面,非公有制经济仍然是公有制经济的"补充"。其中的计划色彩依然非常浓厚,强调国家通过行政方式对个体经济的管理。另外,"82 宪法"第六条规定:"中华人民共和国的社会主义经济制度的基础是生产资料的社会主义公有制,即全民所有制和劳动群体集体所有制。""社会主义公有制消灭人剥削人的制度,实行各尽所能,按劳分配的原则。"②这也仅仅是在宪法中承认计划模式没有改变,而市场经济只是辅助作用。随着改革开放的不断深入,中国的经济观念和法律观念等一系列观念也在不断变化。与此同时,改革开放的过程中也不断产生新的问题,这些需要从法律层面加以解决。

1988 年 4 月 12 日,第七届全国人民代表大会第一次会议通过了宪法修正案。其中第十一条增加规定:"国家允许私营经济在法律规定的范围内存在和发展。私营经济是社会主义公有制经济的补充。国家保护私营经济的合法的权利和利益,对私营经济实行引导、监督和管理。"③这次修正宪法的意义在于从更大范围上给予民营经济以合法地位,而不仅仅局限于个体经济。但其局限性在于仍强调民营经济作为公有制经济的"补充",以及国家对民营经济的管理。没有完成民营经济在宪法规范中的开放性,仍然具有一定的封闭性。

1993 年 3 月 29 日,第八届全国人民代表大会第一次会议通过了宪法修正案。其中将第十五条"国家在社会主义公有制基础上实行计划经济。国家通过经济计划的综合平衡和市场调节的辅助作用,保证国民经济按比例地协调发展""禁止任何组织或者个人扰乱社会经济秩序,破坏国家经济计划"修改为"国家实行社会主义市场经济""国家加强经济立法,完善宏观调

---

① 中华人民共和国宪法[M].北京:人民出版社,2004:10.
② 中华人民共和国宪法[M].北京:人民出版社,2004:9.
③ 中华人民共和国宪法[M].北京:人民出版社,2004:41.

控""国家依法禁止任何组织或者个人扰乱社会经济秩序"。①

1988 年对宪法的修改虽然拓展了民营经济的范围,但并没有动摇计划经济。而 1993 年对宪法的修改则让计划经济对民营经济的束缚得到了进一步的缓解。自"82 宪法"颁布后,我国的市场经济越来越活跃,并且其范围也越来越广。为了进一步解放和发展生产力,1993 年修正后的宪法对市场经济给予了保护。民营经济则是市场经济中的真正主体。修正案同时将"国营经济"改为"国有经济"。这一转变意味着国家不再直接经营所有的国有企业,政企分离的思想也成为题中应有之义。这也更符合深化市场经济改革的趋势。公有制经济的市场化改革意味着,原本属于公有制的企业将会成为民营经济的力量。

1999 年 3 月 15 日,第九届全国人民代表大会第二次会议通过了宪法修正案。其中在宪法序言中将"我国正处于社会主义初级阶段"改为"我国将长期处于社会主义初级阶段"②。在宪法第五条开头插入"实行依法治国,建设社会主义法治国家"。"法治国家"的提出则摒弃了"人治"的思想,使得民营经济发展进一步有了宪法的保障。

三、财税体制改革

如果说邓小平南方谈话是在解决人们观念上混乱的问题,那么之后政府的任务则是进一步扫清阻碍经济发展的制度性"混乱"。

首先,对企业之间复杂的债务关系进行清理。20 世纪 90 年代初,企业之间的债务多达 3000 多亿元,其中有五分之四来自大型国有企业。企业之间的债务拖欠环环相扣,对国有经济和民营经济都产生了严重的影响。复杂的债务关系让企业的经营难以为继。卷入债务关系的企业因为收不到资金而面临资金紧缺的境况,并且不能进一步向银行申请到贷款。企业既不清偿其债务,也得不到其债权应有的偿还。加之信息上的不对称,资金的价格在黑市上被操纵。企业在债务关系面前无所谓盈利与否。企业间这种债务关系不但阻碍了资金的流通,而且增加了企业间的交易成本。企业间交易的减少意味着社会生产的萎缩,社会生产的萎缩意味着人们的需求无法得到满足。当时国务院从清理东北地区企业的债务关系开始,逐步在全国

---

①　中华人民共和国宪法[M].北京:人民出版社,2004:44.

②　中华人民共和国宪法[M].北京:人民出版社,2004:47.

范围内展开清理。最终解决了全国企业间的债务关系问题。

其次，国务院顶着压力提出"分税制"以进行财政制度改革，重新规划了中央和地方的财政关系。分税制改革的关键在于"分灶吃饭"。相对于之前的财政分成比例，分税制改革使中央和地方的财政收入关系更加稳定，税制趋于简化，对地方税收减免政策形成了规范性制约。这次改革除了事权和支出的再分配，最为重要的就是以税种划分中央和地方的财政收入，包括中央税、地方税以及中央和地方共享税。中央收入包括关税、消费税、中央企业所得税及其上缴的利润、地方金融机构所得税等。地方固定收入包括营业税、地方企业所得税及其上缴的利润、个人所得税、城镇土地使用税、房产税等。中央和地方共享税种主要是增值税，中央 75％，地方 25％。形成了国税局和地税局这两个不同的税收征管机构。分税制改革将传统产品税 3％到 60％不等的 21 档税率合并或取消。之前因企业所有制不同而不同的所得税也统一规定为 33％的税率。将许多行业的营业税改为增值税，税率统一为 17％。对民营经济而言，分税制改革减少了因所有制形式不同而产生的税收歧视。减少地方政府和企业之间的属地化联系，迫使地方政府一视同仁地对待所有企业，让企业在相同的税收环境中谋求生存。分税制改革同时影响了乡镇企业改制。由于地方财政收入在分税制改革后减少，地方政府转而支持税负较高的乡镇企业和外资企业。民营企业家们对社会当时的现实需要更加敏感，民营企业自身也具有"船小好调头"的优势。也只有在消除了一切体制性壁垒之后，民营企业才能完全展现出它们的优势。分税制改革的一个直接效果就是减少了属地性带来的制度壁垒。

最后，与民营经济直接相关的就是国企改革。由于国企长期以来一直在为国家总体目标服务，享受政府的特殊照顾，因此面对社会现实需要，它们往往表现"迟钝"。此外，凡是有民营企业涉足的行业，国企往往不堪一击。当时的情况是，乡镇企业崛起，外资企业蜂拥而至，民间资本日益充沛。应该适时直接将国企推向市场。"抓大放小"成为当时国企改革的核心思路。提高国企时间贴现的最好方式就是让它们成为民营经济的一部分，在市场中积极适应社会当前的需求。还有，破除国企工作人员的"铁饭碗"意识，面对自身生存问题的时候，任何人都不能寄希望于将来的"目标"。"下岗"也成为这段时期最热门的词。

第二节　民营经济的蓬勃发展

1992 年,党的十四大做出了建立社会主义市场经济体制的重大战略部署之后,中国经济的方方面面开始发生深刻的变化,尤其是民营经济的迅速崛起、外资进入规模的不断扩大,以及规范的资本市场的诞生等。随着民营经济的迅速壮大,中央开始转变对待民营经济的基本看法,陆续出台了一系列鼓励民营经济发展的方针政策,特别是 1997 年党的十五大提出了"公有制为主体、多种所有制经济共同发展,是我国社会主义初级阶段的一项基本经济制度""非公有制经济是我国社会主义市场经济的重要组成部分"的重要论断,民营经济获得了前所未有的政策支持。20 世纪 90 年代中期以来,民营经济成为中国增长最快、贡献越来越大的经济成分。根据国家工商行政管理总局的资料,1994 年,私营企业的注册资金达到 1448 亿元,注册企业 43 万户,户均注册资金达到 33.5 万元。八年之后的 2001 年,这三个指标分别发展到了 1.8212 万亿元、203 万户和户均 89.8 万元,年均增长率分别达到 43.6%、24.8% 和 15.1%。可以说,这是我国私营企业增长最快的时期之一。这个时期民营经济的发展有三个显著特点:民营企业的规模不断扩大、民营企业技术和管理水平迅速提高、民营经济在第二产业和第三产业领域获得了较大发展。

一、民营经济发展的壁垒消解

20 世纪 90 年代是经济快速增长和对外开放的时期。在世界经济全球化发展的时代背景下,中国逐步放开市场准入门槛,积极推进市场化改革,引入外资、打破垄断、提高效率,鼓励和保护私营经济的发展,形成了一个新的市场经济体系。尤其是党的十四大确立了经济体制改革总体目标后,此后五年我国进行了计划管理体制、财税体制、金融体制、劳动社会保障体制和住房体制的改革。主要成就是减少行政计划产品种类,并且进一步放开商品价格,绝大多数产品实行市场定价,建立以市场调控为主的经济运行机制;重新划分中央与地方的事权和财权,实行分税制;中央银行、商业银行和政策性银行分离,建立现代银行体系;建设发展证券市场,设立中国证券监督管理委员会;废除国家统筹招工和"铁饭碗"制度,建立自由择业、自由流动的就业体制,以及现代社会保障制度;建立商品住房制度,承认购房者的产权。仅仅在1993年至1994年短短两年间,中央通过的具有全局性的改革决议就有十多份,这是我国经济体制改革动作最密集的时间段之一。

这一时期,既有经济体制改革和国企改革的存量改革,也有破除意识形态和制度的束缚、积极鼓励民营经济发展的增量改革。邓小平南方谈话解决了民企发展的意识形态合法性问题。党的十四大报告中,我国的所有制结构表述为:以公有制包括全民所有制和集体所有制经济为主体,个体经济、私营经济、外资经济为补充,多种经济成分长期共同发展。[①] 党的十五大报告进一步把公有制为主体、多种所有制经济共同发展从"长期政策"升级为"基本经济制度"。[②] 1999年的宪法修正案提出,"国家保护个体经济、私营经济的合法的权利和利益","在法律规定范围内的个体经济、私营经济等非公有制经济,是社会主义市场经济的重要组成部分"[③],民营经济史无前例地获得了宪法层面的合法性。

这一时期,阻碍民营经济发展的金融制度、市场准入制度、价格制度、劳动就业制度绝大多数成分都被废除,民营经济发展的壁垒逐渐消解,民营经济获得了极大的发展。

从民营企业的角度看,它们需要面对市场中消费者的现实需求,将已有的资本迅速变成产出。但在生产过程中,企业家们也会面临各种阻碍生产的壁垒。这些壁垒将企业的生产周期延长甚至无限期将企业排除在行业之外。其中既有市场本身所导致的经济性壁垒,也有行政管制带来的制度性壁垒。前者是在位企业相对于潜在进入企业的成本优势,而后者则是基于政府的管制政策与产业政策。20世纪90年代,民营企业的发展处于关键的探索时期,如何消解上述经济性壁垒和制度性壁垒成了重要的时代议题。

20世纪80年代末起步的浙江吉利控股集团在这方面可以给我们提供宝贵的经验。浙江吉利控股集团完全是以民营企业身份创立的,产权安排一直未改变。从1986年只有22人的小企业,到1997年进入汽车行业,再到2022年成为资产总值约3600亿元、员工总数超过12万人的世界500强企业,其经历大致可分为三个阶段:初遇壁垒,被迫退出;再遇壁垒,借道通过;挑战壁垒,战略转型。

首先,浙江吉利控股集团要破解市场壁垒,尤其是规模经济壁垒。其中

① 中国共产党第十四次全国代表大会文件汇编[M].北京:人民出版社,1992:23.
② 中国共产党第十五次全国代表大会文件汇编[M].北京:人民出版社,1997:21.
③ 中华人民共和国宪法[M].北京:人民出版社,2004:49.

既有资本所要求的最低规模,也有技术所要求的最低规模。从生产电冰箱配件,到生产建材、摩托车,再到生产汽车,每一次都需要面临上述资本和技术的约束。而对此问题的有效解决来自吉利在资本上的"自我积累+民间融资",在技术上的"模仿+局部创新"。20 世纪 80 年代中后期,吉利通过生产电冰箱零配件所产生的利润来投资创办建筑装饰材料厂,又通过建材生产的利润来投资摩托车厂,最后又用建材和摩托车生产所获得的利润为汽车生产提供最低资金保障。不仅如此,吉利在生产过程中还利用自身的强势谈判地位推行"零库存,代保管"的方式,从上游供应商那里获得变相融资,缓解资金压力。至少在 2001 年 4 月以前,吉利生产所需资金没有一分钱是来自国家和银行的。技术上,吉利创始人李书福在办厂生产制冷配件之前就已经从事过电冰箱制冷零配件的生产,之后的建材生产也是在购买建材过程中发现其生产并不复杂但利润丰厚才开始的。摩托车的生产亦是如此,李书福一点都没有做摩托车的经验。但作为民营企业家的李书福有着"依葫芦画瓢"的天生才能。当时我国台湾地区刚刚生产出一款脚踏板式摩托车,李书福当即就将它引进过来。在市场中产品差异的壁垒上,吉利不但生产出我国第一块镁铝曲板和铝塑板,还在摩托车生产上引入脚踏板,并且在汽车的生产中明确定位了"经济型、家庭型"轿车。

其次,浙江吉利控股集团要破解政府管制壁垒。1994 年实行摩托车生产的许可证制度,浙江吉利采取与重庆嘉陵摩托合资的方式在台州建厂生产,为其带来了丰厚的利润。但在汽车生产的过程中,制度性壁垒给吉利带来的困难也差一点让其走上绝路。因为当时的地方利益分割严重,地方政府对汽车产业的支持导致了地方汽车市场的过度竞争。国家相关部门对汽车产业施行了严格的目录管理制度。1999 年,"吉利豪情"汽车已经进入生产,但直到 2001 年,李书福还在为许可证四处奔波。多次碰壁后,对吉利冒进汽车行业苦不堪言的李书福又一次和四川德阳一个有许可证的监狱工厂合作,但最终失败。之后与湖南江南机器制造厂合资,通过参股的方式间接获得生产资格。最终,2001 年 11 月 9 日,"吉利 JL6360"在国家经济贸易委员会增发的一批汽车许可公告中上榜。

浙江吉利的案例表明,面对制度管制壁垒和经济壁垒,民营企业家们不但需要"一般企业家能力",还需要"制度企业家才能"。前者仅是一般的投资和经营决策,后者则需要对制度进行创新。对于白手起家的民营企业家来说,转型期间他们必须具备前述这两项才能。当然,对制度管制壁垒的突破并不是民营企业家们单方面就可以做到的。

二、民营经济发展的产业特征

1992 年邓小平南方谈话提出"三个有利于"的判断标准，为非公有制经济扫除了发展过程中观念上的障碍。党的十四大进一步提出了"多种经济成分长期共同发展"，民营经济逐步融入社会主义现代化的进程中，成为中国经济发展的重要推动力量。这一时期，政府对多种所有制经济一视同仁，为民营经济创造了良好的公平竞争环境。总之，这一时期对民营经济的表述从"补充论"转变为"共同发展论"，并将其写入宪法，作为社会主义市场经济的重要组成部分。

这一时期的民营经济在产业结构上的突出特征是，在第二、第三产业中，民营经济所占比重逐渐提高，在第一产业的比重明显下降，在经营模式上走向了产权清晰、多元转变、管理优化的道路。

在经济总量方面，1992—2004 年，民营经济增加值从 11706.24 亿元增加到 72596.11 亿元，年增长率约为 15.1%。其中，民营经济的第一产业增加值从 1992 年的 5430.72 亿元增加到 2004 年的 19563.82 亿元，年均增长 10.36%；第二产业增加值从 1992 年的 4118.13 亿元增加到 2004 年的 25853.97 亿元，年均增长 15.18%；第三产业增加值从 1992 年的 2157.39 亿元增加到 2004 年的 27178.32 亿元，年均增长 21.52%。其中，第一产业占三次产业比重从 1992 年的 46.39% 下降到 2004 年的 26.95%；第二产业比重在 1992 年是 35.18%，在 1996 年和 1997 年升至 40% 左右，随后稳定保持在 32%—35% 的区间；第三产业比重从 1992 年的 18.43% 上升到 2004 年的 37.44%。在这一阶段，民营经济蓬勃发展，民营经济在第三产业的比重迅速提升；民营经济在第二产业所占市场份额稍有波动，在少数年份出现突然上涨，但随后迅速回落，总体保持在稳定水平；民营经济在第一产业所占比重持续下滑，从近一半减至不足三分之一；在 2001 年，民营经济三次产业增加值所占比重基本相等，此后民营经济第二、第三产业比重都开始超过第一产业。

从行业分布来看，个体企业广泛分布在工业、建筑业、交通运输业、商业、农业、文教等。私营企业则主要分布在批发和贸易零售业、餐饮业、制造业以及社会服务业。以 1997 年为例，当时个体经济在第三产业的占比达到 83.95%，在第二产业的占比为 12.25%，在第一产业仅占 3.8%。私营经济在第三产业的占比为 53.46%,在第二产业的占比为 44.82%,在第一产业的占比为 1.72%。个体工商户在 20 世纪 90 年代初期和中期出现了大幅增长,但由于自身资金、技术和管理水平的制约,1999 年之后,个体经济的发展出现了停滞和衰退。个体经济行业分布与这一阶段并无太大差异,仍以传统服务业为主。私营经济在 1998 年获得合法地位之后迅速发展,初期主要集中在工业,邓小平南方谈话之后向零售业、住宿餐饮业等第三产业快速扩张。

改革开放以来曾出现过三轮高增长行业交替出现的过程。其一是 20 世纪 80 年代的轻纺产业,其二是 20 世纪 90 年代初期的家电产业,其三是 90 年代后期汽车、房地产和信息产品制造等高增长产业群。在每一轮高增长行业的形成过程中都伴随着要素、新企业的大量进入和投资的快速增长。每一次改变都较前一次在市场准入等问题上更为复杂,对产业组织结构的影响也越大。

但是,这一时期的民营经济同时面临着转型和升级的双重压力。不同的是,"转型"指增长类型从高投入、高消耗、高污染、低产出、低质量、低效益转变为低投入、低消耗、低污染、高产出、高质量、高效益,将粗放型转变为集约型。"升级"一方面指在整个产业结构中,从以第一产业为主向第二、第三产业比重占优演进;另一方面指产业内升级,即内部加工和再加工逐步向纵深化发展,实现技术集约化,不断提高生产效率。民营经济的转型和升级基本上可以分为外因推动和内因推动两种模式。其中外因包括市场准入制度的变革、财政政策变革、税收制度变革、产权制度变革,内因包括管理模式变革和创新体系建设。一般而言,在初始阶段,由外因推动企业产业升级,当达到一定规范并具有可观的资本和技术实力后,开始寻求自主研发等内因驱动模式。

前文提到的浙江吉利控股集团作为民营企业,其转型升级过程极具代表性。1996 年成立的吉利集团由李氏四兄弟排行第三的李书福担任董事长,大哥李书芳负责发动机生产,二哥李胥兵负责技术开发,四弟李书通负责摩托车总装厂的经营。家族企业普遍缺乏系统的管理知识,不具备专业化的管理能力,股权划分不清,责任归属不明确,部门间也缺少相互监督。随着企业的发展,外来优秀人才在晋升过程中经常被企业家族成员排挤,造成员工流失率居高不下,非家族内部的高管缺乏安全感。针对这一系列问题,吉利集团开始寻求突破,尝试转型升级。一方面开始聘请职业经理人参与运营,家族成员相继淡出;另一方面进行股权结构改革,使其向多元化发展。此外,吉利集团开始尝试建设自主创新体系,从汽车行业上下游企业引进近千名技术人才,由此增强了吉利集团的技术研发能力。

三、民营经济发展的区域特征

民营经济在我国表现出巨大的地区间差异。其中以浙江温州模式、江苏苏南模式和珠三角模式的补偿贸易经济最具代表性。这些沿海地区发轫于农村的民营经济冲破高度计划的经济体制,在曲折中走到了中国现代化进程的前沿。

(一)温州模式

在这一阶段,浙江的民营经济以劳动密集型、低加工度、低附加值的传统制造业为主。这种特点来自浙江长期缺乏人才、资金和技术等要素市场的支撑,作为一种替代性办法,浙江民营经济只能依赖于地缘、血缘、亲缘形成的人格化治理模式,依托市场为主要发展导向。由于温台地区存在大量难以规模化耕作的山地,人多地少的矛盾十分突出,农业发展也比较困难,因此在改革开放之前,这些地方的三大产业发展全部受到限制,群众生活极其困难。为了摆脱这种局面,温台地区的农民开始发展以家庭经营为基础的非农产业,能工巧匠和小商贩纷纷外出谋生。进而由小商小贩演变而来的 10 万名购销员开始遍布全国,将各地千变万化的市场信息带回家乡,组织千家万户进行生产,由此形成温台地区民营经济的起点。

发展初期,温州家庭经营受到当时所有制政策的限制。为了解决这个问题,个体经营户们纷纷"戴红帽子",将乡镇或村委会作为企业的主管部门,以获得合法地位。当地政府也为民营经济留出了一小块生存空间。为了获取资金,温台地区出现了共同投资、联合经营的股份合作制模式的企业。但直到 1992 年邓小平南方谈话以及党的十四大民营经济得到政治上的明确承认之后,温台地区才最终形成以全国为目标的"小商品、大市场"的发展模式。

与此同时,浙江义乌的民营经济则走出一条先有商、再有工的"大市场、小商品"发展之路。义乌区域性的流动商贩逐步汇聚,演变为时间和地点相对固定的"马路市场"。在地方政府允许农民经商、从事长途贩运、开放城乡市场、多渠道竞争的政策鼓励下,1991 年,义乌已经成为全国第一大小商品市场,辐射半径覆盖东北、西北和华北地区。当时正值中国居民的收入主要用于"吃穿"方面的消费,以"小商品"为主的产业结构正好满足了国内市场需求,这是浙江"小商品、大市场"得以兴起的大背景。2001 年,中国正式加入世贸组织,浙江民营经济遇到一个历史性机遇,将"大市场"变成更大的市场。在市场结构的调整上,浙江民营经济的内销改为出口,但与消费升级相对应的产业结构调整没有及时跟上。

(二)苏南模式

江苏的民营经济发端于苏南地区,主要指苏州、无锡、常州和镇江、南京部分地区。从地理上看,苏南地处长江三角洲中部,水陆交通便利,沿途的铁路、公路网密集,运输成本低。另外,苏南靠近上海,本身又有苏州、无锡、常州这些工业城市支撑,很容易具有资金、技术和人才辐射带来的优势。计划经济时代,江苏就是我国的"副业大省",农村有一定工业基础,多年来高积累、低分配的政策使得这一地区具有办工业的实力。从 20 世纪 80 年代开始,苏南乡镇企业就具备了规模化、重型化的特征,形成了"大商品"的模式。1995 年,江苏省工业增加值中,重工业比重首次超过轻工业,而浙江要到八年后即 2003 年才完成这一结构性转变。与此同时,苏南民营经济的特点是集体化倾向比较重,产权不清、政企不分是改革开放初期困扰民营经济的头等大事。

1997 年之前,苏南民营经济脱胎于乡镇企业和乡镇工业,主要依靠村乡自身的积累进行发展。这种集体模式中,县、乡两级政府依靠其对中央政策的理解,主动组织人力、物力投入生产,并依靠政府信用获得银行贷款。在冲破计划经济的制度障碍时解决了原材料短缺和产品销售问题,形成了不同于浙江的发展模式。如果不关心产权归属问题,苏南地区的乡镇企业具有以市场为导向、按劳动获得报酬的民营经济色彩。20 世纪 90 年代中期,江苏省以私营经济为代表的民营经济只占经济总量的 5%;同一时期,浙江的该比例已经达到 33.5%。

集体经济在调和国家长远目标和个人当前利益上发挥了重要作用,同时打破了城市办工业和农村办工业的二元对立结构,缩小了城乡差距。在冲破计划经济带来的发展障碍时,乡镇企业因为具有"集体"特征,所以遇到的体制阻力比较小,发展速度也比较快。但集体模式毕竟存在产权不清的问题,与国家的长远目标和个人短期目标冲突一样,集体目标同样也会与民营企业家个人的市场目标冲突。最终集体经济的弊端将会在进一步市场化的过程中暴露出来,而这就是 20 世纪 90 年代中后期我国出现过剩经济、工业品价格下降给集体经济带来的冲击。尤其是国家政策从计划经济转向社会主义市场经济,并对资金、技术和人力等要素市场的管制不断放松,集体经济在解决原材料短缺和取得贷款方面的优势也逐年减弱,同一时期,国家还取消了对苏南农村地区的税费优惠政策。对于集体企业而言,制度带来的好处已基本消失。另外,江苏省引进外资与新加坡合作开发工业园区,使得外资企业大量涌入,这再一次对本省的集体企业构成冲击。所以,到1995年,苏南地区的乡镇企业出现全面滑坡迹象。在苏州,当年乡镇企业产值利税和固定资产投资均降到历史最低水平,全市30多个乡镇的乡镇企业出现全面亏损。正因如此,江苏省大力推动乡镇企业改制,明确产权归属和政企关系,带来了21世纪初江苏省民营经济具有实质意义的大发展。

(三)珠三角模式

20世纪80年代中期,国务院批准成立了珠江三角洲经济开发区。当时我国香港和澳门地区的一些制造业企业纷纷转移到珠三角东部的东莞、宝安等地,不少乡镇企业发现可以进行来料加工、来样加工、来件加工和补偿贸易(简称"三来一补")。通过这种"三来一补"的方式,珠三角地区可以与境外资本、境外市场对接。珠三角民营经济以这种方式快速发展,形成了具有明显外向型特征的民营经济模式,一直持续到1997年东南亚金融危机。

珠三角外向型民营经济的起步是宏观环境、人缘和地缘等因素共同作用的结果。在国际背景上,当时亚洲部分国家和地区已经完成工业化,它们需要将资本投向境外以寻求更为廉价的土地和劳动力。而当时的中央政府也赋予广东一些特殊政策,其中包括在对外贸易、工资调整、物价调整方面的灵活性。这些为珠三角民营经济的发展提供了得天独厚的条件。珠三角毗邻港澳地区,一直以来与其保持着密切的经济和社会联系。珠三角地区的乡镇企业大量吸收来自港澳地区的资本、技术、人才以及先进的管理经验。乡镇政府牵头选择项目,村民募集资本,同时组织招商引资,用土地换资本,从内地各省份广泛吸引劳动力发展劳动密集型产业。从20世纪80年代末期开始,一种由政府组织和民间力量共同推动,原料、资金和技术来自境外,产品也大都销往境外,土地和廉价劳动力由当地提供的民营经济模式在珠三角地区开花结果。

对珠三角民营经济模式的主要冲击来自1997年亚洲金融危机。金融危机之后,珠三角地区产品大量积压,资金周转困难。这也为珠三角民营经济敲响了警钟,促使其进一步应对和转变。在此过程中,珠三角民营经济开始表现出"代工升级＋自主创新"的"两条腿走路"模式。深圳市委、市政府提出以科教兴市为主的"二次创业"目标,并在 1995 年颁布了《关于进一步扶持高新技术产业发展的若干规定》。当时华为、中兴等深圳本土民营企业开始与境外科研机构展开大规模合作,比亚迪新能源材料研发中心落户深圳,马化腾创办腾讯公司,等等。这为后来珠三角民营经济的发展打下了坚实的基础。

　　尽管中央政府在改革开放的过程中所形成的法律和政策最终在全国都是一样的,但不同地区的民营经济为什么会具有如此大的差异? 如果我们不是将民营经济的发展看作一个偶然的单独事件,而是将其放在改革开放前后的一个连贯的历史时期中就会发现,改革开放之前一些地区的历史条件对其在改革开放之后的民营经济兴起具有重要的作用。美国学者苏珊·怀特(Susan Whiting)对无锡(苏南)和温州等地进行了研究,并认为这种差异化的格局很大程度上受改革之前国家投资模式的影响。相比于苏南地区的国有工业基础及珠三角的地理和政策优势,浙江温州算是真正的白手起家。温州当地的官员只有依靠民营企业才能推动当地的经济增长,增加财政收入。也就是说,对于白手起家的地区来说,无论是干部还是群众,面对当前的实际困难都更有紧迫感,而这种紧迫感让他们敢于绕开国家制度层面的远期目标去实现自我利益。这也让温州模式成为最接近于市场化的民营经济模式。

第三节　国有企业改制

　　国有企业和民营企业在调节时间贴现的问题上具有完全不同的路径。在极端的意义上,计划经济中的国营企业完全服从于国家战略的需要,其在生产上的时间贴现由国家进行安排。也就是说国有企业生产什么、如何生产并不像在市场中的民营企业那样根据消费者当前的意愿决定。国家为了长远的战略需要,通过行政手段强行压低国有企业自主生产的积极性,以确保国有企业具有较低的时间贴现。国有企业服务于国家战略需要,资本密集度高,无法完成在市场竞争中的比较优势选择,由此对国有企业形成了"战略性负担"。另外,改革开放之前,国家在资本密集的行业进行生产和投资,又将大量的城市人口就业安排在这些国有企业。因为有国家的财政拨款,国有企业这些过度安排的职工并不是企业本身的负担,却构成了"社会负担"。无论是"战略性负担"还是"社会负担",都属于"政策性负担"。

一、国企改革的初步探索与制度创新(1978—2001 年)

20 世纪 70 年代末期,国有企业所有生产决策都依赖于国家的战略需要,因而生产与需求脱节,同时也与市场经济错位。对于在国有企业吃惯了"大锅饭"的职工来说,由于旱涝保收,并没有感受到市场竞争带来的紧迫感。"社会负担"因此也意味着国有企业职工本身具有的制度依赖。

1984 年,党的十二届三中全会提出"增强企业活力是经济体制改革的中心环节"。当时国营企业经营管理各项权力集中于国家,政企职责不分,职工们吃"大锅饭"。国有企业也没有积极性和主动性去从事生产活动。"简政放权,企业分利"也成为国企改革的最早思路。这个思路的核心目的就是让企业自主决策,自由安排生产。说到底就是对国有企业的时间贴现开始松绑。"扩大企业自主权"取得了试点企业效益好转等成效,但也带来了"企业尽量利用各种方式方法增加留成利润但上缴利润增长很少"等新问题。后来在地方经验的基础上将利润留成制度改为盈亏包干制度,经济责任制也产生了"鞭打快牛"的负面效果。1983 年开始推行的承包制虽然取得了成效,但"包赢不包亏",重短期收益、轻长期投资等弊端也逐渐显露。这使得国务院在 1983 年初决定停止经济责任制规定的利润分配制度,开始实行"利改税",这是政府角色的一次重要转变和政企关系的重大改革。

1985 年开始,国营企业长期实行的"党委领导下的厂长负责制"转变为"厂长负责制"。实行经济责任制和厂长负责制也是对农村承包制的借鉴,"两权分离"也为承包制提供了理论基础。在此阶段后期(1985—1992 年),放权让利改革延伸到企业内部制度改革,开始改革企业经营方式,主要是探索税利分流经营、承包经营、租赁经营、股份经营等"两权分离"的有效途径,增强企业活力。

但是,厂长负责制并没有很好地解决委托—代理问题,国家作为委托人和实际负责企业运作的代理人,在时间贴现上依然无法有效地协调一致。国家希望企业能长期经营下去,而管理者希望短期内通过企业使自己的利益最大化。简而言之,为企业放权确实取得了一定效果,但根本问题还是没有得到解决。通过放权、让利、承包等制度安排将国营企业推向市场,短期内调动了企业的积极性,但企业发展的后劲仍然不足。到 1991 年底,国营企业出现了明亏、暗亏、盈利各占三分之一的情况。于是,国企改革需要更加全面的制度创新。

20 世纪 90 年代初,我国开始由计划经济向社会主义市场经济转型,国企进入新一轮改革,传统国有经济开始经历脱胎换骨的阵痛。当时,长三角和珠三角地区的外资企业和乡镇企业发展很快。两面夹击之下,国有企业步履维艰,非常困难。产品能不能卖出去,决定着企业的生死存亡,当时很多的国企都难过那一道关,就被淘汰了。1992 年初,国企掀起了以打破“铁饭碗、铁工资、铁交椅”(“破三铁”)为中心的企业劳动、工资和人事制度的改革热潮,被称为计划经济体制下国有经济经营机制改革的最后一战。这一改革措施得到了中央的首肯,并迅速在国有企业中广泛实施。

此前,所有的改革理念和措施都是针对经营层与国有资产管理层的,而“破三铁”第一次针对普通职工,解除了企业与工人的“终身劳动契约”,大家突然意识到,国有企业不再是“永远的保姆”和“不沉的大船”。而政企不分、经营机制不活和历史包袱沉重,是国有企业改革之难的主要症结。

1992—1994 年,国企历经三年高投入后进入困难时期。1997 年甚至出现国有企业三分之一亏损、三分之一盈利、三分之一保持平衡的局面。与此同时,1997 年亚洲金融危机对于原本已十分困难的国企来说,更是雪上加霜,其亏损更加严重。在这种背景下,1997 年的中央经济工作会议明确提出,用三年左右的时间,通过改革、改组、改造和加强管理,使大多数国有大中型亏损企业摆脱困境,力争到 20 世纪末使大多数国有大中型骨干企业初步建立起现代企业制度。

1993 年 7 月 13 日,中国社会科学院工业经济研究所周叔莲研究员在《光明日报》上发表了题为《关于国有企业产权的两个问题》的文章,提出所有制是发展生产力的手段,而不仅仅是意识形态意义上的目的。进而周淑莲和其他学者提出,国家只要抓住“关键少数”,搞好 500—1000 家大公司、大集团,就会为众多的中小企业提供更为广阔的生存空间。

1993 年 11 月,党的十四届三中全会进而指出,“建立现代企业制度,是发展社会化大生产和市场经济的必然要求,是我国国有企业改革的方向”,将现代企业制度的基本特征概括为“产权清晰、权责明确、政企分开、管理科学”。[1] 1993 年 12 月,《中华人民共和国公司法》的出台为建立现代企业制度

---

[1]　中共中央关于建立社会主义市场经济体制若干问题的决定[M].北京:人民出版社,1993:3,5.

和后来的公司制改革奠定了法律基础。国有企业建立现代企业制度具备了基本的政治和法律条件。

针对20世纪90年代出现的国营企业大面积亏损和经营困难等问题，1995年，国家正式提出"抓大放小"原则，主要思想就是收缩战线。对关系国计民生的国有企业实施大企业、大集团战略，让国有中小企业退出，让困难企业破产。在此基础上提出从战略上调整国有经济布局，并于1998年实施"国有企业改革攻坚和扭亏脱困三年计划"。1999年9月，党的十五届四中全会审议通过了《中共中央关于国有企业改革和发展若干重大问题的决定》，提出调整国有经济布局要"坚持有进有退，有所为有所不为"，确立"从战略上调整国有经济布局""推进国有企业战略性改组"的方针，同时实施"三改一加强"（改革、改组、改造和加强管理）。①

20世纪90年代初期，在广东第一次出现了"下岗"这个新名词，作为"主人翁"的工人开始接受离开工厂自谋生路的事实。比如国营广州无线电厂濒临破产，裁员1000人，其中330人自此彻底离开工厂，给予每人1300元的"工龄补偿"。这种"买断工龄"的方式很快被广泛采用，各地给出的价格也不一样。在南方沿海地区，人们普遍能够接受这种方式，因为他们自主创业的意识更加强烈。而在北方很多老工业基地，人们已经习惯于依靠企业生活，这种以厂为家、子承父业的生活方式让他们无法独自面对生活。他们的生存压力与日俱增。如果不能有新的收入来源，买断工龄意味着他们的生活水平将一路下滑。

此次国企改制可以从时间贴现的角度给出两个方面的解释。一方面，就"抓大放小"原则而言，被保留的大企业、大集团继续承担着国家的"战略任务"，拥有了比之前更加有力的国家支持，在各自的垄断产业形成了对民营经济来说更加坚固的壁垒。那些被放掉的中小企业在时间贴现上被松绑，它们可以在市场中自己解决"为谁生产""何时生产"等一系列问题。被放掉的中小企业同时增强了民营经济的力量。另一方面，关于"下岗"问题，国营企业的职工如果早就挣脱了体制的束缚，下岗对于他们而言就不存在什么冲击。而对于那些极度依赖体制的职工来说，他们对当前的生活从根本上缺乏应变能力，长期稳定的生活让他们具有制度依赖性。国企改制其实就是强迫这个群体去提高时间贴现，从而适应市场经济中的竞争环境，或

---

① 中共中央关于国有企业改革和发展若干重大问题的决定[M].北京:人民出版社,1999:5,7,9.

者说强迫这些时间贴现较低的人加入民营经济之中。

二、国企改制与企业经营

国有企业在新中国成立之初便与国家战略紧密相关,而国企改制也发生在国家战略调整之后。新中国成立之初,国家的战略目标是构建和巩固社会主义体制,尽快实现工业化。于是将有限的资源用于优先发展重工业便成为顺应大势之举。但在统收统支的计划经济体制下,首先是人们的现实需要无法被满足,从而也缺少激励去实现国家的战略目标。为了获得社会稳定,需要调整国家战略目标。战略目标的调整也就意味着国有企业制度的变革。

改革开放初期,国企制度落后于国家战略调整,按照 1984 年党的十二届三中全会的总结,即政企不分,条块分割,国家对国企统得过死,忽视商品生产、价值规律和市场作用,分配中平均主义问题严重。因此当时国企改革的主基调就是"放权让利"。在此精神指导下,国家出台了许多放权让利的具体政策,集中在国务院颁布的《关于进一步扩大国营工业企业自主权的暂行规定》,除产品销售、人事任用和收入分配等十项放权规定外,还允许企业在完成计划之外可以根据市场需求生产和销售产品。于是形成了所谓的"双轨制"。虽然让企业有了更多的自主空间,但同时带来的问题便是腐败的滋生和泛滥。腐败的产生是因为人为地将商品或原材料的价格压低到市场价格之下,其中的差价产生了寻租的机会。

与此同时产生的另一个问题就是"软预算约束"。这个提法最早由经济学家雅诺什·科尔奈提出,并在国内得到广泛认同。由于国家统收统支的政策,国有企业缺乏独立经济核算,无偿使用国家资金。大量的无效投资导致企业效率低下。为了解决这一问题,国家预算安排的基本建设投资由财政拨款改为银行贷款("拨改贷")。同时将企业的利润上缴改为征收 55％ 的所得税("利改税")。但国有毕竟会得到特殊照顾,这种政策上的转变并没有从根本上消除国企对政府的依赖,只是将原来的财政负担转嫁给了刚刚成立的商业银行。

之前的国企改革虽然暂时缓解了企业经营上的一些困难,但并不具有持续性。其中的原因仍然在委托—代理关系中。进入市场的先决条件是拥有具有企业家精神的职业经理人。但当时国企中的代理人并不对企业的盈亏负责,从根本上缺乏经营国企的积极性。针对这种情况,国家根据当时农村改革的经验在企业层面推行"承包制"。20世纪90年代中期之前,"承包制"成了国企改革的主要形式。但"承包制"并没有彻底解决委托—代理问题。政府在与企业签订的合同中加入各种烦琐的条款,代理人则在承包中"包盈不包亏"并滥用管理权。当时我国法律制度还不够完善,针对国有资本的监管体系和资本市场都不健全,由此导致了国有资产的流失问题。

针对当时出现的这些问题,国家继续制定和实施推进国企尤其是大中型国企改革的政策。这些政策主要是为国企减轻负担。首先,1995年国家开始允许试点企业解雇多余的人员,随即"下岗潮"正式拉开帷幕。为了维护社会稳定,国家在大力开展再就业的同时跟进了社会保障体系的建设。其次,"拨改贷"并没有从根本上解决国有企业的软预算约束问题,因此,国企还是累积了还本付息的巨大债务负担。这些债务负担同时也威胁着我国相对不成熟的金融体系。于是类似于"债转股"的政策旨在为国企减轻债务负担。再次,继续建立现代企业制度,其中的基础仍然是所有权和经营权的分离。"产权清晰、权责明确、政企分开、管理科学"依然是现代企业制度的核心。最后,国家于2003年成立了国有资产管理委员会(简称国资委),并通过了《企业国有资产监督管理暂行条例》。至此,所有国有资产最终有了一个单一的"委托人"。国资委通过各种制度建设监管国有企业,完善股东大会、董事会和监事会的功能。构建企业管理的薪酬管理制度,强化对高管的长期激励。

三、国企改制与民营经济

20世纪90年代的国企改制与民营经济之间具有怎样的关系? 总体来说,国企改革对于民营企业来说,是一次历史性的机遇。

首先,在"抓大放小"的政策中,中小型国有企业转变为民营经济的一部分。20世纪90年代初期,学界普遍形成了一个共识,通过"包""租""卖"的方式将中小型企业民营化。其中"包"不如"租","租"不如"卖"。国企数量在1993年首次出现减少的现象,并且,1995年之后出现了大规模民营化浪潮。在此趋势下,国企面临着巨大的竞争压力,1995年、1996年两年出现了大面积亏损的情况。

其次,针对"抓大"而言,那些利润空间巨大并且是生产过程中的关键行业的行业也因为政府的集中保护而对民营经济设置了更大的壁垒。政府通过对大型国企的庇护而增强了该行业的垄断势力。国资委对国企规模进行重组的过程中,那些不能在行业进入前三的企业将被重组。以央企为代表的大型国企对重组表现活跃,企业规模也迅速扩大,但绝大多数利润都来自中石油这样的公司。一些研究还发现,国家垄断行业的技术进步缓慢,全要素生产率同样缓慢上升,甚至出现下降,从而让市场经济在这些行业中很难发挥作用,更无从在这些行业中检验究竟是"市场失灵"还是"政府失灵"。

最后,民营经济为国企改革提供了坚强的后备保障。与其他国家国企改革伴随着大量失业相比,我国的民营经济已经开始发展,从而为国企改革过程中的失业提供了有力的后备保障。不管是民营经济还是外资经济,都有效地吸收了国企改革中下岗的劳动力。

改革后,国企会更加高效、灵活地进行经营活动,为行业发展注入新的动能,并且更加注重市场化的运作方式,优化资源配置,带来更加公平、透明的市场环境,推动整个市场的效率提高,为民营企业提供更广阔的发展空间。也能够打破原有的行业垄断,为民营企业提供更多的机会,有助于营造利于民营企业发展的公平的竞争环境,打破官商勾结的利益链,保护民企的利益。

第四节　乡镇企业改制

中国乡镇企业在 20 世纪 80—90 年代初这 10 余年的快速增长有力地推动了中国经济的高速发展,同时,其也成为从计划经济向市场经济过渡的转轨国家的亮点。然而,随着市场经济在中国的初步确立,国内市场逐步从卖方市场向买方市场过渡,国际市场发生较大的动荡,特别是 1997 年亚洲金融危机的巨大打击,再加上乡镇工业企业制度环境的演进以及自身的一些因素,中国乡镇工业在 90 年代中后期发展速度趋缓,企业的整体效益下滑,一些企业甚至面临停产关闭。90 年代中后期乡镇企业发展过程中最引人注目的变化是乡镇企业的改制。而对改制问题的研究成为 90 年代末期农村问题研究的焦点。改制并不仅仅是为了改变乡镇企业产权不清的状况,政府的财政压力是乡镇企业产权制度变迁的根本原因。乡镇企业的改制对我国农村地区的社会经济发展造成了极大的影响,特别是对 20 世纪末我国乡镇的财政收入、职工的工资和福利、农村剩余劳动力的转移造成了比较大的影响。①

---

① 杨晓光,樊杰. 20 世纪 90 年代中国乡镇企业变革及其地方效应[J]. 地理学报,2008(12):1268-1276.

一、乡镇企业的起步(1978—1992 年)

乡镇企业源于人民公社时期的社队企业。在人民公社创建的时候,中央要求发展地方工业,制定"群众办企业""社队办企业"的政策,人民公社纷纷建立各种小型煤窑、电站、水泥厂、农具修理厂等。1958 年底,全国兴办社队企业 602 万家,总产值 62.5 亿元,约占全国工业总产值的 5.8%。后来随着人民公社体制的调整,中央逐渐对大队和公社办企业进行限制。20 世纪 70 年代初期,中央鼓励各省建立自己独立的工业体系,加上"文革"时期的混乱,反而给予农村发展社队企业以空间,"五小"工业(小钢铁、小煤矿、小机械、小水泥、小化肥五种工业企业)遍地开花。1970—1976 年,社队企业产值从 92.5 亿元增长到 272 亿元,平均每年递增 25.7%。1978 年,社队企业数量达到 152 万家,产值达 493 亿元。

1978 年党的十一届三中全会之后,改革从农村开始。家庭联产承包责任制极大地调动了农民的积极性,粮食增产,农民增收。1978—1984 年,全国粮食产量由 30477 万吨增加到 40731 万吨,年均增速 4.95%,棉花产量由 216.7 万吨增加到 625.8 万吨,油料产量由 521.8 万吨增加到 1191 万吨。农村和农业的生产力得到了极大的发展和释放。与此同时,粮食的富余也增加了人员和商品在城乡之间的流动,一些农民商贩开始成为城市的常住人口。随着农村生产力的提高,农村开始出现越来越多的剩余劳动力。此时由于城市经济体制改革尚未开始,城市经济体系中第二、第三产业无法容纳足够数量的剩余劳动力。于是乡镇企业大量兴起,实现了"离土不离乡,进厂不进城"。乡镇企业成为农村经济的重要支柱。1978—1984 年,乡镇企业单位数由 152.4 万个增加到 606.5 万个。职工人数由 2826.6 万人增加到 5208.1 万人,总产值由 493.1 亿元增加到 1709.9 亿元。乡镇企业的发展增加了商品的供给,是农村工业的发展与民营经济的起步。

1988 年之前,民营企业并不被中央提倡,民营经济的发展全都依靠地方政府的保护和默认。1984 年,中共中央颁布《关于 1984 年农村工作的通知》,强调农村个体工商户和专业户雇佣不应超过 7 人。安徽芜湖年广久创办的"傻子瓜子",雇了 12 个无业青年当帮手。这个"娄子"算是"捅到了天上"。于是社会上掀起一片争论:多雇 5 个人算不算"剥削"? 这场争论因为邓小平同志的讲话而得到平息。[①] 1988 年 4 月，第七届全国人民代表大会第一次会议通过宪法修正案，宪法第十一条增加规定："国家允许私营经济在法律规定的范围内存在和发展。私营经济是社会主义公有制经济的补充。国家保护私营经济的合法的权利和利益，对私营经济实行引导、监督和管理。"[②] 乡镇企业从它诞生的那一天起，就具有很强的社区属性。乡镇企业不仅追求利润最大化的目标，同时还要兼顾社区充分就业、社区居民收入和福利、乡镇财政收入等目标。

二、乡镇企业的蜕变（1992—2001 年）

1988—1992 年，国有部门的全要素生产率年度增长 2.5%，城市集体部门 4.9%，乡镇企业 6.9%。同一时期的劳动生产率分别增长 4.7%、13.8% 和 17.7%。1992 年，党的十四大明确提出了建立社会主义市场经济体制的改革目标。我国的市场化程度也随之从 1992 年之前的 60% 提高到 1993 年的 63%，并逐年攀升。[③] 乡镇企业改制也如火如荼。1996 年出台的《中华人民共和国乡镇企业法》规定，乡镇企业是指农村集体经济组织或者农民投资为主，在乡镇（包括所辖的村）举办的承担支援农业义务的各类企业。此处的"投资为主"是指农村集体经济组织或者农民投资超过 50%，或者虽不足 50%，但能起到控股或者实际支配作用。

1992 年邓小平南方谈话之后的两三年内，地方政府纷纷加大投资规模，大办地方企业。1992 年和 1993 年社会固定资产投资规模分别比上年增长了 44% 和 62%，其间集体经济的投资规模分别增长了 95% 和 70%。在宏观经济的层面出现了"两个比重"的下降。"两个比重"分别指财政收入在国内生产总值中的比重和中央财政收入在财政总收入中的比重。第一个比重衡量国家在经济增长中收取税收的能力，第二个比重衡量中央政府集中国家财力的能力。第一个比重在 1985 年之后共下降了 25%。第二个比重在 1984 年是 40.5%，但 1985 年财政包干之后到了 1993 年下降到 22%。分税

---

①　1984 年 10 月，在中央顾问委员会第三次全体会议上，邓小平同志指出："前些时候那个雇工问题，相当震动呀，大家担心得不得了。我的意见是放两年再看。那个能影响到我们的大局吗？如果你一动，群众就说政策变了，人心就不安了。你解决了一个'傻子瓜子'，会牵动人心不安，没有益处。让'傻子瓜子'经营一段，怕什么？伤害了社会主义吗？"见邓小平. 邓小平文选：第三卷[M]. 北京：人民出版社，1993：91。

②　中华人民共和国宪法[M]. 北京：人民出版社，2004：41.

③　史晋川. 中国民营经济发展报告[M]. 北京：经济科学出版社，2018.

制让地方政府财政收入减少,削弱了地方政府的财权,进一步增加了地方政府在竞争中的紧迫感,提高了地方政府的时间贴现,进一步推进了地方政府行为的"市场化"。由于地方政府更加关注本地区的税收收入,因此分税制迫使地方政府放弃对本地税收贡献较小的乡镇企业,转而发展税收贡献较大的私营企业和外资企业。

三、乡镇企业改制与民营经济

在 20 世纪 80 年代,乡镇企业是非国有部门中占支配地位的所有制形式。乡镇企业在法律上归地方集体所有,但事实上许多乡镇企业是由企业家或村委会主任—企业家创办和控制的,即所谓的"红帽子"企业。将它们登记为地方集体企业,只是因为在它们成立的时候,私有企业是非法的或在政策与意识形态中受歧视。随着市场化改革的进一步深入,许多企业的创始经营者预期,他们某一天能够赎买他们所创立的企业的可能性很大。乡镇企业最开始有乡(镇)办和村办,但性质上都属于集体企业。乡镇企业所拥有的资金或来自集体的资金积累,或来自社区成员的集资。因为产权归属集体,具有模糊不清的特征,所以最终的控制权和收益权都在政府手里。这样一种产权制度安排在短期内可以促进市场化改革,因为可以在不触及国家基本制度的情况下让个人获得更多的市场化收益。由此,其在短期内调和了国家战略和私人需求之间的关系。但长期来看,集体企业依然不能调和个人和基层政府之间的利益不一致,最终的产权模糊会阻碍企业自身的发展。地方基层政府既可以用乡镇企业支持市场化改革,也可以用乡镇企业阻碍市场化改革,无论哪一个选择,地方政府都有利益卷入其中。

乡镇企业改制的本质在于让原本模糊的产权变得清晰。乡镇企业在改制的过程中既有诱导性变迁,也有强制性变迁。前者正是因为集体经济与国家计划体制下的基本制度相容,同时参与者也能获得现实利益。后者是因为当集体经济发展到一定程度时,继续推进改革就需要克服既得利益者的阻碍。乡镇企业改制之所以可能,是因为其中的阻碍仅仅来自地方权力。作为企业经营者的民营企业家拥有企业信息上的优势,为了获取他们的利益并积极推动产权清晰,民营企业家们会积极利用这种信息优势。从中央政府的角度看,积极推进市场化改革是国家的战略目标,不能动摇。产权清晰化仍然是积极推动市场化改革的必要手段。从地方权力来看,虽然短时期内将乡镇企业牢牢地控制在自己的手中会获得利益,但长期来看,这种控制最终只能让乡镇企业走向倒闭。为了获得更多的税收收入,推动乡镇企业改制也是明智之举。

从1992年开始,全国的乡镇企业进行第一次改制,大部分是股份合作制改革。这次改革,初步明晰产权,实现投资主体的多元化。1997年,产权模糊的乡镇企业加快了向现代企业制度的过渡,开始了第二次改制,到2000年底改制基本结束。两次改制为乡镇企业的发展注入了强大动力,也推动了民营经济的发展。

第七章　加入世界贸易组织与民营经济发展

2002—2012 年,中国正式加入世界贸易组织后,面临的国内外环境发生了巨大变化,民营经济进入了新发展阶段,驶入了快车道和实现了跨越式发展,民营企业数量和规模迅速扩张,全国个体工商户首次突破 4000 万户,十年间私营企业数量增长 3.46 倍,从业人员数量增长 1.03 倍,民营经济占国内生产总值的比重、民间投资占固定资产投资的比重双双超过 60%,民营经济成为推动经济发展的重要力量和社会主义市场经济的重要组成部分。本章回顾了我国加入世界贸易组织后民营经济发展面临的国内外环境及民营经济发展的主要成就和存在的问题。

第一节　民营经济发展的国际环境

2002 年,党的十六大提出的重大任务和进一步深化改革的总方向是"建成完善的社会主义市场经济体制和更具活力、更加开放的经济体系"①。我国以加入世界贸易组织为契机,坚持"引进来"与"走出去"并重,深入参与经济全球化和区域经济一体化,构筑起全方位、多层次、宽领域的对外开放新格局。这一时期的国际环境发生了深刻变化,世界多极化和经济全球化的趋势在曲折中发展,世界经济进行着新一轮的结构调整,发达国家的产业转向技术密集型、资金密集型、知识密集型,很大一部分劳动密集型产业向中国转移,中国逐渐成为世界工厂,民营企业搭上了中国经济融入全球化和全球制造业东移的顺风车,获得了快速发展的外部机遇。与此同时,国际金融危机、全球贸易壁垒、国际货币改革等外部重大事件频发,民营经济也逐渐

---

① 中国共产党第十六次全国代表大会文件汇编[M].北京:人民出版社,2002:19.

进入了转型升级的探索时期。总体来看,从 2002 年开始,民营经济在中国加入世界贸易组织后和不断扩大的对外开放中迎来了外向型发展的历史机遇。

一、全球化进程中的民营经济

2001 年,加入世界贸易组织使得中国更加快速地融入全球化进程,为中国民营企业参与全球化进程、参与国际竞争,并在国际竞争中发展壮大提供了前所未有的机遇。2002 年党的十六大以后,中国企业"走出去"进程加快,与此同时,民营企业经济实力大大增强,大型民营企业、企业集团数量大幅增加,在境内外上市的数量增多,并且开始注重利用国际国内"两个市场、两种资源",国际化程度大大提高,"走出去"投资、并购的行为日益增多。具体来看,2001 年,在 500 家进出口额最高的企业当中,民营企业只有 5 家,到 2010 年增加到了 44 家。2012 年度全国工商联上规模民营企业调研数据显示,在 2012 年的民营企业 500 强中,已开展海外投资的企业数量增加至 159 家,海外投资企业或项目都有大幅增长,从 2011 年的 584 家(项)增至 2012 年的 730 家(项),累计海外投资额达到 160.50 亿美元,增长 29.98%。2012 年,民营企业 500 强兼并收购海外企业的事件明显增多。这些都充分说明中国民营企业在加入世界贸易组织和新一轮开放中实现了规模不断增大、竞争力不断增强。

二、金融危机冲击下的民营经济

2005 年 1 月 1 日,根据加入世界贸易组织的承诺,我国全面取消了不符合世界贸易组织规则的进口配额和许可证等非关税措施,标志着中国入世"过渡期"基本结束。与此同时,中国按照入世承诺,不断降低关税总水平,从 1986 年申请"复关"时的 43.2%,逐步下降到 2001 年加入世贸组织时的 15.3%,再到 2011 年的 9.8%。中国按照承诺降低关税总水平,取消非关税措施,极大地改善了对外贸易环境,有利于包括民营企业在内的中国企业降低生产成本和扩大出口。但 2008 年全球金融危机和 2009 年欧洲债务危机相继爆发,经济低迷成为全球经济的新常态,民营经济遭遇了巨大的外部冲击,民营企业艰难寻求突围。尤其是 2008 年全球金融危机爆发,正积极融入全球化的中国民营企业面临内部和外部的双重挤压和冲击:一是内部挤压。中央 4 万亿资金的强力投入使中国经济与世界经济下行的现象产生"背离",呈现出"风景这边独好"的局面,但是 4 万亿资金流向民营企业的比例相对较小。二是外部冲击。由于外部出口需求锐减,人民币汇率快速升值,受到金融危机冲击的民营企业,特别是外向型民营企业的经营举步维艰,不少靠外贸加工业务的劳动密集型民营企业倒闭。数据显示,仅2008年上半年,中国就有6.7万家中小企业倒闭,其中多数为劳动密集型出口加工企业。在社会质疑声中,民营企业开始寻求转型升级,通过增加研发投入,增强自主创新能力,从劳动密集型向技术密集型转变,提高市场竞争力。

三、贸易摩擦日益频繁中的民营经济

除了国际市场需求发生变化,西方一些国家也在中国外贸企业加速前进的道路上频频设置"路障",我国出口产品频繁遭遇反倾销、反补贴、保障措施调查、特保措施调查、反规避、反垄断、美国337调查以及技术性贸易壁垒(如欧盟RoHS指令①、EuP指令②、REACH法规③),案件数量、案件类型、涉案金额都逐年大幅度增加。2013年,国家质检总局的调查数据显示,2012年,我国多达23.9%的出口企业受到国外技术性贸易措施不同程度的影响,国外技术性贸易措施导致我国全年出口贸易直接损失685亿美元,2012年有42家民营企业遭遇国际贸易摩擦,比2011年增加10家。值得肯定的是,当遭遇国际贸易摩擦时,采取应诉和起诉的企业比例明显增加,绝大多数企业能积极应对。一方面,表明我国民营企业在应对国际贸易保护主义抬头时的维权意识在增强;另一方面,显示出我国民营企业"走出去"的实力在增强,以及参与国际化经营的深度、广度、强度在不断发展。

第二节　民营经济发展的国内环境

从改革开放到21世纪初,中国经济实现了持续快速增长,生产力水平

---

① RoHS全称为《关于限制在电子电气设备中使用某些有害成分的指令》(Restriction of Hazardous Substances),即欧盟第2002/95/EC号指令,要求自2006年7月1日起,所有在欧盟市场上出售的电子电气设备必须禁止使用铅、水银、镉、六价铬等重金属,以及聚溴二苯醚(PBDE)和聚溴联苯(PBB)等阻燃剂。主要用于规范电子电气产品的材料及工艺标准,使之更加有利于人体健康及环境保护。

② EuP指令是欧洲议会和理事会于2005年7月6日通过的关于制定耗能产品生态设计要求的框架指令(2005/32/EC),旨在通过强化生态设计改善产品的性能,提高能源利用效率,最大限度减少对环境的负面影响。EuP指令是欧盟继WEEE(《报废电子电器设备指令》)和RoHS两大绿色指令后提出的又一项关于耗能产品环境化设计指令。

③ REACH全称为《关于化学品注册、评估、许可和限制的法规》(Registration, Evaluation, Authorization and Restriction of Chemicals),是欧盟对进入其市场的所有化学品进行预防性管理的法规。

迈上新台阶,商品短缺情况基本结束,市场供求关系发生重大变化,社会主义市场经济体制初步建立,市场在资源配置中日益明显地发挥基础性作用。此外,全方位对外开放格局基本形成,开放型经济迅速发展,对外经济关系发生重大变化。2002 年,党的十六大报告提出:"必须看到,我国正处于并将长期处于社会主义初级阶段,现在达到的小康还是低水平的、不全面的、发展很不平衡的小康,人民日益增长的物质文化需要同落后的社会生产之间的矛盾仍然是我国社会的主要矛盾。我国生产力和科技、教育还比较落后,实现工业化和现代化还有很长的路要走;城乡二元经济结构还没有改变,地区差距扩大的趋势尚未扭转,贫困人口还为数不少;人口总量继续增加,老龄人口比重上升,就业和社会保障压力增大;生态环境、自然资源和经济社会发展的矛盾日益突出;我们仍然面临发达国家在经济科技等方面占优势的压力;经济体制和其他方面的管理体制还不完善;民主法制建设和思想道德建设等方面还存在一些不容忽视的问题。"因此,党的十六大报告提出,"我们要在本世纪头二十年,集中力量,全面建设惠及十几亿人口的更高水平的小康社会"[①]。总体来看,这一时期,我国政治、经济、文化、对外开放等各领域建设进入了一个全新阶段,全面建设小康社会目标下的经济体制改革不断深入,人民生活水平不断提升,民营经济发展的制度和市场环境大幅宽松。正是在全面建设小康社会、完善市场经济体制、转变经济发展方式、推进社会主义新农村建设的进程中,民营经济展现出蓬勃的生机和活力。

一、民营经济发展的制度环境

2002 年 11 月,民营企业家党代表首次亮相党的全国代表大会,民营企业家的政治地位获得党和国家的正式认可。党的十六大报告指出:"根据解放和发展生产力的要求,坚持和完善公有制为主体、多种所有制经济共同发展的基本经济制度。第一,必须毫不动摇地巩固和发展公有制经济。发展壮大国有经济,国有经济控制国民经济命脉,对于发挥社会主义制度的优越性,增强我国的经济实力、国防实力和民族凝聚力,具有关键性作用。集体经济是公有制经济的重要组成部分,对实现共同富裕具有重要作用。第二,必须毫不动摇地鼓励、支持和引导非公有制经济发展。个体、私营等各种形式的非公有制经济是社会主义市场经济的重要组成部分,对充分调动社会

---

① 中国共产党第十六次全国代表大会文件汇编[M].北京:人民出版社,2002:17-18.

各方面的积极性、加快生产力发展具有重要作用。第三,坚持公有制为主体,促进非公有制经济发展,统一于社会主义现代化建设的进程中,不能把这两者对立起来。各种所有制经济完全可以在市场竞争中发挥各自优势,相互促进,共同发展。"①党的十六大首次提出,"必须毫不动摇地鼓励、支持和引导非公有制经济发展"。至此,"两个毫不动摇"出现在党代会报告中并一直沿用至今,标志着民营企业的政治地位变得更加牢固。

在法治保障领域,党的十六大报告强调,要"充分发挥个体、私营等非公有制经济在促进经济增长、扩大就业和活跃市场等方面的重要作用。放宽国内民间资本的市场准入领域,在投融资、税收、土地使用和对外贸易等方面采取措施,实现公平竞争。依法加强监督和管理,促进非公有制经济健康发展。完善保护私人财产的法律制度"②。2004年3月,十届全国人大二次会议通过宪法修正案,《中华人民共和国宪法》第十一条第二款修改为:"国家保护个体经济、私营经济等非公有制经济的合法的权利和利益。国家鼓励、支持和引导非公有制经济的发展,并对非公有制经济依法实行监督和管理。"③2007年3月,十届全国人大五次会议通过《中华人民共和国物权法》,提出"国家、集体、私人的物权和其他权利人的物权受法律保护,任何单位和个人不得侵犯"④,让民营企业的发展成果有了法律保障。2007年10月,党的十七大报告进一步提出,"坚持平等保护物权,形成各种所有制经济平等竞争、相互促进新格局"⑤。2008年1月,我国实施新的《中华人民共和国企业所得税法》,在纳税人、税率、税前扣除项目、税收优惠等方面为各类企业创造了公平竞争的税制环境,不断优化民营企业的生存环境。

在具体政策领域,2005年2月和2010年5月,国务院相继发布了《关于鼓励支持和引导个体私营等非公有制经济发展的若干意见》(简称"非公经济36条"或"旧36条")和《关于鼓励和引导民间投资健康发展的若干意见》(简称"民间投资36条"或"新36条"),要求各方面进一步解放思想和深化改革,消除影响非公有制经济发展的体制性障碍,确立平等的市场主体地

---

① 中国共产党第十六次全国代表大会文件汇编[M].北京:人民出版社,2002:24-25.
② 中国共产党第十六次全国代表大会文件汇编[M].北京:人民出版社,2002:26.
③ 中华人民共和国宪法[M].北京:人民出版社,2004:52.
④ 中华人民共和国物权法[M].北京:人民出版社,2007:5.
⑤ 胡锦涛.高举中国特色社会主义伟大旗帜 为夺取全面建设小康社会新胜利而奋斗——在中国共产党第十七次全国代表大会上的报告[M].北京:人民出版社,2007:25.

位,不断放宽市场准入条件,基础设施等 18 个行业向民营企业开放,公平竞争、平等进入的市场环境得到较大改善,民营企业投融资、税收、土地使用等政策也陆续推出。

"两个毫不动摇""非公经济 36 条""民间投资 36 条"以及《中华人民共和国企业所得税法》和《中华人民共和国物权法》等政策和法律相继推出或出台,阻碍民营企业发展的法律、法规和政策相继得到清理或修订。此外,我国资本市场在 2004 年、2006 年、2009 年分别成立中小企业板、新三板、创业板,民营企业融资渠道进一步拓宽。这一时期,民营经济发展的制度环境不断完善,民营经济在社会主义市场经济体制下的地位不断强化,民营经济发展的环境日益改善,并有力推动了民营企业的迅猛发展。

二、民营经济发展的市场环境

随着居民收入水平的提高,消费水平和消费结构会发生显著变化。根据美国、日本等发达国家的经验,可以把消费升级分为三个阶段:第一阶段是人均 GDP 在 1000 美元以下,消费结构表现为以食品和服装为代表的非耐用品占据居民消费的主体地位,这一阶段的居民消费主要表现在"吃穿"层面。第二阶段是人均 GDP 在 1000—3000 美元,消费结构表现为非耐用品支出比重开始下滑,而耐用消费品和服务支出的比重上升。其中,耐用消费品支出比重提升主要体现在机动车辆及零部件、家具和家用设备支出的增加上,服务支出比重提升主要体现在家庭经营和家庭服务支出的增加上。这一阶段的消费升级主要表现为从"吃穿"向"住行"升级。第三阶段是人均 GDP 在 3000 美元以上,消费结构表现为服务支出比重明显提升,耐用消费品支出比重增速放缓甚至有所降低,非耐用品支出比重继续下滑。其中,服务支出比重明显提升主要体现在医疗护理、金融服务和保险、娱乐项目支出的增加上,耐用消费品中的家具和家用设备支出持续下滑、机动车辆及零部件支出增速放缓。这一阶段的消费升级主要表现为从"住行"向"健康娱乐"层面升级。此外,根据马斯洛需求层次理论,人们首先要解决生理的需求和满足生存的需要,但随着物质生活水平的极大提高,消费者在马斯洛需求层次中的起点逐渐上移,开始更加关注社会需求、尊重需求、自我超越等高级需求。

改革开放之初,我国人民群众的主要需求在于满足温饱,生活必需品的供给随之增加,"衣""食""用"是主要需求,与之对应的是我国食品饮料、纺织服装和家用电器行业蓬勃发展。在"衣"和"食"需求得到一定程度的满足,大众市场普通商品的"用"也随之开始普及之后,人民群众的消费需求升级为更高要求的"住"和"行",与之对应的就是房地产行业和汽车行业。也就是说随着收入水平和消费水平的提高,传统消费与品质消费占比此消彼长,商品零售中食品类、服饰类、日用品类等生活必需品所占比重降低,居住类、交通类、通信类等体现生活品质的消费比重逐年提高。2002 年,我国人均 GDP 超过了 800 美元,正式进入世界中下收入国家行列,从 2002 年工业产品结构调整中可以看出,适应消费结构升级的消费产品产量快速增长,全年工业新产品产值比上年增长 24%。其中,微型电子计算机、移动电话机、半导体集成电路、彩色电视机等电子通信产品产量比上年增长 25.9%以上;纱、布、丝织品、服装增长 8.5%至 19.9%;汽车增长 38.8%,其中轿车增长 55.2%;钢和钢材分别增长 19.7%和 19.6%。2003 年,我国人均 GDP 超过 1000 美元。2012 年,我国人均 GDP 达到 6100 美元,已经进入中等偏上收入国家的行列。消费结构的演变会带动我国产业的发展和结构的升级,进一步带动民营企业的发展,尤其是在"吃、穿、用、住、行"中的食品饮料、纺织服装、家用电器、房地产、汽车等行业中产生和做大做强了大量民营企业,如食品饮料行业的杭州娃哈哈集团有限公司、汽车行业的浙江吉利控股集团等,彻底改变了以重工业和军工产业为主的计划经济模型,推动了民生产业的快速扩张,如浙江绍兴的纺织印染产业、广东东莞的纺织服装业及电子制造业和福建泉州的运动鞋服产业。

2000 年 10 月,党的十五届五中全会通过《中共中央关于制定国民经济和社会发展第十个五年计划的建议》,明确提出了"逐步推进城镇化"战略任务,并且对如何积极稳妥地推进城市化指明了重要的途径和方法。党的十六大开启了经济体制改革,随着社会主义市场经济体制的不断完善和市场化程度的不断提高,中国城市化的推动力量发生根本性变化,由单一的生产力和工业化推动变成由生产力和生产关系共同推动,即工业化和市场化的合力推动,形成势不可当的巨大力量。伴随着工业和服务业的快速发展,中国的城市化快速推进,城市化率从 2002 年的 39.09%提高到 2012 年的 52.57%。民营经济作为高度市场化的经济实体,其内在需求与城市化生成的内在需求是高度吻合的,在企业规模、经营方式、就业要求、满足居民需求等方面最能适应城市发展的需要。

民营经济是城市化的重要推手。城市化的重要标志是城市人口的增加,城市人口的增加首先是就业岗位和就业人口的增加,民营企业吸纳了大量新兴城市和大城市的就业人口。全国工商联的调查结果显示[①],2002年全国全社会就业总数为7.374亿人,其中国有单位就业人员7163万人,占全社会的9.7%,民营经济(含农业劳动力)就业占比高达90.3%;如果不包括农业劳动力(3.66亿人),民营经济吸纳的就业量为3.09亿人(其中乡镇企业就业人员为1.33亿人),占全社会就业总量的42%;民营经济在第二、第三产业的就业比重达到84%,民营经济在城镇中的就业比重已经超过70%。2012年,民营经济中的个体私营企业从业人员总计近2亿人。[②] 民营经济特别是中小企业的快速发展,为大量城镇无业人员、农村剩余劳动力、高校毕业生、国企分流人员等群体创造了众多就业岗位,成为吸纳社会就业、增加城乡居民工资性收入、不断改善人民生活的主要来源。此外,民营经济是市政公用事业的投资者和经营者,党的十六届三中全会通过的《中共中央关于完善社会主义市场经济体制若干问题的决定》明确指出,"清理和修订限制非公有制经济发展的法律规定和政策,消除体制性障碍。放宽市场准入,允许非公有资本进入法律未禁入的基础设施、公用事业及其他行业和领域"[③]。2002年,建设部印发了《关于加快市政公用行业市场化进程的意见》。民营经济随后以租赁、特许经营、建设—经营—转让(build-operate-transfer,BOT)、移交—经营—移交(transfer-operate-transfer,TOT)等方式不同程度地进入城市市政公用事业的投资、建设、经营和管理。而商品房制度诱发地产热和城市化建设快速推进,房地产、钢铁、水泥、化工、装饰材料等行业中出现了众多民营企业的身影。

民营经济是小城镇建设和发展的主力军。大量小城镇原来的工业基础非常薄弱,服务业也十分落后,除供销社等集体经济外,几乎没有国有经济。所以,小城镇和小城市从一开始,其建设和发展主要就是依靠民营经济,尤其是靠进入小城镇的农民开办工业和第三产业企业。

三、民营经济发展与互联网经济

1994年4月20日被称为中国互联网诞生之日,随后,清华大学等高校、科研单位计算机网等多条互联网接入,国家邮电部正式向社会开放互联网

---

① 黄孟复.中国民营经济发展报告No.1(2013)[M].北京:社会科学文献出版社,2003.

② 王钦敏.中国民营经济发展报告No.10(2012—2013)[M].北京:社会科学文献出版社,2013.

③ 中共中央文献研究室.十六大以来重要文献选编:上[M].北京:中央文献出版社,2005:466.

接入业务,互联网服务供应商(internet service provider,ISP)开始出现,以民营企业为主体的互联网创业浪潮渐起。

1994—2001 年,中国出现了第一次互联网创业浪潮和发展大潮,特征是互联网经济快速走进经济社会的方方面面,并成为创业的热门领域。1997年开始,以人民网为代表的中央门户网站开始逐步创立并发展,新浪、网易、新华通讯社网站等全国性新闻门户与上海热线、武汉热线等地方门户逐步建立起来,从而开启了互联网的门户时代。阿里巴巴、百度、盛大、天涯社区等一批民营互联网公司也在此时期创立,风险投资和互联网企业的融资环境得到极大的改善。而随着新浪、网易、搜狐三大门户先后上市,中国互联网第一次创业浪潮和发展大潮达到了顶峰。

2002—2012 年,中国出现了第二次互联网创业浪潮和发展大潮。特征是形成了移动互联网服务内容应用服务的直接提供者(service provider,SP)、网络游戏和网络广告三大盈利模式以及电子商务业务的崛起。2002年开始,由中国移动策动的短信 SP 业务,带动了新浪、搜狐、网易三大门户的短信信息服务的发展,一批新锐网站迅速崛起和成功上市,如 SP 领域的携程、盛大,网络游戏领域的完美时空、征途、金山、久游,以及电子商务领域的阿里巴巴陆续上市,在 SP、游戏、聊天、Q 币等娱乐化浪潮之后,电子商务的崛起拓展了中国互联网的深度和厚度,这些民营公司成长为引领中国甚至全球互联网经济发展的龙头,尤其是孕育了一批以百度、阿里巴巴、腾讯为代表的世界级独角兽民营企业,越来越多的人涌入互联网行业进行创业,信息经济中诞生了越来越多的民营企业。以互联网为载体的新经济形态与高科技产业的发展为民营经济的发展提供了新的契机。

四、民营经济发展与国有企业改革

1998—2002 年,国有企业系统进行了"抓大放小"和"国退民进"两轮重大重组改革,民营企业得到了极大的鼓励和发展。20 世纪 90 年代中后期,由于市场经济建设热情高涨和企业经营自主权扩大,全国掀起投资扩产高潮,导致出现严重的产能过剩,国有企业出现大面积亏损,加上 1997 年亚洲金融危机的冲击,国有企业到了举步维艰的地步。1997 年,党的十五大对国有经济提出"抓大放小""从战略上调整国有经济布局"的方针,国有企业开始从一般竞争性领域退出并集中在能源、电信、铁路等垄断行业。同时,大量国有企业改制,产权开始流转,国有企业中的管理者、技术骨干力量接手企业运营,1998—2000 年,国有企业的数量减少了 42%,下岗分流人数高达 3000 多万人,大量民营企业由国有企业和集体企业"改制"而来,"国退民进"使得私营企业在各行各业中崭露头角,迎来历史性发展大机遇,私营企业数量、注册资金、户均资本金、税收增长加快,成为各种经济成分中最具活力、发展最快的部分。

2003—2012 年,国有企业改革进入"国资监管"发展时期。中国工业化进程自 2002 年开始加快,产业结构重心从轻纺工业开始迅速转向重化工业,对煤炭、石油、电力、钢铁等资源品和机械、电子、交通运输等设备的需求激增,国有企业在这些传统重化工业中占据主导地位。为提高生产效率和盈利能力,2003 年,国务院国有资产监督管理委员会(简称国资委)正式挂牌成立,开启以股份制为主要形式和基于"归属清晰、权责明确、保护严格、流转顺畅"的现代产权制度改革。以国有资产管理体制改革推动国企改革,主要任务是由国资委负责监督管理国有企业,实现国有资产保值增值目标,解决以往国有经济管理部门林立、机构臃肿、监管效率低下的问题。按照党的十六大提出的改革方向和党的十七大进一步明确通过公司制股份制改革优化国有经济布局,这个时期的国有企业改革主要有以下几个方面。

一是国有资产管理体制的重大变革。2003 年 5 月,国务院颁布《企业国有资产监督管理暂行条例》;2006 年 4 月,国资委颁布《地方国有资产监管工作指导监督暂行办法》。新国有资产管理体制坚持"国家所有、分级代表"的原则,中央和地方分别成立专门的国有资产监督管理机构履行出资者职能,管人、管事和管资产相统一,坚持政企分开、所有制和经营权分离,企业自主经营。到 2006 年底,从中央到地市全部组建了国有资产监督管理机构,出台了 1200 多项相关监管规章和条例。

二是国有经济布局和结构调整取得积极进展。一批特大型国有企业重组部分资产在国外上市,通过主辅分离和改制推进了一大批大中型企业重组。到 2006 年,全国国有工商企业数量为 11.9 万家,已经比 1998 年减少了一半,中央企业的数量已经从 2003 年的 196 家减少到 2012 年的 112 家。2006 年底,国资委出台《关于推进国有资本调整和国有企业重组的指导意见》,明确了中央企业集中的关键领域和重组的目标,国有企业进一步集中。

三是国有企业股份制改革进一步推进,混合所有制经济已经有了长足发展。到 2012 年,我国工业企业中股份有限公司已经达到 9012 家,各类有限责任公司已经达到 65511 家,中央企业及其子企业控股的上市公司共有

378家,上市公司中非国有股权的比例已经超过53%。地方国有企业控股的上市公司681户,上市公司非国有股权的比例已经超过60%。截至2012年底,中央企业及其子企业引入非公资本形成混合所有制企业,已经占到总企业户数的52%。混合所有制工业企业数量占规模以上工业企业单位数的26.3%,资产占44.0%,主营业务收入占38.8%,利润总额占41.8%。

这个时期国有经济的战略性调整与国有企业的改革为民营经济的发展提供了新的资源配置的良好机遇。国有经济从竞争性产业领域的退出,特别是国有中小企业内部改革的深入是单一的国有产权向混合的非国有产权多元产权结构转化的过程,国有经济从中小企业退出来的改革不管采取何种形式,绝大部分国有中小企业会实行民营化,产生一大批国企改制衍生型民营企业。

这一时期,金融业改革和发展略显滞后制约了民营经济的快速发展。改革开放以来,我国金融业也随之改革,金融发展取得了长足的进步,为经济发展提供了重要支撑。但长久以来,我国金融发展格局是金融体系由国有银行主导,中小金融机构发展不足,民营资本进入空间有限,银行业资产占全部金融资产的90%以上,全社会融资风险仍高度集中于银行体系。由于金融市场间接融资比重高,资本市场尚处于"新兴加转轨"阶段,证券业业务结构雷同且业务种类单一,资本扩张和市场融资能力有限,未能对民营经济的发展形成足够的支持,因此民营企业融资难、融资贵问题非常普遍。因而,以中小企业为代表的民营经济在融资方面很难获得正规金融的相应支持,制约了民营经济乃至整个国民经济的进一步发展,同时也制约着中国金融业自身的健康发展。融资难、融资贵问题促使相当一部分民营企业在急需用钱的时候求助于民间借贷,正规金融与非正规金融并存的二元金融结构在现实中逐渐形成。长期以来,民间金融作为一种替代融资机制为民营经济的发展提供了出路,民间金融与民营经济共生发展。然而,2009年发生的"吴英案"引发了全社会对集资诈骗罪和民间借贷的空前关注和激烈讨论,引发了大众对民营经济的发展环境,尤其是金融环境和法治环境的关注,也使大众开始关注民营企业家们的生存状态和成长方式。

第三节　民营经济发展势头强劲

2002—2012年是中国经济和社会发展承上启下的重要十年,经济发展取得了巨大成就。一是经济实现高速增长。国内生产总值从2002年的

102398 亿元增长到 2012 年的 519322 亿元,按可比价格计算,总量增长了约
5 倍,年均增长 9.4%。二是产业结构不断优化。三次产业结构从 2002 年的
14.6%、51.7%、33.7%变化为 2012 年的 10.1%、45.3%、44.6%,第一产业
和第二产业比重均是持续下降,第三产业比重快速上升。三是对外贸易高
速增长。进出口总额、出口总额、进口总额和贸易顺差分别从 2002 年的
6208 亿美元、3256 亿美元、2952 亿美元、304 亿美元增长到 2012 年的 38668
亿美元、20489 亿美元、18178 亿美元、2311 亿美元,实际利用外商直接投资从
2002 年的 527 亿美元增长到 2012 年的 1117 亿美元。尤其值得注意的是,中
国在 2009 年成为世界第一出口大国,在 2012 年成为全球货物进出口规模最
大的国家。加入世界贸易组织后,中国对外贸易的迅猛发展有力推动了民营
经济的发展,支撑了中国国民经济增长,同时也给世界经济发展增添了动力。

2002—2012 年也是中国民营经济发生翻天覆地变化的十年,在实践中
实现了跨越式发展。民营经济在 2001 年中国加入世界贸易组织后迎来了
一个全新的发展阶段,入世为民营经济外向型发展提供了广阔的国际市场,
大量民营企业以低成本优势让民营制造业迅速出海。十年间,全国个体工商
户首次突破 4000 万户,私营企业数量增长了 3.46 倍,从业人员数量增长了
1.03 倍,民营经济占 GDP 的比重、民间投资占固定资产投资的比重双双超
过 60%。

一、民营经济的总体实力

从表 7-1 和表 7-2 中可以看出,2002—2012 年,民营经济迅速发展壮大。
截至 2012 年底,全国实有企业 1366.6 万户(含分支机构),实有注册资本
(金)82.54 万亿元,内资企业实有 1322.54 万户,实有注册资本(金)70.71
万亿元。实有外商投资企业 44.06 万户,注册资本(金)11.83 万亿元。内资
企业中,实有私营企业 1085.72 万户,注册资本(金)31.10 万亿元,户均注册
资本(金)达到 286.5 万元。实有个体工商户 4059.27 万户,注册资本(金)
1.98 万亿元,户均注册资本(金)达到 4.9 万元。

表 7-1　2002—2012 年私营、个体企业户数及增长率

年份	私营企业户数/万户	增长率/%	个体工商户户数/万户	增长率/%
2002	263.83	20.0	2377.5	−2.3
2003	328.72	24.8	2353.2	−1.0

续表

年份	私营企业户数/万户	增长率/%	个体工商户户数/万户	增长率/%
2004	402.41	22.4	2350.5	-0.1
2005	471.95	17.3	2463.9	4.8
2006	544.14	15.3	2595.6	5.3
2007	603.05	10.8	2741.5	5.6
2008	657.42	9.0	2917.3	6.4
2009	740.15	12.59	3197.4	9.6
2010	845.52	14.24	3452.89	7.99
2011	967.68	14.45	3756.47	8.79
2012	1085.72	12.20	4059.27	8.06

资料来源:国家工商总局。

表 7-2   2002—2012 年私营、个体企业注册资本(金)及增长率

年份	私营企业注册资本(金)/万亿元	增长率/%	户均注册资本(金)/万元	个体工商户注册资本(金)/万亿元	增长率/%	户均注册资本(金)/万元
2002	2.48	35.9	94.0	0.38	10.1	1.6
2003	3.53	42.6	107.4	0.42	10.7	1.8
2004	4.79	35.8	119.0	0.51	20.8	2.2
2005	6.13	28.0	129.9	0.58	14.9	2.4
2006	7.60	23.9	139.7	0.65	11.4	2.5
2007	9.39	23.5	155.7	0.74	13.6	2.7
2008	11.74	25.0	178.6	0.90	22.52	3.1
2009	14.65	24.8	197.8	1.09	20.55	3.4
2010	19.21	31.14	227.1	1.34	23.31	3.9
2011	25.79	34.27	266.5	1.62	20.84	4.3
2012	31.10	20.59	286.5	1.98	22.19	4.9

资料来源:国家工商总局。

二、民营经济的巨大贡献

从表 7-3 中可以看出,2012 年私营规模以上工业企业增加值累计增速

为14.6％,较2011年出现了一定程度的回落,但仍高于国有工业企业6.4％和全部工业企业10.0％的平均水平。此外,2002—2012年私营规模以上工业企业增加值增长速度均明显高于其他企业。

表7-3 工业增加值及各所有制规模以上工业企业增加值增长速度

单位:％

年份	工业增加值	国有及国有控股企业	私营企业	股份制企业	外商及我国港澳台地区企业
2004	16.7	14.2	22.8	16.5	18.8
2005	16.4	10.7	25.3	17.8	16.6
2006	16.6	12.6	24.4	17.8	16.9
2007	18.5	13.8	26.7	20.6	17.5
2008	12.9	9.1	20.4	15.0	9.9
2009	11.0	6.9	18.7	13.3	6.2
2010	15.7	13.6	20.0	16.8	14.5
2011	13.9	9.9	19.5	15.8	10.4
2012	10.0	6.4	14.6	11.8	6.3

资料来源:国家统计局、商务部。

从表7-4中可以看出,2012年,民营企业全年出口总额为7686.4亿美元,增长21.0％,高于整体增幅13.1个百分点,占比攀升了4.0个百分点,达到37.5％。这样的成绩,在外需普遍疲弱的2012年显得尤为不易。此外,2002—2012年民营企业出口比重不断上升,增速明显高于其他企业。

表7-4 2004—2012年各类企业出口情况

年份	总值/亿美元	同比增长/％	国有企业			外资企业			民营企业		
			金额/亿美元	比重/％	增长/％	金额/亿美元	比重/％	增长/％	金额/亿美元	比重/％	增长/％
2004	5933.3	35.3	1535.8	25.9	11.3	3385.9	57.1	40.9	1011.5	17.0	68.6
2005	7619.5	28.4	1688.0	22.1	9.9	4341.8	57.0	28.2	1589.7	20.9	57.2
2006	9689.4	27.1	1913.3	19.7	13.3	5637.8	58.2	29.8	2138.2	22.1	34.5
2007	12177.8	25.7	2249.3	18.5	17.6	6953.7	57.1	23.3	2974.8	24.4	39.1
2008	14285.5	17.3	2572.3	18.0	14.4	7906.2	55.3	13.7	3807.0	26.6	27.9

续表

年份	总值/亿美元	同比增长/%	国有企业			外资企业			民营企业		
			金额/亿美元	比重/%	增长/%	金额/亿美元	比重/%	增长/%	金额/亿美元	比重/%	增长/%
2009	12016.6	−16.0	1909.9	15.9	−25	6722.3	55.9	−15	3384.4	28.2	−11
2010	15779.3	31.3	2343.6	14.9	22.7	8623.1	54.6	28.3	4812.7	30.5	42.2
2011	18986.0	20.3	2672.2	14.1	14.1	9954.7	52.4	15.4	6352.9	33.5	32.0
2012	20484.2	7.9	2564.2	12.5	−4.0	10233.6	50.0	2.8	7686.4	37.5	21.0
2013	22100.2	7.9	2489.9	11.3	−2.8	10442.6	47.3	2.1	9167.7	41.5	19.1
2014	23427.4	6.0	2564.9	10.9	3.1	10747.3	45.9	3.0	10115.2	43.1	10.4
2015	22749.5	−2.9	2423.9	10.7	−5.5	10047.3	44.2	−6.5	10278.3	45.2	1.6

资料来源：国家统计局、商务部。

从表7-5中可以看出，截至2012年底，全国个体私营企业从业人员总计近2亿人，较2011年底增加1625.53万人，增长了8.88%。其中，私营企业从业人员达到11296.12万人，个体工商户从业人员达到8628.31万人，分别较2011年底增长了9.10%和8.60%。民营经济特别是中小民营企业的快速发展，为大量的城镇无业人员、农村剩余劳动力、高校毕业生、国企分流人员等群体创造了众多就业岗位，已经成为吸纳社会就业、增加城乡居民工资性收入、不断改善人民生活的主要来源。

表7-5　2002—2012年私营企业、个体工商户从业人员数量及增长率

年份	私营企业从业人员人数/万人	增长率/%	个体工商户从业人员人数/万人	增长率/%
2002	3247.5	19.7	4742.9	−0.39
2003	4299.1	32.3	4299.1	−9.4
2004	5017.3	16.7	4587.1	6.7
2005	5824.0	16.1	4900.5	6.8
2006	6586.4	13.1	5159.7	5.3
2007	7253.1	10.1	5496.2	6.5
2008	7904.0	9.0	5776.4	5.1
2009	8606.97	8.89	6632.0	14.81

年份	私营企业从业 人员人数/万人	增长率/%	个体工商户从业 人员人数/万人	增长率/%
2010	9417.58	9.42	7007.56	6.41
2011	10353.62	9.94	7945.28	13.38
2012	11296.12	9.10	8628.31	8.60

资料来源:国家统计局、国家工商总局。

三、民营经济的结构优化

表 7-6 和表 7-7 显示,从私营企业三次产业户数分布来看,2012 年,三次产业户数比重分别为 2.9%、26.8%、70.3%,产业结构远远优于全国平均水平。从具体行业看,私营企业户数增长最快的三个行业分别是交通运输、仓储和邮政业,金融业,信息传输、计算机服务和软件业。

表 7-6　私营企业三次产业户数分布

指标	2010 年		2011 年			2012 年		
	户数 /万户	比重 /%	户数 /万户	增长率 /%	比重 /%	户数 /万户	增长率 /%	比重 /%
第一产业	19.4	2.3	24.5	26.3	2.5	31.2	27.3	2.9
第二产业	244.4	28.9	269.5	20.3	27.9	290.5	7.8	26.8
第三产业	581.7	68.8	673.7	15.8	69.6	764.0	13.4	70.3
全国总计	845.5	100.0	967.7	14.5	100.0	1085.7	12.2	100.0

资料来源:国家统计局、国家工商总局。

表 7-7　分行业私营企业情况

行　业	户数/户		增长率/%
	2012 年	2011 年	
农、林、牧、渔业	311954	244558	27.6
采矿业	68660	65746	4.4
制造业	2201501	2071066	6.3
电力、热力的生产和供应业	44012	41043	7.2
建筑业	590858	516855	14.3

续表

行 业	户数/户		增长率/%
	2012 年	2011 年	
交通运输、仓储和邮政业	512354	258583	98.1
信息传输、计算机服务和软件业	439685	327576	34.2
批发和零售业	3668354	3513699	4.4
住宿和餐饮业	186334	161804	15.2
金融业	53326	37080	43.8
房地产业	385199	352737	9.2
租赁和商务服务业	1189682	1030257	15.5
科学研究、技术服务和地质勘查业	644828	558336	15.5
水利、环境和公共设施管理业	48569	40849	18.9
居民服务和其他服务业	307503	284895	7.9
教育	14037	12183	15.2
卫生、社会保障和社会福利业	13886	12179	14.0
文化、体育和娱乐业	136967	115050	19.0
其他	39460	32280	22.2
全国总计	10857169	9676776	12.2

资料来源:国家统计局、国家工商总局。

表 7-8 显示,民营经济组织结构进一步优化。随着市场经济的进一步发展和完善,企业组织形式和出资方式更加灵活,公司制企业发展迅速。截至2012 年底,私营有限责任公司和股份有限公司分别达到 906.6 万家和 3.9 万家,增长了 12.1%和 35.7%,占比分别达到 83.5%和 0.4%。

表 7-8 私营企业组织形式分布

企业类型	2010 年		2011 年		2012 年	
	户数/万户	增长率/%	户数/万户	增长率/%	户数/万户	增长率/%
独资企业	127.5	10.1	142.3	11.6	160.0	12.5
合伙企业	12.7	1.0	13.8	8.9	15.2	10.2
有限责任公司	703.2	15.2	808.7	15.0	906.6	12.1
股份有限公司	2.1	37.7	2.9	39.0	3.9	35.7

资料来源:国家工商总局。

表 7-9 显示,2012 年新增民营上市公司 123 家,累计所有民营上市公司数量达到 1288 家,占全部上市公司总量的 52.2%。此外,2012 年度全国工商联上规模民营企业数据显示,民营企业整体规模稳步提升,但增速放缓。2012 年,入选民营企业 500 强的年营业收入门槛达到 77.72 亿元,较 2011 年增加 12.03 亿元,增长 18.31%,增幅较 2011 年降低 11.51 个百分点;营业收入总额达到 105774.97 亿元,户均 211.55 亿元,增长 13.65%,增速较 2011 年下降 19.6 个百分点。但是,纳税总额和员工人数持续增长。2012 年,民营企业 500 强纳税总额达到 4334.78 亿元,比 2011 年增长 5.9%;民营企业 500 强员工人数达到 675.70 万人,比 2011 年增长 7.3%。

表 7-9　2006—2012 年全国民营上市公司情况

年份	民营上市公司数量/家	当年新增数量/家	增长率/%
2006	442	33	8.1
2007	509	67	15.2
2008	565	56	11.0
2009	639	74	13.1
2010	911	272	42.6
2011	1165	254	27.9
2012	1288	123	10.6

资料来源:万得数据库(Wind)。

第四节　民营企业的转型发展

企业的转型升级可以从转型和升级两个层面来理解:转型就是一种状态向另一种状态的转变,包括转行和转轨,前者表现为企业在不同产业之间的转换,后者表现为企业在原行业中不同发展模式之间的转变;升级就是企业提高迈向更具获利能力的资本和技术密集型经济领域的能力的过程,即企业在产业链和价值链上位置的提升,一般通过创新和整合来实现。通常情况下,企业的转型和升级是同时进行的,即企业在转型的同时伴随着管理、技术、工艺、产业、产品以及盈利能力等方面的创新和提升,从而更加适应经济社会发展的要求。总的来看,2002 年加入世界贸易组织给我国民营经济的发展带来了机遇和挑战两方面的影响。一是机遇。出口关税降低、竞争趋于公平、享受外企的溢出效应等为民营经济发展提供了助力。二是挑战。市场竞争加剧、创新能力不足、治理方式落后等给民营经济发展产生了压力。从今天来看,2002年中国加入世界贸易组织扩大了民营企业出口却延缓了其转型升级,2008年国际金融危机减少了民营企业出口但加速了其转型升级。

一、民营企业转型的压力与壁垒

民营企业转型升级既是企业发展的内在要求,又是企业顺应外部环境变化的必然选择,从中国民营企业的具体实践来看,是一个消解市场性壁垒和管制性壁垒的成长过程。

(一)民营企业转型的内外部压力

2002—2012年,民营经济实现跨越式发展过程中面临的国际国内环境发生了巨大变化,尤其是外部压力陡增。从国际环境看,2008年9月,国际金融危机爆发,我国民营企业面临严峻的经营形势。金融危机使世界经济格局发生了重大变化,全球经济进入中低速增长阶段,贸易保护主义和全球贸易摩擦加剧,人民币升值压力加大,直接影响我国的对外贸易。国际市场的压力从客观上要求民营企业必须加快转型升级步伐。从国内环境来看,一方面,我国正处于第三次消费结构升级阶段,生存型消费向发展型消费和享受型消费转变,为民营企业创造了广泛的服务业需求;另一方面,我国企业已经进入高成本时代。融资困难、生产成本上升、通货膨胀等一系列因素进一步加大了民营企业的生产经营压力。

长期以来,民营企业大多属于劳动密集型企业,从事传统产业,企业管理模式多为家族式管理,主要依赖低工资成本、低环境成本、低资源成本竞争和个体分散竞争,基本处于产业链分工的低端位置,缺乏核心技术和自主品牌,制约了民营经济的持续发展壮大和效益的提升。受到2008年国际金融危机和国内经济下行压力影响,民营企业,特别是民营中小企业普遍面临劳动力成本上升、原材料价格上涨、融资成本上升、盈利水平下降等问题。2012年,中国民营企业500强实现税后净利润4238.44亿元,比2011年下降3.39%,人均净利润在2012年出现明显下滑,从2011年的9.48万元/人降至8.12万元/人,大型和中小民营企业生存与发展的内部压力都在不断加大。从成本构成来看,原材料价格上升、节能减排压力增大、能源价格市场化和利率市场化改革、工资成本上升和社会保障水平提高等所带来的成本提高已成为发展的大趋势,以牺牲环境和劳动者福利获得低成本资源和廉价劳动力的时代已成过去。一些存在严重发展困难的民营企业的主要问题是缺乏适应能力和竞争能力,这些企业落后的产业形态已不能适应激烈的市场竞争的要求,不转型就有可能被市场所淘汰。一些民营企业面临严峻的生存困境,突出表现为"两难"(融资难和盈利难),外因是"两高"(成本高和税费高),内因是"两低"(产品附加值低和科技含量低)。因此,转型升级以提升科技含量和产品附加值是民营企业实现可持续发展的必然选择,唯有如此才能消化经营成本上涨的压力和获得市场竞争优势。

(二)民营企业转型的市场壁垒

从经济学的角度看,厂商进入某一市场时所遇到的任何困难和障碍,都是进入壁垒。任何降低进入可能性、缩小进入范围和影响进入速度的因素,都属于进入壁垒的范畴。市场性壁垒是指诸多经济因素导致潜在竞争者不能自由进入特定市场或有关产业的经济性障碍,主要有绝对成本优势、规模经济、产品差异化和对特有经济资源的占有这四种类型的市场性壁垒:一是绝对成本优势壁垒。在特定的产量水平上,行业内原有企业比潜在的或新进入的企业通常具有更强的低成本生产能力,这种能力使得潜在的或新进入的企业处于一种竞争劣势。这种壁垒主要来自现有企业通过专利申请而垄断工艺技术或产业标准,原有企业拥有高级的技术人员、管理人员而具有的人力资本优势,原有企业通过与供应商订立长期原材料等要素供应而具有的优势等三个方面。二是规模经济壁垒。根据产业内企业规模经济的要求,新进入市场的企业必须具有与原有企业一样的规模经济产量或市场销售份额,才能与原有企业展开有效竞争,才能在进入后在行业中立足,在这之前,新企业的平均总成本(由平均生产成本与平均交易成本确定)一定高于原企业,从而处于竞争劣势。三是产品差异化壁垒。原有企业提供的产品或服务往往具有实体差异与心理差异,前者指在产品质量、规格、功能和款式等方面与竞争产品有所区别,后者指赋予产品不同品牌、特殊的服务、创造不同的分销渠道,或者新颖独特的产品广告和促销活动造成顾客心理上的差异。新进入的企业,只有通过耗费大量成本实施自己的产品或服务差异化行为,如进行大量的广告、公共关系、人员推销、营业推广等促销活动,寻找新的目标市场或者争取原有企业的顾客转换品牌。四是特有经济资源的占有壁垒。通过控制特有的经济资源(如专利权、特许权和关键性的金属或非金属资源),可以阻止其他企业进入某一特殊市场或产业。这些壁垒往往都是原有企业具有"先发优势"和在位优势的市场竞争结果,是经济性进入壁垒,民营企业需要通过市场手段和经济手段进行破除。

(三)民营企业转型的制度壁垒

理论上,市场在资源配置中起基础性和决定性作用,但在现实经济中,由于信息的不完全和不对称、竞争的不充分、外部经济等因素的影响,市场对资源的配置往往被扭曲,此时政府的管制就成为调节经济的必要手段。在中国经济的转型过程中,由于政府的干预和市场的不完备,不同所有制的企业在市场中往往进行着不公平的竞争,一些地方政府对民营企业设置不合理或歧视性的准入条件,采取额外的准入管制措施,如自由裁量权、市场准入、审批许可、行业垄断、投资经营等方面各种形式的不合理限制和隐性进入壁垒,形成了管制性壁垒。长期以来,我国大多数民营企业仍主要分布在劳动密集型产业和简单产品加工行业,如纺织、服装、建筑、装饰、冶金、机械和食品等,一个重要原因便是民营企业面临管制性进入壁垒。部分地方在市场准入、项目招标投标等方面对民营企业设置了不合理的限制和隐性壁垒,民营企业受到了不平等待遇。一些民营企业往往采取边缘性进入策略,被在位者和管制者容纳,填补在位者的剩余市场,增加消费者福利。

二、民营企业产业内和产业间的转型

为适应形势变化,做大做强企业,民营企业迫切需要从主要依靠资源消耗和投资驱动向主要依靠资源节约和创新驱动转变,从传统产业低端低附加值生产方式向现代产业高端高附加值生产方式转变。2013年全国工商联中国民营企业500强调研分析报告显示,2012年,在中国民营企业500强中,有超过70%的企业制定了转型升级的详细战略目标和发展规划,有超过60%的企业在2012年明显加快了转型升级的步伐。主要做法有以下两点。

一是加大创新投入力度,提高创新能力和竞争能力。调查数据显示,2012年民营企业500强中,有272家企业获得了政府科技资金支持,覆盖率达到54.4%,比2011年增加了12.2个百分点;共获得政府科技资金67.7亿元,比2011年增长了58%。创新投入力度持续加大。2012年有377家企业填报了研发费用,合计1531.24亿元,户均4.06亿元,比2011年增长了14.67%,平均研发强度(研发经费投入占营业收入的比重)为1.8%。创新成果显著增多。500强企业共拥有国内有效专利90891项,比2011年增加33.0%;拥有国外有效专利11215项,比2011年增加78.5%。创新成效进一步凸显。2012年,有63%的500强企业获得了由新产品(新服务)或新工艺带来的收益,其中该类收入占比超过 50% 的企业有 72 家;总收入 100% 来源于自有商标产品的共有 231 家。

二是加大投资力度,增强产业实力和抗风险能力。2012 年,有 268 家企业进行了重大项目投产,占比为 53.6%。战略性新兴产业投资继续增加。进入了战略性新兴产业的有 182 家,比 2011 年增加 19 家,累计投资额达 3346.07 亿元,比 2011 年增长了 139.27%。投资节能环保产业、新材料产业和新能源产业的分别有 97 家、56 家和 36 家。积极参与国家区域发展战略。参与西部大开发战略的企业有 193 家,参与中部地区崛起战略的有 152 家,参与新农村建设和扶贫开发、东部地区率先发展、振兴东北地区等老工业基地等战略的 500 强企业数量也都有明显增加。国际化动力增强,步伐加快。开展海外投资的民营企业数量、项目数量都在迅速增加,与此同时,遭遇国际贸易摩擦和维护自身权益的企业比例明显增加,绝大多数企业能积极应对。如上所述,既表明民营企业在应对国际贸易保护主义抬头时维权的主动性和积极性在增强,也显示出我国民营企业"走出去"的自信心和竞争力在不断增强。

民营企业转型升级主要是遵循产业升级的两条路径:产业间转型升级和产业内转型升级。前者主要是从第一产业为主向第二、第三产业为主转变,从以劳动密集型产业为主向以资本密集型、技术密集型产业为主转变,从以制造初级产品为主向以制造中间产品、最终产品为主转变,主要表现出企业转行、创新、整合(企业并购重组)三种路线。后者主要是某一产业内部的加工和再加工程度逐步向纵深化发展,实现高加工度化与技术集约化,是产业自身的纵深化发展。产业内转型升级主要表现出两条路线:一条是遵循工艺(流程)升级—产品升级—功能升级—价值链条升级路线,另一条是指贴牌生产(OEM)—自主设计生产(ODM)—自主品牌生产(OBM)路线。

转型经济中民营企业逐步成长的路径特征是民营企业持续回应和消解进入壁垒的结果。我们以浙江民营企业代表吉利控股集团(简称吉利集团)为例[①],

---

① 吉利集团始建于 1984 年的浙江省台州市,1997 年进入汽车行业,现资产总值约 3300 亿元,员工总数超过 12 万人,连续进入全国企业 500 强和《财富》世界 500 强,在 2023 浙江省民营企业 100 强榜单中高居榜眼。吉利集团已发展成为一家集汽车整车、动力总成和关键零部件设计、研发、生产、销售和服务于一体,并涵盖出行服务、线上科技创新、金融服务、教育、体育等在内的全球型集团,旗下拥有吉利汽车、领克汽车、几何汽车、极氪汽车、沃尔沃汽车、Polestar、宝腾汽车、路特斯汽车、伦敦电动汽车、远程新能源商用车、太力飞行汽车、曹操专车、荷马、盛宝银行、铭泰等众多国际知名品牌。

详细说明这一时期民营企业转型升级的过程。吉利集团从 1984 年创业到 2012 年的转型，大致经历了以下四个发展阶段。

第一阶段(1984—1990 年):初遇壁垒,被迫退出。1984 年,吉利集团的创始人李书福用经营照相馆所得的 1222 元钱开办了黄岩县制冷元件厂(吉利集团的前身),生产电冰箱配件。1989 年,该厂年产值超过 1 亿元时,国家实行行业限制,进行电冰箱行业的定点生产。黄岩县制冷元件厂未能进入国家的定点生产企业名录,被迫退出制冷行业。考虑到自身企业的产权性质,李书福于同年将企业无偿赠送给当地政府。

第二阶段(1991—1996 年):再遇壁垒,借道进入。1991 年,李书福回到台州创立了吉利建筑装饰材料厂,生产出中国第一张镁铝曲板和铝塑板,在建材领域引起了巨大反响,为企业积累了巨大的资本,直到今天,其仍是吉利控股集团的主要利润来源之一。1994 年,吉利集团决定进入摩托车生产行业,但当时国家对摩托车生产实行行业管制,吉利集团自身不能进行摩托车生产。不同于 1989 年全面退出制冷行业,李书福这次成功与嘉陵摩托厂合资,借助对方的生产许可证,在台州生产嘉吉牌摩托车,并成功地生产出第一辆国产豪华型踏板式摩托车。到 1998 年,"吉利"摩托车产量达 35 万辆,不仅行销国内市场,还出口 22 个国家和地区,建材和摩托车生产为其提供了源源不断的资金流。

第三阶段(1997—2002 年):挑战壁垒,战略转型。1997 年,吉利集团涉足汽车制造业,投资 5 亿元在浙江台州开始经济型、家庭型汽车的研制与开发。1998 年,吉利第一辆汽车"吉利豪情"正式下线。但是直到 1999 年,吉利虽然仍未获得汽车生产许可而不能销售,但其经济型、家庭型汽车已形成批量生产规模。彼时在国家对汽车生产实行严格的目录管理制情况下,吉利曾一度因为未能获得汽车生产许可而举步维艰,幸运的是,随着 2001 年国家放松汽车生产管制,改目录管理制为公告制,吉利因之取得了轿车生产资质。2001 年 1 月,吉利第二款轿车"美日"上市。2002 年 8 月,吉利在台州路桥正式开工建设设计规模为年产 30 万辆轿车的台州吉利汽车工业城。与此同时,吉利加快寻求资金和技术方面的支持,先后与上海杰士达集团进行资产重组,与安雅咨询顾问有限公司签订咨询服务协议,计划两年内在海外上市并筹资 8 亿—10 亿元,与意大利汽车项目集团就家庭型轿车的设计达成战略合作协议,与韩国大宇国际株式会社签订全面技术合作协议。2002 年,吉利汽车产销量 4.78 万辆,同比增长 120%,占全国轿车产量的

4.38％，集团销售收入达 30.58 亿元，实现税利 2 亿余元，同比翻了一番。至此，吉利进入全国主流轿车制造厂家行列，进入全国企业 500 强。

第四阶段（2003—2012 年）：破除壁垒，扬帆出海。2003 年 1 月，吉利集团将管理、研发、销售三大总部从浙江台州总部迁到省会杭州，浙江吉利控股集团有限公司正式成立，并与中国光大银行签订战略合作协议，与香港国润控股达成境外资本发展合作协议。2003 年，吉利在中国汽车业知识产权第一案——日本丰田状告吉利汽车商标侵权案——中胜诉；2005 年，吉利汽车在香港正式上市；2006 年，吉利汽车入股英国黑色出租车生产商锰铜公司；2009 年，吉利汽车收购世界知名自动变速器生产商——澳大利亚 DSI（Drivetrain Systems International）自动变速器公司，开启自主 6AT 时代；2010 年，吉利汽车花费 18 亿美元收购 1927 年创立的瑞典沃尔沃汽车，实现"蛇吞大象"的联姻，享有沃尔沃技术使用权和部分技术所有权，用沃尔沃在国外的销售渠道来对自身品牌在国外进行推广销售，这是我国民营车企以及我国车企第一次收购进口高端品牌的汽车公司，提高了吉利汽车，甚至中国汽车工业在国际上的知名度，有助于将吉利旗下的各品牌汽车推广到亚洲乃至全世界。2012 年，吉利汽车全年累计实现销量 48.3 万辆，同比增长 15％，累计销量排名全国轿车企业第七，位居自主品牌第一位。其中，吉利汽车海外市场表现甚为抢眼，全年出口首次突破 10 万辆，同比涨幅高达 164％，在所有自主品牌车企中出口涨幅排名第一。另外在自主品牌轿车海外市场份额方面，吉利汽车也从 2011 年的 10％增长到 2012 年的 19％左右，位列全国 500 强第 71 位，并进入世界 500 强行列。

作为民营企业的代表，浙江吉利集团的创业、发展、转型升级正是不断突破市场性壁垒和管制性壁垒的过程，通过资本的"自我积累＋民间融资"、技术上的"局部模仿＋基础创新"消除市场性壁垒中的规模经济壁垒，通过建筑装饰材料中的中国第一张镁铝曲板和第一块铝塑板、国内摩托车行业中的中国第一台豪华型踏板、汽车行业中的经济型和家庭型轿车、跨国并购中的中国汽车企业第一次收购进口高端品牌等差异化产品定位和策略消除市场性壁垒中的差异化壁垒，通过不断尝试、调整战略、持续经营和扩大规模逐步消解了管制性壁垒，在产业间转型升级和产业内转型升级两条路径上披荆斩棘、踏浪前行，是中国民营企业转型升级的缩影和国际化发展的杰出代表。

加入世界贸易组织以后，我国"引进来"与"走出去"相结合的发展特征十分明显。一方面,加入世界贸易组织为我国民营企业提供了进入国际市场的难得机会,推动我国民营经济快速发展。另一方面,我国履行市场开放承诺,降低关税和逐步削减进口许可证、配额、外汇管制、技术检验标准等非关税壁垒,以及放宽市场准入条件和领域,逐步推进商业、外贸、金融、保险、证券、电信、旅游和中介服务等方面的对外开放,国外跨国公司凭借在资金、技术、人才、机制、品牌、信息、营销、管理经验等方面的优势加大对中国的投资力度,"引进来"实现外商投资大幅增加。但是,这一时期,随着"国内市场国际化、国际市场国内化",我国企业面临的市场竞争越发激烈,促使有条件的企业到境外投资办厂,大量企业在参与出口的同时开始"走出去"进行跨境投资。尤其是作为民营经济大省的浙江,提出了"跳出浙江发展浙江"的新思路。作为"走遍千山万水"代表的民营企业开始进行境外投资和并购,把境外投资作为二次创业的新平台,新一轮的境外投资热潮兴起。2001—2002 年,浙江省境外投资项目数达到 1081 个,总投资额为 50259 万美元。2003 年,万向美国公司收购美国洛克福特公司,宁波海天塑机集团在土耳其、巴西、墨西哥、加拿大等四个国家投资 800 多万美元设立生产基地和研发机构,浙江佳力科技在德国成立研发中心,浙江恒逸集团、精功集团在香港设立全资子公司。2012 年,以获取品牌、技术、营销渠道为主的浙江民企境外并购项目达 63 个,并购额 7.1 亿美元,涉及设备制造、新能源、批发、商务服务等行业,吉利集团在成功收购沃尔沃后,成为浙江第二家世界 500 强企业。浙江民营企业通过"走出去"更好地利用全球市场和资源,有力推动了民营企业发展壮大和产业转型升级,壮大了"地瓜经济"[①]。

---

① "地瓜经济"是浙江创新形成的市场和资源"两头在外"的高增长模式,核心思想是通过"走出去"和"引回来"相结合的方式,实现经济的快速发展,形象地描述了"跳出浙江发展浙江"的现象:地瓜的藤蔓向四面八方延伸以汲取更多的阳光、雨露和养分,而块茎始终是在根基部,藤蔓的延伸扩张最终为的是块茎长得更加粗壮硕大。20 世纪 90 年代开始,部分浙江人在越来越激烈的竞争中出走外地发展,各行业龙头企业也开始选择向外扩张,到全国各地甚至全世界投资。

第八章　新时代民营经济发展

2012 年以来,世界经济格局发生一系列新变化,中国经济稳健增长,为世界经济发展做出积极贡献,国际竞争越来越激烈,中国经济也由高速增长阶段转向高质量发展阶段。党的十八大以来,党中央、国务院出台了一系列促进民营经济高质量发展的重要举措,逐渐形成鼓励、支持、引导非公有制经济发展的政策体系,为民营企业的发展壮大注入了持久信心和不竭动力。近年来,我国民营经济在高质量发展与全面深化改革的时代背景下,呈现四个重要转变,包括市场化水平越来越高、市场主体地位越来越重要、营商环境越来越优化与转型升级态势越来越紧迫。本章回顾了新发展阶段以来民营经济高质量发展的探索,阐释了民营经济发展壮大面临的阶段性问题,并提出了有关的思路性建议与针对性对策。

第一节　新时代民营经济高质量发展的探索

2012—2021 年,中国经济总量从相当于美国经济总量的约 45％提升到约 77％,中国经济在全球经济中的重要性显著提升。这十年间,随着中国经济从高速增长迈向高质量发展新阶段,民营经济在国内生产总值(GDP)中的占比越来越高,并贡献了 50％以上的税收、70％以上的技术成果以及80％以上的城镇劳动就业岗位,已经成为中国经济增长的主要贡献者。民营经济已经成为社会主义市场经济的重要组成部分,是中国经济社会高质量发展的重要基础,也在推动中国经济高质量发展的进程中做出了新的探索。

一、民营经济不断发展壮大

中国特色社会主义进入新时代以来,党中央高度重视民营经济发展,出台了一系列政策,落实了一系列举措,推动营商环境持续优化。民营企业乘势而上,不断壮大,迈出了跨越式发展的步伐。

第一,民营经济发展规模再上新台阶。从企业数量看,我国民营企业数量从2012年的1085.7万户增长到2021年的4457.5万户,十年间翻了两番。同期民营企业在全国企业总量中所占的比重突破九成大关,达到92.1%。从税收贡献看,2012年,民营经济税收收入占全国税收的比重为48%;2013年,民营经济首次贡献全国税收收入的"半壁江山";至2021年,民营经济的税收贡献已达59.6%,占比迫近六成大关。2021年间,仅民营企业500强的纳税总额就达到1.37万亿元,占全国税收总额的7.91%。从开放发展看,2021年,我国有进出口实绩的外贸企业数量达56.7万家,其中,民营企业进出口19万亿元,增长26.7%,占我国外贸总值的48.6%,继续保持我国第一大外贸经营主体地位。2022年,我国有进出口实绩的外贸民营企业就达到51万家,增长7%,占有外贸实绩企业的85.3%。民营企业进出口总额达到21.4万亿元,增长12.9%,占进出口总值的50.9%,提升2.3个百分点,年度占比首次超过一半。十年间,民营经济总量越来越大,对经济增长的贡献率越来越高,民营经济作为高质量发展的重要基础,地位越来越牢。可以说,民营经济发展规模再上新台阶,取得了新的历史性成就。

第二,民营经济已经成为优化中国经济结构的重要力量。在推进中国经济结构转型的过程中,处处闪耀着民营企业的身影。随着民营经济总量的扩张和结构的优化,民营经济已经成为中国经济结构转型与产业升级的重要推动力。从数量占比看,2023中国企业500强榜单中,民营企业数量为244家,比2013年增加了54家,占比提高了10.8个百分点。在A股上市的民营企业数量,从2018年的1963家增加到2022年的3205家,五年间增长了63.3%。民营企业上市公司数量占比从2018年的55%提高到2022年的63.3%。从质量优化看,2022年中国战略性新兴产业领军企业100强中,民营企业占50家,共实现"战新业务"收入4.29万亿元,占比46%,主要分布在新一代信息技术、新材料以及新能源等领域。其中,收入超千亿元的战略性新兴产业领军民营企业达到10家。2023年中国跨国公司100强中,按照跨国指数排序的前20名中,有15家民营企业。民营企业以40%的资源创造超过 60％的国内生产总值,提供了全国 80％的日用消费品、60％以上的中高档消费品和 75％的生活消费服务,并不断向产业链、价值链中高端攀升,已经成为优化发展结构与质量的重要力量。

第三,民营企业已经站在了创新和全球竞争的最前线。一是技术走在前沿。从 2018 年到 2020 年,民营高新技术企业户数占全国的比重从 92.1％提升至 92.4％,销售收入占比从 66.2％提升至 70％。民营企业研发项目已占全国企业的 60％左右,发明专利申请数占全国的 50％以上,新产品销售收入占全国的 65％左右,一批民营企业正在成为中国广泛行业领域科技创新的领头羊。截至 2021 年底,我国已培育国家级专精特新“小巨人”企业 4762 家,带动省级专精特新中小企业 4 万余家,入库企业 11.7 万家,80％以上专精特新企业是民营企业。中国资本市场的创业板、科创板中,民营企业占 80％。民营企业在中国企业 500 强中已经超过一半。2022 年 4 月,中国有独角兽企业 356 家,数量仅次于美国,其中 90％以上是民营企业。以华为、腾讯、比亚迪、海康威视等为代表的一批大型科技型民营企业,不仅在国内担当着重要角色,在国际上的影响也日益扩大。二是研发走在前列。全国工商联发布的“2021 民营企业研发投入 500 家榜单”数据显示,前 500 家企业研发费用总额高达 7429 亿元,500 家企业累计拥有有效发明专利 33 万件。全国工商联发布的《2022 研发投入前 1000 家民营企业创新状况报告》显示,2021 年研发投入前 1000 家民营企业的研发费用总额为 1.08 万亿元,占全国研发经费投入的 38.58％,占全国企业研发经费支出的 50.16％;同比增长 23.14％,增速比全国高 8.5 个百分点,比全国企业高 7.9 个百分点;平均研发强度为 3.00％,同比增加 0.14 个百分点,比全国研发经费投入强度高 0.56 个百分点;研发人员总数达 165.38 万人,同比增长 9.97％;人均研发经费为 65.22 万元,比全国人均研发经费多 16.3 万元;54.7％的企业具备高技术、高成长、高价值属性。

二、民营经济发展环境不断改善

在从高速增长向高质量发展迈进的过程中,民营经济发展遇到了不少困难和问题。党中央对此高度重视,有关部门持续制定并落实支持民营经济发展的方针、法律与政策,在一些重要方面推进新举措落地。尤其是 2018 年,习近平总书记专门召开民营企业家座谈会,提出了要“正确认识当前民营经济发展遇到的困难和问题”,克服“发展中的困难、前进中的问题、成长中的烦恼""大力支持民营企业发展壮大"。①

第一,是在顶层设计上推动民营经济发展环境持续优化。2012 年 11 月,党的十八大提出,要"毫不动摇鼓励、支持、引导非公有制经济发展"。针对民营经济发展中面临的不公平问题明确提出,各种所有制经济依法平等使用生产要素、公平参与市场竞争、同等受到法律保护,并针对民营金融机构给出政策支持,为此后民营经济的快速发展提供了土壤。2013 年 11 月,党的十八届三中全会在《中共中央关于全面深化改革若干重大问题的决定》中明确提出:"公有制为主体、多种所有制经济共同发展的基本经济制度,是中国特色社会主义制度的重要支柱,也是社会主义市场经济体制的根基。公有制经济和非公有制经济都是社会主义市场经济的重要组成部分,都是我国经济社会发展的重要基础。"史无前例地用"重要支柱""根基""重要组成部分""重要基础"等表述强调非公有制经济的作用。此外,还特别强调"公有制经济财产权不可侵犯,非公有制经济财产权同样不可侵犯",并进一步指出,"保证各种所有制经济依法平等使用生产要素、公开公平公正地参与市场竞争、同等受到法律保护"。② 2016 年 11 月,《中共中央 国务院关于完善产权保护制度依法保护产权的意见》出台,更加明确地要求保护私人财产权利。2017 年 10 月,党的十九大报告对于民营经济的表述,着力点主要在对经济制度的完善,针对市场不公平特别是垄断问题强调,清理废除妨碍统一市场和公平竞争的各种规定和做法,支持民营企业发展,激发各类市场主体活力。完善产权制度被党的十九大确立为经济体制改革的两大重点之一。2018 年 9 月,《中共中央 国务院关于营造企业家健康成长环境弘扬优秀企业家精神更好发挥企业家作用的意见》发布,将尊重和保护企业家的重要性提到一个新高度。2021 年 11 月,党的十九届六中全会重申要坚持"两个毫不动摇",构建政商亲清关系,促进非公有制经济健康发展和非公有制经济人士健康成长。

第二,是在立法保护上推动民营企业发展环境的优化。2012—2021 年,全国人大先后制定和修订了若干重要法律,其中相当一部分法律都涉及民营经济发展和民营企业权利与义务。2018 年 3 月,全国人大将作为爱国统一战线的重要组成部分——"社会主义事业的建设者"——正式列入宪法。

---

① 习近平. 在民营企业座谈会上的讲话[M].北京:人民出版社,2018:7,10.
② 中共中央关于全面深化改革若干重大问题的决定[M].北京:人民出版社,2013:7-8.

而这个"建设者"包括民营经济领域的中高层管理人员。2018 年 10 月,第四次修正的《中华人民共和国公司法》将独资企业纳入公司法调整范围。2020 年 5 月颁布的《中华人民共和国民法典》,强调保障一切市场主体的平等法律地位和发展权益,民营经济公平竞争平等发展的制度环境得到法治保障。此外,其他重要法律还有:2016 年 3 月通过的《中华人民共和国慈善法》,对以民营企业为重要主体的各类慈善捐赠行为进行规范、支持和鼓励;2017 年 9 月修订的《中华人民共和国中小企业促进法》,为改善以民营企业为主的广大中小企业经营环境提供了法律保障;2019 年 4 月修正的《中华人民共和国反不正当竞争法》以及 2022 年 6 月修订的《中华人民共和国反垄断法》为给包括民营企业在内的多种所有制企业营造公平竞争、平等发展的良好环境夯实了制度基础。

第三,是在政策条例上推动民营经济发展环境的改善。2012—2021 年,国务院先后制定和修订了大量关于民营经济的政策法规,为民营经济的健康发展进一步提供了具体的法规政策支撑。主要法规有:《优化营商环境条例》《保障中小企业款项支付条例》《中华人民共和国市场主体登记管理条例》。主要政策有:《国务院关于进一步促进资本市场健康发展的若干意见》(国发〔2014〕17 号)、《国务院关于促进市场公平竞争维护市场正常秩序的若干意见》(国发〔2014〕20 号)、《国务院关于推进国内贸易流通现代化建设法治化营商环境的意见》(国发〔2015〕49 号)、《国务院关于实行市场准入负面清单制度的意见》(国发〔2015〕55 号)、《国务院关于创新重点领域投融资机制鼓励社会投资的指导意见》(国发〔2014〕60 号)、《国务院关于全民所有自然资源资产有偿使用制度改革的指导意见》(国发〔2016〕82 号)、《国务院关于在全国推开"证照分离"改革的通知》(国发〔2018〕35 号)、《国务院关于开展营商环境创新试点工作的意见》(国发〔2021〕24 号)等。特别值得一提的是,2020 年 1 月,我国首部省级层面促进民营企业发展的地方性法规——《浙江省民营企业发展促进条例》通过,围绕生产经营全过程,为民营经济打造公平竞争环境。

党的十八大以来,我国在建立健全营商环境制度、提升营商环境水平方面做了大量工作,推出"简政放权""放管服"等行政审批制度改革,推动"证照分离""三证合一""五证合一"等商事制度改革,正式施行《优化营商环境条例》,营商环境建设取得了令世界瞩目的成就。中国营商环境的世界排名从 2012 年的第 99 位提升到 2019 年的第 31 位,提升了 68 位,实现了营商环境优化的大步跨越,并得到了世界银行的高度肯定与赞扬,为民营经济的发展壮大创造了良好的外部环境。

三、民营经济支柱作用不断增强

2012年以来,民营经济在整个国民经济发展中的作用和地位日益凸显,成为推动经济社会发展的重要力量。

第一,民营经济已经成为我国税收、投资、出口的主体。一是民营企业已成为国家税收来源的最大主体。民营企业税收收入从2012年的54990亿元增加到2021年的97903亿元,较2012年增加42913亿元,是2012年的1.8倍。民营经济税收收入占全部税收收入的比重,从2012年到2021年呈稳步上升态势,2013年占比首次超过50%,到2020年则提高到了59.7%,2021年占比51.9%。二是民营企业已成为投资的主力军。2012年以来,民间投资占整体投资比重始终保持在55%以上,2015年达到最高值65.4%。受环境变化影响,民间投资增速有所下降,2021年民间投资比上年增长7%,占比56.5%。民间投资已成为中国投资的主导力量,成为中国经济稳定增长的"压舱石",民间投资、民营企业投资增速的快慢已成为判断经济冷暖的重要风向标之一。三是民营企业已成为出口的主力军。民营企业进出口额从2012年的7.7万亿元增长到2021年的19万亿元,增长了近1.5倍,占外贸总值的比重从31.6%增长到48.6%,民营企业对外贸增长的贡献度达到了58.2%。2019年,民营企业成为我国外贸第一大主体。

第二,民营企业社会责任感日益彰显,"软实力"建设持续贡献"民企力量"。一是民营企业是就业的主要承载主体。2021年末,全国城镇就业人员达46773万人,比2012年增加了9486万人,增长25%;民营经济贡献的城镇就业比重由2012年的75.7%提高到2020年的83.0%,增加了7.3个百分点。民营经济成为吸纳社会就业的主要渠道和重要蓄水池。二是民营企业自觉履行和勇于承担社会责任。截至2020年底,进入"万企帮万村"精准扶贫行动台账管理的民营企业超过12万家,精准帮扶超过13万个村,产业投入1100多亿元,公益投入近170亿元,惠及1800多万建档立卡贫困人口,一大批民营企业成为地区自然灾害救助、自然生态保护赞助、重大公益活动举办的重要出力者,成为中国社会慈善捐赠的最大主体。此外,众多民营企业发布社会责任报告,社会责任报告不仅反映了企业的公益慈善贡献,还展示了企业的治理结构、员工关爱、社区服务、环境保护、遵纪守法情况等。民营企业已经不再将眼光局限于股东和企业自身利益,而是将自身利益与员工利益、社会利益、国家利益紧密结合、相互融合,积极承担各类社会责任。三是民营企业在海外投资中唱主角。随着中国企业赴海外投资步伐加快,特别是"一带一路"倡议的合作深化,"走出去"政策体系不断完善,民营企业对外投资屡创新高。《中国企业投资非洲报告(2024)——中非投资合作助力非洲工业化》指出,根据商务部统计,对非投资企业中,民营企业占比已超70%。民营企业走向世界、融入国际,跨境投资增长迅速,作用越来越大。

第三,民营企业转型发展提速,不断展现"民间智慧"。十年间,民营经济加快布局新兴产业。面对国内外严峻复杂的经济形势,民营企业生存压力不断加大。民营企业充分弘扬优秀企业家精神,把握时机,推动企业转型升级,布局新兴产业,推动企业多元化发展。2012—2017年,节能环保产业、新材料产业、新能源产业、新一代信息技术产业、高端装备制造业、生物产业、新能源汽车产业成为民营企业投资的重点领域,民营企业进入数量大幅增长时期。民营企业积极布局现代物流、金融服务、融资租赁、电子商务等新兴生产性服务业。全国工商联的调查数据显示,2016年,有46.8%的民营企业500强主动转型升级化解过剩产能;有71.8%的民营企业500强的库存规模保持合理水平;有66.2%的民营企业500强企业主动采取措施降低企业杠杆率或使杠杆率保持合理水平。金融租赁、新能源、通信设备制造等新兴经济领域的民营企业市场竞争力不断增强,已经成为最有活力的经济类型。民营企业通过加强技术创新、管理创新、产品创新、商业模式创新、品牌建设等提高全要素生产率,加快了转型升级步伐,呈现出从产业链中低端向高端迈进、从传统产业向新兴产业调整的趋势。

第二节　新时代推进民营经济高质量发展面临的突出问题

党的十八大以来,民营经济取得新发展,已经成为高质量发展的生力军。民营经济发展的国际经济环境也发生了巨大变化。世界经济增速特别是主要发达国家经济增速明显下降,加之受逆全球化、贸易保护主义抬头等多重因素的叠加影响,全球产业链、供应链安全稳定运行受到重大冲击,中国面临的国际经济环境日益严峻、风险日益加大。特别是当前我国经济也面临需求收缩、供给冲击、预期转弱三重压力,结构性问题、周期性矛盾交织叠加。企业自身的原因、外部因素和内部因素、客观原因和主观原因等多重矛盾问题碰头,部分民营企业在经营发展中遇到不少困难和问题。

一、民营企业自身短板仍然突出

总体来看,民营企业,尤其是大量小微企业存在公司治理结构不健全、研发投入不足、创新能力差、人才流动性高、经营管理理念落后、运作方式不规范等问题,使其可持续发展能力受到严重挑战。具体来看,民营企业自身发展的短板主要有如下两个方面。

一方面,民营企业公司治理结构有待进一步完善。经过 40 余年的快速发展和市场竞争,民营企业群体不断发展壮大,部分民营企业按照公司法的要求,建立起了相应的公司治理结构。据统计,大型民营企业中有 96% 以上的企业建立了现代企业制度,但中小民营企业仍未建立现代企业制度,公司治理结构不健全。突出表现在:一是在向现代化企业管理转变的过程中存在较多问题。民营企业的典型组织架构是以企业创始人为集权核心的治理结构,家族成员在企业中担任主要管理者角色。企业的所有权、经营权、决策权、执行权、监督权均由家族内部成员控制,缺乏来自内外有效的监控、反馈和制约,导致民营企业战略决策的正确性和准确性大打折扣,甚至造成重大失误,导致企业破产倒闭。家族式治理模式使得企业短期投机行为严重,亲属集权化倾向严重。二是亲缘、地缘、血缘等非正式制度因素对企业管理的影响较大。许多民营企业内部职能的运作很大程度上依靠家族成员之间形成的一系列非正式制度、行为,"人治"色彩浓厚。这在企业初创及规模较小时期,是有突出作用和优势的。但在企业做大做强的过程中,以人情代替制度,缺乏科学有效的治理机制,易造成经济损失,甚至因家族成员间分配不公而使企业运行低效,内部交易成本上升。

另一方面,民营企业原始创新能力有待提升。经过 40 余年的快速发展和市场竞争,中国已形成一批国内甚至世界知名的民营企业。但从整体上看,90% 以上的民营企业是中小企业甚至微型企业,大多数从事传统制造业、服务业等一般竞争性行业,且处于产业链低端。中小民营企业长期依靠低成本、低层次模仿、低层次加工在市场上竞争,产品技术含量低,创新较少,缺乏核心竞争力,缺乏关键核心技术和自主品牌。民营企业产品附加值低、能耗高、竞争力弱,总体上还未能走向"微笑曲线"两端。其中,研发投入不足、创新能力有限是导致市场竞争力不强的主要原因之一。国际经验表明,研发强度在 5% 以上时,企业的竞争力可以充分发挥;当该指标低于 1%

时,企业难以生存。相关调查显示,中国民营企业研发强度平均水平仅为0.4％。民营企业500强中,研发强度小于1％的企业占比高达65％,中小型民营企业研发强度则更低,甚至可能没有研发投入。研发投入不足严重阻碍了民营企业进行技术改进和创新,削弱了企业的核心竞争力,制约了民营企业的可持续发展。

二、外部营商环境仍需持续改善

营商环境是经济软实力的重要体现,是提高经济竞争力的重要内容。如前文所述,党的十八大以来,我国营商环境得到进一步优化,市场主体提质增量效果明显。但是,面对发展新阶段的新要求与新形势,当前营商环境工作仍需在审批制度改革、行政服务效率、中介机构规范管理、企业融资环境优化、政策连续性和某些生产要素保障能力等方面持续深化和大力改善。其主要问题表现在如下两个方面。

一方面,民营企业发展平等发展仍面临挑战。2005 年和 2010 年,国务院先后出台"非公经济 36 条"和"民间投资 36 条",力图在制度和政策源头上消除所有制歧视。党的十八大以来,党中央、国务院高度重视营商环境问题,出台多项举措,为民营经济发展壮大营造良好环境。然而,在政策落实中,仍然存在较多问题。一是在市场准入上,"玻璃门""弹簧门"和"旋转门"等问题在部分地方和领域依然存在。如在招标方面,部分地方虽然表面上向民营企业开放,但在资质条件、相关业绩和专业背景等方面要求过高,有的要求企业具有 30 年工程领域经验,对民营企业而言门槛较高,大量民营企业被排除在外。二是在税费负担上,近年来持续加力的减税降费政策已大幅度减轻了中小企业与个体工商户的税费负担,但总体来看,民营企业的税费负担依然相对较重。三是资金成本、用工成本较高。融资难、融资贵、融资慢是长期以来困扰民营企业的重要问题,近年来虽得到较大缓解,但在我国经济全面转向创新驱动发展的大背景下,通过融资引导鼓励民营企业创新发展依然面临较大挑战。此外,随着我国进入老龄化社会,工资水平不断上升,加之东南亚地区制造业崛起的影响,企业的用工成本连年上涨,劳动力比较优势逐渐消失。

另一方面,"亲""清"新型政商关系尚未完全建立。党的十八大以来,全面从严治党取得明显成效,促进了政商关系向健康、积极、和谐方向发展。2016 年 3 月 4 日,习近平总书记在看望参加政协会议的民建工商联委员时强调,新型政商关系,概括起来说就是"亲""清"两个字。① 但是,在实践过程中,民营企业仍然在部分政府部门"遇冷",政商关系"清而不亲"、舍"亲"保"清"的情况还是较为普遍,通过"红顶中介"变相准入、变相收费、简政放权明放暗不放等问题仍然存在。工作人员不接近民营企业,对民营企业"敬而远之",对其发展需求不了解。一些政府部门仍然存在"门好进、脸好看,但是办事难、不办事"的笑面官僚主义,"亲""清"新型政商关系尚未完全建立,亟须进一步加大力度改善民营企业发展面临的软环境。

三、新经济领域产生发展新问题

近年来,在数字经济及互联网产业与平台经济的迅猛发展中,民营企业通过大量的技术创新和商业模式创新,突破了原先的市场准入和行业监管等体制。这是带有体制创新意义的民营企业创新活动,由此带来了"新技术—旧体制"和"新模式—旧体制"的冲突。伴随着民营企业技术创新和商业模式创新的这种体制创新活动,对原有体制的冲击本身具有双重性质,即对原有体制的合理突破和对原有体制的不合理突破。

进一步从制度视角看,平台企业在成长壮大的过程中,既是我国"制度红利"的受益者,也有部分打制度规则"擦边球"的行为,但更重要的是,平台经济的创新从技术、模式创新跨入了制度、体制创新。在这个过程中,出现了政策调整方式与制度设计初衷未能与平台经济做大做强的需求相匹配的情况。国家及有关部门针对民营企业突破了原有市场准入、产业规制和行业监管的创新活动,出台了一些法律、法规和政策,在规范民营经济创新活动的同时,也给民营企业的持续创新带来了许多困扰。这一问题在近年的互联网产业及平台经济反垄断中尤为突出。究其原因,就在于政府没有能够更加全面地看待和正确地对待民营经济的创新活动,没有能够识别和区分民营企业在不同产业领域运用资本进行各种创新活动所带来的体制创新双重效应,没有能够针对民营经济发展中新出现的问题及时地完善制度环境。

---

① 毫不动摇坚持我国基本经济制度　推动各种所有制经济健康发展[N].人民日报,2016-03-05(1).

第三节 新时代促进民营经济高质量发展

民营经济高质量发展正处于爬坡过坎的关键期。面对百年未有之大变局,民营企业的传统发展优势、方式和动力正在加速重构,所面临的挑战与可利用的机遇也都在发生着系统性变化。在此背景下,推动新时代民营经济高质量发展,基本思路是要立足新发展阶段、贯彻新发展理念、构建新发展格局,坚持"两个毫不动摇",进一步解放和发展民营经济部门生产力,加快营造市场化、法治化、国际化一流营商环境,坚持竞争中性原则,破除制度性壁垒,以创新驱动、数字赋能为主要动力,坚持开放发展,推动民营经济发展方式、比较优势、转型动力重构,在持续扩大民营经济规模的基础上,实现民营企业提质增效,增强民营经济发展对高质量发展的支撑力。在推进民营经济做大做强的进程中,要正确认识民营经济转型发展中遇到的困难和问题,准确把握民营经济高质量发展面临的挑战与机遇,主动求变、科学应变,在推进方式、政策导向、工作机制上实现三大转变,在发展效率、质量、动力上推动三大变革。

一、促进民营经济发展的三大转变

(一)从正面清单的"立"向负面清单的"破"转变

党的十八大以来,以习近平同志为核心的党中央高度重视民营经济发展。中央和地方密集出台了许多推动民营经济高质量发展的重要举措,但部分政策收效甚微,部分政策短期有效但长期衍生出了新的问题。过去正面清单式的规制政策,核心是"立",重点是主动把握民营经济发展的方向。在高速发展阶段,这是适应经济社会发展阶段的内生选择,有利于民营经济从无到有、从小到大地发展。时至今日,民营经济发展面临的内外部情况和形势日趋复杂,过去正面清单式的推进方式与民营经济从弱到强的发展新需求形成错配,致使部分政策效应不强不久。"打补丁"式的政策推进方式,在"管住"民营企业的同时,也束缚了民营经济的发展。新时代推进民营经济高质量发展,须在推进方式上率先求变,坚持竞争中性原则,在牢牢守住不发生系统性风险底线的基础上,推动以"破"代"立"。以负面清单式的推进方式,破除民营企业面对的制度性壁垒,破解民营经济发展的结构性困境,从根源上减少以政策补政策,提升行政规制效率,充分激发民营企业创新发展活力,推动民营经济高质量发展。

(二)从立足国内的"大"向放眼全球的"小"转变

近年来,受益于我国超大市场规模与信息技术革命,在通信、互联网、光伏等领域涌现出的一批大型民营企业,正在或已经成为全球细分领域的翘楚。同时,我们也看到,近年来,对平台企业的反垄断调查等政策举措,在规范民企发展、减少民资盲目扩张的同时,也对我国部分优势产业的转型发展产生了一定程度的负面影响。在高质量发展要求下,这样的政策导向增加了民营经济发展的不确定性,一定程度上放大了民营经济的阶段性震荡幅度。正如习近平总书记所强调的,"我国民营经济只能壮大、不能弱化,不仅不能'离场',而且要走向更加广阔的舞台"。[①] 对此,需从全球视角认识到,跻身全球一流的民营科技型企业,将会是我国参与下一轮国际竞争再平衡的中坚力量,我们的民营经济发展远非过"大"而是还不够"大",也只有"大"才能转为"强"。新时代推进民营经济高质量发展的政策导向,需在坚持市场化、法治化、国际化主线的基础上,推动民营经济在全球竞争中做大做强,重构发展优势,优化发展模式,为民营企业的持续成长提供更加稳定的政策预期与发展信心。

(三)从局部领域的"管"向全局系统的"统"转变

2020年以来,过去出台的部分收缩性政策负面影响凸显。民营经济发展在投资与新增企业数量上已形成一定的收缩性趋势,结构性、体制性问题负面效应集中显现。对此,我们一方面要客观地认识到,局部收缩性政策的出台有特定的历史环境与政策目标,是符合局部领域发展需要的;另一方面也要清醒地认识到,无论是理论上还是实践中,局部均衡都不一定等同于一般均衡。在我国民营企业厚植经济社会发展各领域、区域的进程中,产业链、供应链、创新链交织成网,局部政策网络效应明显。单一领域"打补丁"式政策的出台,将会通过由上千万家民营企业编织而成的生产、供应、销售网络进行传递、放缩与转化,致使政策效果往往"言不由衷""言非所意"。党的十九届五中全会提出,坚持系统观念是"十四五"时期经济社会发展必须遵循的原则之一。在新时代推进民营经济高质量发展,同样需要全局思维、系统观念。通过工作机制的优化,形成系统性工作合力,统筹民营经济高质

---

① 习近平. 在民营企业座谈会上的讲话[M]. 北京:人民出版社,2018:7.

量发展工作全局,慎重出台有关民营经济发展的局部收缩性政策。

二、推动民营经济发展的三大变革

按照新时代推进民营经济高质量发展的基本思路,在推进方式、政策导向、工作机制转变的基础上,推动民营经济发展实现效率、质量、动力三大变革,是破解民营经济总量、结构、重点三重压力,应对社会新矛盾、国际新形势、数字新技术三大挑战,实现民营经济发展方式、比较优势、转型动力重构的重要路径。

（一）效率变革

效率变革是推动民营经济发展三大变革的主线,将贯穿民营经济高质量发展的全过程。面对社会主要矛盾的新变化,推动民营经济效率变革的核心是坚持市场在资源配置中的决定性作用,关键是在关乎民营经济高质量发展的结构性、体制性问题上精准用力,破除民营化进程壁垒,提升资源在民营经济部门的配置效率,推动民营经济发展从"以量为先"的高速增长向"量质并重"的高质量发展转变,完成民营经济发展方式的重构。具体看,对中央与地方政府而言,需对接国际市场规则,加快全面放开民营企业市场准入,做好深化要素市场化改革的顶层设计及其系统集成。地方政府则在贯彻落实中央改革措施的基础上,要重点消除各领域各行业地区间市场行政分割的显性与隐性壁垒,不分所有制、不分地区差别地统一开放,推进城乡各类要素市场体系一体化建设。中央和地方协同建立竞争中性的自由统一开放市场体系,发挥市场的竞争有效性,提高民营企业的生产效率。对民营企业而言,重点是把握好深化供给侧结构性改革的新"制度红利"与需求侧优化国内统一大市场建设的新"市场机遇",推动企业内生产要素的优化组合与企业间生产要素的合理流动,用好国际国内两个市场、两种资源,不断优化生产流程、改善生产组织方式、合理科学控制成本,全面提高经济的投入产出效率。通过各方的统筹谋划、系统发力,聚沙成塔,自下而上地形成满足新时代新要求的民营经济高质量发展新方式。

（二）质量变革

质量变革是推动民营经济发展三大变革的主体,也是重点解决民营经济供给体系与国际国内需求间结构性错配问题的基本路径。面对国际竞争新形势,推动民营经济发展质量变革的前提是要始终坚持开放发展,关键是用好我国人力人才资源优势,重点是在保持我国民营企业传统制造优势的基础上,在技术、品牌、绿色发展上持续用力,推动民营企业差异化发展,加快民营经济参与国际竞争新比较优势重构进程。具体看,对民营企业而言,要在提升有效供给体系上下功夫,准确评估当前产品在全球价值链中的位置,对标国际先进质量标准,创新和提升产品结构,平衡和优化产能结构。特别是行业龙头民营企业需把握新一轮科技革命趋势,提高民营经济的产业基础能力;中小微企业要在更细分领域持续"深耕细作",不断提升产品和服务质量,扩大"隐形冠军"队伍体量。政策着力点要坚持"走出去"与"引进来"相结合,引导民营企业在更大范围、更高水平上参与国际市场的竞争与合作,着力改变民营经济过去品牌和市场"两头在外"的不利局面,引导民营经济走向"微笑曲线"两端,将制造优势升级为质量优势,形成一批具有国际竞争力的中国特色民营经济品牌。同时,把绿色发展作为民营经济质量提高的新方向,加快全方位的绿色转型与发展,使绿色低碳循环成为民营经济高质量产品与服务的新特征与新优势。

(三)动力变革

谋创新就是谋未来,动力变革是推动民营经济发展三大变革的基础,也是一项系统性、长期性工程。随着数字化时代的到来,民营经济过往依赖内外需与制度红利的转型动力正在被重构,以创新驱动为基础,以数字赋能为关键,以创新配套要素配置、数字化系统整合等多方面有效协同联通为抓手,推动民营经济发展动力变革,将为民营经济高质量发展提供新的内生动力。具体看,对中央政府而言,应发挥我国"集中力量办大事"的体制优势,加强统筹协调、顶层设计与顶层推动,加快推进科技体制改革,允许地方政府先行先试,加快推进民营企业数字化转型发展。地方政府则在落实中央举措的基础上,要上下合力,最大限度地激发市场与社会的创新活力、潜力,提高数字政府建设水平,打造民营经济"敢创新、能创新"的良好生态体系,推动数字化发展落地,增强数字经济对民营经济高质量发展的支撑力。对民营企业而言,要立足自身发展需要,抢抓新一轮以信息技术为主的科技产业革命"技术红利",通过数字化技术提升企业创新投入效率,全面提高企业创新质量。民营企业还应把握数字产业化、产业数字化发展新机遇,积极成为创新驱动的主导力量,推进产业转型升级,加快淘汰旧动能,培育和壮大新动能,促进我国民营经济高质量发展新旧动能接续转换。

三、加快民营经济发展的三大举措

(一)促进民营经济发展的阶段性举措

短期看,民营经济的阶段性震荡与数量扩张失速,关乎经济大盘的稳定,应当是政策的短期着力点。具体包括四个方面。一是稳预期。可通过民营经济座谈会,人民日报社论,中宣部、统战部专题新闻发布会等形式,充分释放坚持"两个毫不动摇"的坚定信号,充分阐明"共同富裕不是劫富济贫,更不是平均主义"。加快制定并向社会公布负面清单下的资本进入"红绿灯"清单,消除"防止资本无序扩张"概念误读对民间投资信心的负面影响。开展民营经济产权保护专项行动,集中打击一批侵占民营企业物质产权和知识产权的典型案件。二是减负担。用好已有的货币政策工具,持续推动小微企业综合融资成本下降。继续坚持结构性减税政策,加快小微企业留抵退税政策实施进度。针对就业人口多、面向消费端的民营企业开展阶段性减税,加快民营企业复工复产进程。三是通卡点。高度重视民营企业应收账款问题,发挥清理和防止拖欠账款长效机制作用,鼓励银行类金融机构为产业链终端民营企业提供供应链信贷支持。加大对拖欠民营企业、中小企业款项责任人的问责力度。四是挺需求。持续优化流程、提升透明度,加大政府购买服务对民营企业的支持力度。鼓励地方政府依据地方财力与发展需要,在统筹疫情防控和经济社会发展的前提下,采取发放消费券、定向折扣、购物补贴等方式,着力恢复和扩大消费。

长期看,民营经济新的发展方式、比较优势、转型动力重构,关乎民营经济高质量发展,均需要继续优化民营经济发展环境。对此,合理引导民营企业产业内有序竞争,推动民营企业垂直纵向发展,不断做大做强,应是政策的长期着力点。具体包括四个方面。一是降壁垒。加快构建全国统一大市场,进一步放开民营企业市场准入,不定期开展民营企业额外准入条件专项整治行动,全面排查、系统清理各类显性和隐性壁垒。有序推动基础设施、社会事业、金融服务业等领域大幅放宽市场准入,明确自然垄断行业竞争性业务放开的具体路径和办法,并向社会公布路线图和时间表。完善民营企业参与国家重大战略实施机制,特别是在跨区域交通项目、能源项目、科技项目等领域,依法依规为民营企业提供参与通道。二是保中性。坚持竞争中性原则,推动市场监管制度的公平统一,不断缩短有关负面清单长度。坚持市场在资源配置中的决定性作用,深化要素市场化配置体制机制改革,健全市场化要素价格形成和传导机制,保障民营企业平等获得资源要素。完善政策制定、出台、评估闭环流程,持续跟踪、定期评估结构性政策落实情况。三是促创新。鼓励民营企业坚持市场需求驱动创新的成功经验,推动民营企业深度融入产业数字化、数字产业化进程,加快政府数据对民营企业有序开放,打造公共数据开放平台,促进民营经济发展新旧动能转换。发挥科技创新新型举国体制优势,建立用好国家重大科技基础设施和大型科研仪器向民营企业有序开放制度。通过制度建设,以解决企业共性技术难题和"卡脖子"技术难题为出发点,推动高校科研院所与大型民营企业合作申请国家重大科技专项,加速科技成果转化落地应用。四是重保护。健全执法司法对民营企业的平等保护机制,扎实推动涉案民营企业合规改革试点。强化民营经济知识产权制度体系建设,同步推进知识产权认定标准、认定程序与侵权界定等制度体系构建,优化知识产权保护范围、强度与时长。推动创新激励由前端投入补贴向后端权利保护过渡。保护民营企业和企业家合法财产,发挥涉政府产权纠纷治理长效机制作用,依法严厉打击各类侵占民营企业和企业家合法资产行为。

(二)促进民营经济发展的区域性举措

东部地区是我国经济社会发展的"稳定器""压舱石",也是我国民营经济发展水平最高的区域。在东部地区推动民营经济高质量发展,需立足东部地区人力资本丰富、产业技术能力强、消费市场庞大等比较优势,鼓励东部地区把推动民营经济发展的制度创新摆在突出位置,把推动东部地区大型民营企业科技创新、数字化转型发展作为重要着力点,勇当推动民营经济高质量发展开路先锋。依托京津冀协同发展、长三角一体化发展、粤港澳大湾区建设等区域发展重大战略,紧抓深圳率先建设中国特色社会主义先行示范区、浦东新区全力打造社会主义现代化建设引领区的历史机遇,探索民营企业承担国家战略的参与路径与制度保障,持续推动贸易投资自由化、便利化,推动民营企业参与高水平国际市场竞争。围绕民营经济发展中的关键核心技术和产业共性技术难题,建设科创产业平台,跨区域辐射带动全国民营企业创新发展。此外,要加大对民营企业绿色转型发展的引导力度,推动民营企业积极履行社会责任。

中部地区承东启西、连南接北,产业好,交通畅,是全国重要的粮食生产基地、能源原材料基地、现代装备制造及高技术产业基地和综合交通运输枢纽。推动中部地区民营经济高质量发展的重点,首先,要充分用好中部的区位优势,依托长江、京广铁路等交通大动脉,推动以先进制造业为引领的民营企业集群式发展;不断优化营商环境,鼓励民营企业主动对接新亚欧大陆桥、西部陆海新通道等对外经济走廊,助力民营企业打造中部商品与服务品牌。其次,要以安徽皖江城市带、湖南湘南、湖北荆州、江西赣南等承接产业转移示范区建设为抓手,加大税收政策、土地政策支持力度,吸引符合中部地区比较优势的民营企业向中部地区转移,夯实产业基础,提升民营经济发展质量。第三,要把握中部地区先进制造业和现代服务业深度融合机遇,立足长江中游城市群和中原城市群发展需要,发挥民营经济自身特长,在现代服务业和服务型制造业中形成发展新优势。

西部地区面积约占全国国土面积的 72%,与周边 13 个国家接壤,在维护国家安全、推动区域协调发展等方面具有十分重要的地位和作用。推动西部地区民营经济高质量发展,要立足西部地区能源矿产资源优势,在保障民营企业合法权益的基础上,有序放开民营企业参与石油、天然气等重点行业和领域竞争性业务的限制,探索民营企业参与大型清洁能源基地建设的可行性,推动民营企业进入油气勘探开发、炼化和销售领域试点落地。积极引导民营企业进入西部地区丰富的旅游和文化产业,营造公正公平的竞争机制,打造高水平旅游文化项目,提升西部地区服务业整体水平。把握高水平建设新疆丝绸之路经济带核心区重大机遇,鼓励民营企业深度参与共建"一带一路"。发挥高质量建设自由贸易试验区、沿边重点开发开放试验区等开放平台作用,支持民营企业投入边疆地区建设,推进兴边富民,开辟内循环纵深市场,合力提高西部地区对外开放水平。

东北地区是我国重要的工业和农业基地,战略安全地位重要,关乎国家发展稳定大局。东北地区推动民营经济高质量发展,要在优化营商环境上下功夫,针对企业登记、项目审批、配套服务等事项,推动数字政府建设,持续压缩流程时间、提升全过程透明度、不断改进和提升服务水平,坚决打击侵占民营企业合法财产、损害民营企业合法权益的事件,降低企业经营生产交易成本。立足东北地区要素禀赋优势,在农业、劳动密集型制造业等产业,通过税收优惠等举措,大力推动民营经济市场主体培育计划实施,营造大力支持民营经济发展的良好氛围。把握东北地区在健康养老、冰雪经济、文化旅游上的独特优势,吸引地区外民营企业落地经营,带动东北地区高端服务业发展。依托大连金普新区、长春新区、哈尔滨新区等国家级新区沿海沿边区位优势,用好自贸试验区与合作示范区等重点功能平台,推动东北地区民营企业"走出去"发展。

（三）促进民营经济发展的差异性举措

推动大型民营企业发展的关键词是提质量。一是坚持创新驱动。优化研发费用加计扣除政策，引导大型民营企业加大创新投入力度；加快科技人才评价制度改革，提高在民营企业工作的科学家、重大技术攻关团队认同感，打通企业与高校间的人才流动渠道；鼓励企业根据自身发展需要，开展基础科学研究。二是持续鼓励大型民营企业"走出去"发展，参与国际竞争，以开放促改革，完善大型民营企业国际化发展组织架构，打造更多民营企业国际知名品牌。三是通过系统性降壁垒举措，鼓励大型民营企业有序扩大业务覆盖范围，提高龙头民营企业产业链上下游整合能力，增强供应链关键节点自主可控能力，形成对中小民营企业的辐射带动作用。

推动专精特新民营企业发展的关键词是差异化。引导中小民营企业走专精特新发展之路，是破除民营企业同质化发展、竞争"内卷"的重要抓手。一是要在地区层面，结合区域要素禀赋与专精特新民营企业比较优势，推动"一企一策"精准施策，直接解决专精特新民营企业的关键困难。二是推动专精特新民营企业用好数字化改革工具，应用大数据、人工智能技术，赋能企业发展、提高组织绩效。三是利用政策性、开发性金融机构，为专精特新民营企业差异化发展提供长期的资本支持，鼓励民营企业专注细分领域，打造高市场占有率的细分产品。

推动巨量小微企业发展的关键词是扩数量。小微企业是民营经济高质量发展的根基，要进一步减轻小微民营企业税收负担，全面免除小微民营企业的费用负担。强化小微企业和个体工商户合法权益保障，依法严厉打击侵占行为。逐步完善针对小微企业的多层次金融支撑体系，鼓励有条件的地方设立中小民营企业风险补偿基金。发挥好小微企业融资增信支持体系功能，鼓励银行类金融机构结合数字化技术为小微企业增信。鼓励有条件的地方，由政府出资建设绿色发展有关设施，降低小微企业绿色转型发展成本，推动小微企业集聚发展。

第九章　中国民营经济发展的展望

党的二十大全面开启了新时代中国式现代化的新征程,也全面开启了新时代进一步发展壮大民营经济的新征程。在新时代和新征程上,全面推进民营经济发展壮大和高质量发展对于加快推进我国高质量发展和中国式现代化具有关键作用。当前,民营企业面临着投资额与新增企业数连续走低、纵向升级受阻与横向竞争加剧、创新空间与创新活力动力趋弱等困境,原因主要是民营经济的产权保护制度性缺位和越位并存,产业拓展制度性壁垒事实存在,民营经济市场监管政策性调整过快过猛等。本章重点阐释新时代民营经济发展壮大的重要作用,研判新时代民营经济发展壮大的机遇与挑战,进一步展望新时代民营经济发展壮大的前景。

第一节　中国式现代化与民营经济

2022 年 10 月,中国共产党第二十次全国代表大会胜利召开,这是在全党全国各族人民迈上全面建设社会主义现代化国家新征程、向第二个百年奋斗目标进军的关键时刻召开的一次十分重要的大会。党的二十大的主题是"高举中国特色社会主义伟大旗帜,全面贯彻新时代中国特色社会主义思想,弘扬伟大建党精神,自信自强、守正创新,踔厉奋发、勇毅前行,为全面建设社会主义现代化国家、全面推进中华民族伟大复兴而团结奋斗"。

党的二十大深刻总结了新时代十年所取得的巨大成就和伟大变革。党的二十大报告站在民族复兴和百年变局的制高点,从战略全局上对党和国家事业做出规划和部署,科学谋划未来五年乃至更长时期党和国家事业发展的目标任务和大政方针,提出一系列新思路、新战略、新举措,擘画出全面建成社会主义现代化强国的宏伟蓝图,为中国式现代化提供行动纲领。党的二十大报告提出，将"以中国式现代化全面推进中华民族伟大复兴"作为下一阶段党的中心任务，并对中国式现代化做出明确定义——中国式现代化是人口规模巨大的现代化、全体人民共同富裕的现代化、物质文明和精神文明相协调的现代化、人与自然和谐共生的现代化、走和平发展道路的现代化。

中国式现代化离不开民营经济的高质量发展，民营经济在稳定增长、改善民生、促进创新，特别是推进共同富裕方面发挥着重大作用。党的二十大报告中还就促进民营经济发展壮大作出许多新的重大论述，为民营经济实现高质量发展指明了方向，标志着我国民营经济将迎来新的历史机遇并进入一个全新的发展阶段。党的二十大报告再次重申坚持"两个毫不动摇"，第一次明确提出"促进民营经济发展壮大"，特别提出"优化民营企业发展环境，依法保护民营企业产权和企业家权益"，"促进非公有制经济健康发展和非公有制经济人士健康成长"，标志着我国坚持和完善产权保护制度的伟大实践将进入一个新的发展阶段，民营企业家的人身财产安全和每个公民的合法权益将得到更加有效的保护，对于激励广大民营企业家放心投资、安心经营、专心创新、用心发展，将产生巨大的作用。党的二十大报告还提出，"完善产权保护、市场准入、公平竞争、社会信用等市场经济基础制度"，"营造市场化、法治化、国际化一流营商环境"，"坚持多劳多得，鼓励勤劳致富"，"鼓励共同奋斗创造美好生活，不断实现人民对美好生活的向往"，是对改革开放以来勇于创业创新、劳动致富的民营经济人士的再动员、再号召。

民营经济是我国经济制度的内在要素，发展民营经济是坚持和发展中国特色社会主义制度的重要内容，始终是推动中国特色社会主义市场经济发展的重要力量。党的二十大全面开启了新时代中国式现代化的新征程，也全面开启了新时代进一步发展壮大民营经济的新征程。党的二十大关于民营企业发展的新论断、新部署，对于稳定市场预期、提振市场主体意义重大，为民营经济实现高质量发展指明了方向，标志着我国民营经济将迎来新的历史机遇和进入新的发展阶段。

一、民营经济助力社会主义市场经济建设

中国共产党人创造的"社会主义＋市场经济"这一全新的社会主义市场经济体制，激发起亿万民众的积极性和创造性，民营经济的蓬勃发展推动了经济的迅猛发展。随着改革和发展的不断推进，一些深层次体制机制问题

和利益固化的藩篱日益显现,改革进入攻坚期和深水区。一方面,大力推进市场体系改革和建立全国统一大市场,加快建设高标准市场体系和高水平社会主义市场经济体制,完善土地、劳动力、资本、技术、数据等要素市场化配置和提高要素配置效率,健全以公平为核心原则的产权保护制度,打造市场化、法治化、国际化的一流营商环境,将直接有助于民营经济的发展壮大。另一方面,我国民营经济已经成为推动我国发展不可或缺的力量,成为创业就业的主要领域、技术创新的重要主体、国家税收的重要来源,在我国社会主义市场经济发展、政府职能转变、劳动力转移和就业、国际市场开拓等方面发挥了重要作用。据统计,我国民营企业数量从 2012 年底的 1085.7 万户增长到 2022 年的超过 4701.1 万户,十年翻两番,民营企业在企业总量中的占比由 79.4% 提高到 93.3%。截至 2022 年底,经济特区深圳的民营企业达 237.9 万家,占全市企业总量的 97%。截至 2023 年 8 月,浙江省市场经营主体突破 1000 万户,其中民营经济主体达 967 万户,占比 96.69%。在世界 500 强企业中,我国民营企业由 2012 年的 5 家增加到 2022 年的 28 家。同时,民营经济人士在参与国家治理中的积极性和主动性明显提高,彰显了中国特色社会主义制度优势。新时代中国式现代化的新征程中,民营经济将进一步发展壮大,在深化改革和扩大开放及社会主义市场经济的建设中发挥更加重要的作用。

二、民营经济助力经济高质量发展

近年来,我国经济面临需求收缩、供给冲击、预期转弱三重压力,不确定性上升,各种风险挑战叠加,高质量发展成为经济发展的必然选择和迫切要求。民营经济作为我国国民经济的重要组成部分,是推动经济创新发展的重要主体,也是推动经济高质量发展不可或缺的重要力量。

首先,民营经济是推动质量变革的重要主体。质量变革是高质量发展的第一要义,核心是要通过存量产业调整和新兴产业培育,不断提升供给体系质量,从而提高产品和服务的质量。目前,民营企业数量占我国规模以上工业企业总量超过了 80%,在轻纺、食品、电子、机械等普通制造业及制成品行业已占绝对优势;在重大装备、高技术等高端制造及制成品等行业中的比重在 30% 以上。同时,随着我国服务业各领域对民营经济准入的不断放开,民营经济在服务业中的占比也在逐步提升。因此,未来我国不断提升供给质量,特别是产品和服务的质量,民营经济将是不可或缺的重要力量。

其次,民营经济是推动效率变革的积极力量。效率变革是高质量发展的基本路径,核心是通过改革实现要素资源的高效合理配置,形成具有竞争力的现代化经济体系,其中最为重要的改革就是促进竞争和发挥企业家精神。民营企业大多是从市场竞争的"摸爬滚打"中诞生、生存和发展起来的,在经营生产效率与企业治理监督方面具有优势,民营企业家大多具有敢于创新、诚信为本和履行责任的职业精神。因此,在市场竞争中产生并发展起来的民营企业和民营企业家,在市场竞争中能够产生"鲇鱼效应",是我国市场配置效率提升的重要力量,也是未来我国经济发展效率提升的重要催化剂。

最后,民营经济是推动动力变革的重要力量。动力变革是高质量发展的核心力量,实现动力变革,就是经济发展更多依靠劳动者素质提高、技术进步、模式创新和全要素生产率的改进来实现。据统计,我国民营科技企业占全国高新技术企业数量的50%左右,全国65%左右的发明专利、70%左右的技术创新和80%以上的新产品都来自民营企业。在智能制造、大数据、物流仓储、生物健康等领域,民营企业已经牢牢占据领跑地位,电子商务、移动支付、共享单车等新经济新业态均由民营企业首创。此外,近年来民营企业网罗了大量海内外高级人才,人力资源优势正在显著夯实。因此,民营经济在我国动力转换过程中将起到极为重要的作用,将为我国经济高质量发展提供重要支撑,是实现我国经济中长期增长的重要发力点。

三、民营经济助力推进全体人民共同富裕

习近平总书记指出,"更好满足人民多方面日益增长的需要,更好促进人的全面发展、全体人民共同富裕"[1],"人民对美好生活的向往,就是我们的奋斗目标。"[2]改革开放的实践证明,民营经济不是贫富悬殊的源头,而是共同富裕的动力源。民营经济依靠民间的创造活力、创新动力和创富激情发展壮大,为中国经济社会的快速发展奠定了坚实基础,这不仅推动了自身发展、员工富裕和经济繁荣,还在推动普遍富裕、促进光彩事业和慈善事业蓬勃发展等社会责任方面发挥着重要作用,尤其是创造大量的就业机会,吸纳大量的劳动力,提高人民的就业水平和收入水平,有助于消除贫困和实现共同富裕。可以说,民营经济具有天然的共同富裕基因。

---

[1] 习近平.习近平谈治国理政:第三卷[M].北京:外文出版社,2020:133.
[2] 中共中央文献研究室.十八大以来重要文献选编:上[M].北京:中央文献出版社,2014:70.

新时代,民营企业与员工更是共处于创富场景中的互利共生生态之中,民营企业和企业家通过整合资源和要素(包括资本、土地、知识、技术、管理、数据等)、发挥企业家才能、进行创造性劳动成为创富主体,并通过构建和谐劳资关系和助力新型城乡关系,成为实现共同富裕的重要力量。党的十八大以来,我国私营个体就业总数增加了 2 亿多人,贡献了 80% 以上的就业;民营企业税收年均增长 8.3%,占全国税收的比重从 48% 提升到 59.6%,已成为我国就业的稳定器和税收的重要贡献者。历史和现实告诉我们,民营经济和民营企业在党的领导下,与西方资本和企业不同,并非以利润为唯一目标,它们会基于信念而不是单纯的利益计算,投入许多具有重大正外部性的创新中,尽管许多重量级产品研发成功后企业所得远低于社会的总体收益。在创造就业、纳税之外,民营企业也主动承担更多社会责任,积极投身精准扶贫、乡村振兴、环境保护和慈善公益事业。党的十八大以来,民营企业捐赠占全国慈善捐赠的比重从 50% 增加到近 80%,平均捐赠规模以年均 20% 左右的速度增长,已成为慈善事业的中坚力量。近 13 万家民营企业参与"万企帮万村"行动,产业投入超过 1100 亿元。在再分配、第三次分配中,民营经济所起到的改善分配结构的作用,有力地促进了全社会向共同富裕迈进。

新时代,民营经济的发展壮大是促进全体共同富裕重要力量的理论深化,从理论上阐明了促进共同富裕是民营经济发展的内在要求和题中应有之义。民营发展促进全体共同富裕论有助于民营经济承担社会责任、健康发展,促进新时代民营经济发展壮大理论的内容与体系完备,也为新时代民营经济发展壮大促进共同富裕提供基本遵循。这也是党的十九届五中全会之后,党中央选择在浙江这一民营经济大省开展高质量发展共同富裕示范区建设的重要理论依据。然而,当前社会各界还较为广泛存在着民营经济发展会拉大贫富差距的认知与看法,故需要加强民营经济发展与共同富裕关系的理论研究,才能更加正确地处理民营经济高质量发展进程中全要素生产率提升和促进城乡区域人群共同富裕的关系与体制机制,更加正确地处理好高质量发展过程中做大蛋糕和分好蛋糕之间的关系,用高质量发展来推动共同富裕。

第二节　民营经济发展面临的挑战

习近平总书记在 2023 年全国两会上强调:"党中央始终坚持'两个毫不动摇'、'三个没有变',始终把民营企业和民营企业家当作自己人。要引导民营企业和民营企业家正确理解党中央方针政策,增强信心、轻装上阵、大胆发展,实现民营经济健康发展、高质量发展。"[①]这在鼓励民营企业发展的同时,也充分说明了民营企业当前遇到困难、存在问题和发展信心不足的现实。新时代要发展壮大民营经济,既要正视当前民营经济发展遇到的困难和问题的表现及其原因,也要积极解决这些困难和问题。总体来看,长期以来,民营企业发展的阻碍主要是市场的冰山、融资的高山、转型的火山这"三座大山",新时代发展壮大民营经济的困难集中在市场、制度和思想三个领域,面临的问题主要表现为数量放缓、升级受阻、创新抑制三个方面。能否翻越"三座大山",解决三个领域的困难以及三个方面的问题关乎民营经济能否健康发展和在中国式现代化中的作用发挥。

一、民营经济在发展环境层面的挑战

在新时代和新征程上,全面推进民营经济发展壮大和高质量发展过程中,民营经济在发展环境层面的挑战主要表现在以下三个方面。

其一,国际经济环境变化引起的市场震荡。近年来,全球经济复苏进程中风险积聚,保护主义和单边主义明显抬头,给我国经济发展带来诸多不利影响,外部环境发生巨大变化,世界经济增速下降、贸易摩擦加剧等,更是给民营经济带来了诸多挑战。经过加入世界贸易组织后第一个十年的开放发展,民营经济与国际市场关系愈发密切,外部环境生变带来需求面的巨大冲击。在经济新常态背景下,处于转型升级重要关头的民营经济,错过了一些本该通过扩大开放进一步优化自身发展的机会,对供应链、产业链重构亦产生较大影响。海关总署的数据显示,2023 年,有进出口记录的外贸经营主体首次突破 60 万家。其中,民营企业 55.6 万家,合计进出口 22.36 万亿元,增长 6.3%,占进出口总值的 53.5%。一些民营进出口企业必然会受到环境影响,那些为出口企业配套或处在产业链上的民营企业也会受到拖累。

---

① 正确引导民营经济健康发展高质量发展[N].人民日报,2023-03-07(1).

其二,产业结构升级调整引起的转型压力。这是我国经济由高速增长阶段转向高质量发展阶段的结果。我国正处在转变发展方式、优化经济结构、转换增长动力的攻关期,经济扩张速度正在放缓,但消费结构全面升级,需求结构快速调整,对供给质量和水平提出了更高要求,必然给企业带来转型升级压力。在结构调整过程中,行业集中度一般会上升,优势企业胜出,这是市场优胜劣汰的正常竞争结果。市场有波动、经济有起伏、结构在调整、制度在变革,在这样一个复杂的背景下,部分民营企业遇到困难和问题是难免的,是客观环境变化带来的长期调整压力。

其三,市场竞争选择偏误形成的竞争劣势。对于众多民营企业来说,市场的冰山、融资的高山、转型的火山这"三座大山"是客观存在的,并且"市场""融资""转型"这三者之间存在着内在的逻辑关系。在经济高速增长时期,部分民营企业经营比较粗放,热衷于铺摊子、上规模,负债过高,并且在环保、社保、质量、安全、信用等方面存在不规范、不稳健甚至不合规合法的问题,国家对金融风险和生态环境愈发重视,企业在国家加强金融、安全、环境监管执法的背景下必然会面临很大压力。但是,随着世界经济形势的不断变化和我国经济从高速增长阶段转向高质量发展阶段,市场供求关系发生深刻变化,产品和服务质量要求发生急速改变,对所有企业都具有影响和冲击。为了应对市场的急剧变化,企业需要进行生产技术、商业模式、营销方向与策略等各方面转型,通过各种融资渠道解决自身资金不足的问题。一般来说,企业规模越大,融资能力相对越强,从而应对市场变化进行转型的能力也就越强。但是,我国民营企业绝大部分是中小企业,相比规模巨大的国有企业,在应对市场变化的资质和能力上存在天然的短板,"低小散"导致市场竞争劣势。面对同样的市场环境和监管改革变化,规模较大、高科技类、专精特新的民营企业依然充满生机和活力。升级"低小散",清理"脏乱差",发展"高精尖",走高质量发展路子是必然趋势。

二、民营经济发展在制度层面的挑战

在新时代和新征程上,全面推进民营经济发展壮大和高质量发展过程中,民营经济发展在制度层面的挑战主要表现在以下三个方面。

其一,产权保护制度缺位与越位并存。产权保护是优化制度环境、发挥市场机制作用的基础。最高人民检察院向第十三届全国人民代表大会第四次会议所作的报告显示:2020年,检察机关起诉侵害民企合法权益犯罪2.3

万人,同比上升 2.9％。党的二十大报告强调,要优化民营企业发展环境,依法保护民营企业产权和企业家权益。近年来,对民营经济的保护力度不断加大,但产权保护制度性缺位仍然存在,一方面是行政指令的执行中缺乏对产权保护的制度性实际约束。2019 年,江苏省印发《关于征求〈江苏省化工行业整治提升方案(征求意见稿)〉意见的紧急通知》,提出到 2020 年底,全省化工生产企业数量将减少到 2000 家;到 2022 年,全省化工生产企业数量不超过 1000 家;对全省 50 个化工园区开展全面评价,根据评价结果,将化工园区压减至 20 个左右。这种关停"一刀切"的做法直接损害了民营企业的发展信心。另一方面是"以政代法"的制度性越位。现有相关程序缺乏对民营企业和民营企业家合法权益的保护,过度使用司法工具,"托管""侵占"等事件仍然时有发生,如 2022 年三亚海韵集团被托管事件中的"以行政代法治"式的行为。

其二,产业拓展的制度壁垒事实存在。民营企业产业拓展目前还存在三重制度壁垒:第一重制度壁垒是部分产业准入放宽的制度性安排"有准无入"。部分领域准入实行"名准实禁",虽然没有名义上禁止,但过高的准入门槛和过于复杂烦琐的准入流程让民营企业"望而却步";一些准入事项办理实际上是"名备实审",在办理某些准入事项时,虽名义上审批变备案,但实际流程不变,挂"备案"之名行"审批"之实;有的招投标范围"名广实窄",在招投标中涉及较高的前置门槛,通过企业分级分类,排除以民营企业为主的中小企业,抑或是通过各种名义的"入库"程序增加额外条件,变相缩小招投标参与范围,增加民营企业参与成本。第二重制度壁垒是多数跨区准入的制度性分割"新旧叠加"。地方保护引致的市场分割一直是阻碍民营经济跨地域做大做强的重要因素与隐性壁垒。在过去,用工障碍、户籍约束、滥用工商质监等是地方保护的主要表现形式。而如今,司法障碍、本地优先、封闭运作、监管差异形成的制度性分隔成为地方保护引致市场分割的新形式。其中本地优先是一种典型的制度性分隔,如司法审判时明显地偏袒本地企业,或是在产业政策上倾向于本地优先。封闭运作也是一种典型的制度性分隔,如很多地方的公路养护市场仍封闭运作。监管差异同样是一种典型制度性分隔,并且该现象主要出现在新经济领域,监管调整的速度跟不上企业发展的需求,各地普遍存在"一业多证"现象。第三重制度壁垒是所有制混合准入制度"有名无实"。国企混改民企容易,但民企进入国企领域较难。混合所有制改革并未能通过制度建设真正降低企业进入门槛,提高民营企业进入新行业的积极性,增强原有行业的竞争性。混合所有制改革中,参股民营企业天然处于不平等地位,使得社会资本或民营企业决策难、盈利难。

其三,政策落实不到位和政策调整忽左忽右。近年来,支持民营经济发展的政策措施很多,但其中不少落实不好、效果不彰。有些部门和地方对党和国家鼓励、支持、引导民营企业发展的大政方针认识不到位,工作中存在不应该有的政策偏差,在平等保护产权、平等参与市场竞争、平等使用生产要素等方面还有很大差距。在制定有些政策的过程中前期调研不够,没有充分听取企业意见,对政策实际影响考虑不周,没有给企业留出必要的适应调整期。一方面,有些政策相互不协调,政策效应同向叠加,或者是工作方式简单,导致一些初衷是好的政策产生了相反的作用。比如,在防范化解金融风险的过程中,有的金融机构对民营企业惜贷、不敢贷,甚至直接抽贷、断贷,造成企业流动性困难甚至停业;在"营改增"过程中,没有充分考虑规范征管加重了一些要求抵扣的小微企业的税负;在完善社保缴费征收过程中,没有充分考虑征管机制变化过程中企业的适应程度和带来的预期紧缩效应。不仅在政策设计上出现了新问题,比如政策转向过大、缺乏对市场预期的前置引导,而且在政策落地执行中也出现了新问题,缺乏与民营企业的有效沟通,产生较多"误读"与"误解",致使企业发展信心受挫。另一方面,有些政策调整过快过猛过密,使得一些领域成为政策执行的"谬误区"。近年来,部分收缩性政策的突然实施使得政策不确定性陡然升高,鼓励、引导和支持民营经济发展的信号机制遭到阻隔,叠加国际经济环境变化,致使企业生产不确定性上升。总结起来就是,民营经济发展壮大过程中,市场环境不能"忽左忽右",政策环境不能"忽冷忽热",法治环境不能"忽松忽紧"。

三、民营经济发展在企业经营层面的挑战

在新时代和新征程上,全面推进民营经济发展壮大和高质量发展过程中,民营经济发展在企业经营层面的挑战主要表现在以下四个方面。

其一,企业数量增长趋势阶段性减弱。民营企业数量增减变动和占比情况是民营经济发展情况的直观反映。万得数据库数据显示,近年来,浙江、江苏、广东、山东、上海等经济发达省份的新增民营企业数量明显减少,新增民营企业数量占新增企业数量的比重逐步下降。以民营经济大省浙江为例,2020年,新增民营企业数为51.19万家,到2022年,新增民营企业数

减少为 46.42 万家,新增民营企业数量占新增企业数量的比重下降为
96.53％。从工业增加值看,浙江规模以上私营企业的工业增加值增速相对
于规模以上工业企业工业增加值增速处于弱势,绝对增速放缓,相对增速为
负。从投资和出口来看,2018 年以来,主要民营经济大省民间投资增速开始
明显放缓,有的甚至出现倒退现象,规模以上私营企业出口增速明显下降。

其二,纵向升级受阻与横向竞争加剧。从结构上看,非金属矿采选业、
铁路、船舶、航空航天和其他运输设备制造业,能源供应业等行业民营企业
的数量在减少。从效益看,私营企业工业总产值、资产总额、利润总额、应交
增值税、费用成本利润率等指标在很多行业都不算乐观。这些指标表明,民
营企业面临纵向升级受阻与横向竞争加剧的双重困境。

其三,创新空间与创新表现有喜有忧。这个困境与活力有关,我们一般
从创新方面来看活力情况。通过比较 2017 年和 2021 年浙江规模以上工业
企业、规模以上大中型工业企业的创新情况可以看出,民营企业的创新表现
喜忧参半:可喜的是相比于规模以上企业总体情况,私营企业创新表现总体
相对较好;可忧的是大中型私营企业投入性指标(新研发机构、R&D 经费投
入)相对较强,但产出性指标(新产品收入、专利)普遍较弱。

其四,代际传承与可持续发展情况不乐观。改革开放伊始的第一代创
业者基本已年过花甲,精力、知识结构、对市场的敏锐度开始逐步退化,中国
未来五到十年将有大量民营企业面临代际传承和民营企业家的财富传承问
题。但是,民营企业代际传承和民营企业家的财富传承是一个复杂的体系,
不仅包括企业股权、管理权、现金、不动产等财富的传承,还包括核心价值
观、家风、家规、一代创始人的企业经营管理经验和人脉关系等精神财富的
传承。如何规避代际传承风险和确保企业基业长青是一个亟级重视的
问题。

需要强调的是,改革开放以来,特别是党的十八大以来,党和国家重要
文件以及领导人重要讲话对民营经济的性质、地位、作用再三强调和确认,
但是社会上还不时有人发表一些否定、怀疑民营经济的言论。比如,有人提
出所谓的"民营经济离场论",认为民营经济已经完成使命,要退出历史舞
台;有人提出所谓的"新公私合营论",把现在的混合所有制改革曲解为新一
轮"公私合营";等等。正是受这些错误言论和错误认识的影响,民营企业在
一些地方、一些领域、一些政策上仍因其私有性质受到歧视和区别对待。比
如,在投资领域,民营企业在相对高回报率的垄断行业及有关基础设施、公

共服务等领域投资受限,不同程度地面临着"玻璃门""弹簧门""旋转门"等阻碍;比如,在融资方面,民营企业面临金融体系的"规模偏好"和"所有制偏好",特别是中小企业长期以来一直存在融资贵、融资难问题;比如,在产权保护方面,违法查封扣押冻结民营企业财产的现象仍有发生,一些民营企业家不敢、不愿投资的问题依然突出;比如,在营商环境上,一些地方"新官不理旧账",随意变更已定好的规划设计和合同,一些政策缺乏连续性,民营企业家缺乏稳定预期。

还需要强调的是,新时代发展壮大民营经济面临的上述挑战及其成因是多方面的,是外部因素和内部因素、客观原因和主观原因等多重矛盾和问题交织的结果。既要全面和客观地认识我国民营经济发展面临的困难及其原因,也要清醒和科学地认识到这些困难是发展中的困难、前进中的问题、成长中的烦恼,一定能在发展中得到解决。随着党中央不断出台支持民营经济发展的决策部署、国务院不断出台支持民营经济发展的各项政策,全社会对民营经济发展的政治意义、经济意义和社会意义,民营企业家对经济、政治、社会、文化发展的重要价值有了更加正确、全面和科学的认识,民营经济健康发展和民营经济人士健康成长的良好社会氛围加速形成,鼓励创新、宽容失败的舆论环境和时代氛围加快营造,新时代发展壮大民营经济有着前所未有的机遇与希望。只要坚持基本经济制度,落实好党和国家方针政策,民营经济就一定能够实现更大发展。

第三节　民营经济发展环境的改善

2023 年 7 月 19 日,《中共中央 国务院关于促进民营经济发展壮大的意见》(以下简称《意见》)对外公布,《意见》开篇就指出"民营经济是推进中国式现代化的生力军,是高质量发展的重要基础,是推动我国全面建成社会主义现代化强国、实现第二个百年奋斗目标的重要力量"。《意见》充分肯定了民营经济的重要地位,并提出了促进民营经济高质量发展的 31 条重大举措。2024 年 7 月 18 日,党的二十届三中全会审议通过了《中共中央关于进一步全面深化改革　推进中国式现代化的决定》,提出将制定民营经济促进法,从"全面深化改革"到"进一步全面深化改革",更加注重系统集成,更加注重突出重点,更加注重改革实效,为推动高质量发展、加快中国式现代化建设注入强大动力,民营经济发展环境不断得到改善。

一、民营经济发展的法律环境

法治保障是民营经济健康高质量发展的关键。然而,从民营经济发展实践看,当前民营经济发展的制度环境改善仍是任重道远,依法维护民营企业产权和企业家权益方面仍存在种种问题,亟须深化民营经济发展壮大的法治保障理论研究,来更好界定中国特色社会主义市场经济中公权力与私权利之间的边界,有效地约束公权力,强化民营经济的法治保障,更好地优化民营经济的营商环境,为民营经济发展壮大行稳致远的制度保障提供重要理论支撑。《意见》坚持对各类所有制经济平等对待,为民营经济发展营造良好稳定的预期。"依法保护民营企业产权和企业家权益",对于激励民营经济人士放心投资、安心经营、用心发展必将产生积极作用,有利于提振信心,稳定市场预期。"持续完善政府定价的涉企收费清单制度,进行常态化公示,接受企业和社会监督",这些以公平为核心原则的产权保护法治举措,能够切实保障民营企业规则平等、权利平等和机会平等,为民营企业家心无旁骛干事业创造更多安全感。

《意见》明确提出"建立市场准入壁垒投诉和处理回应机制,完善典型案例归集和通报制度"。该措施不仅能够持续破除市场准入壁垒,有助于创造公平公正的竞争机制,更是建立了回应和反馈机制,为民营企业发展的全过程保驾护航。此外,关于政府拖欠账款问题,《意见》首次指出"建立健全政务失信记录和惩戒制度,将机关、事业单位的违约毁约、拖欠账款、拒不履行司法裁判等失信信息纳入全国信用信息共享平台"。将机关和事业单位的失信行为公开透明化,让全社会掌握其信用状况,有利于强化公众监督,进而增强对公共部门的信任和信心,全方位为民营经济发展壮大营造市场化法治化环境。

为此,国家可以从制度环境、司法环境、政策环境和舆论环境等四个方面着手。一是优化民营经济发展的制度环境。通过加快研究制定民营企业保护法、加快研究修订相关基础性法规,改善民营企业高质量发展立法环境。相关基础性法规包括反不正当竞争法、反垄断法等,在市场准入、审批许可、经营运行、招投标等方面对国有企业与民营企业一视同仁。二是改善保护民营企业合法权益的司法环境。要巩固深化"四大检察"格局,不断完善法律监督机制,严格依法审慎采取查封、扣押、冻结等措施,持续推进涉案企业合规改革,严厉打击侵占民营企业合法产权的行为,建立健全企业涉产权冤错案件有效防范和常态化纠错机制。三是稳定民营经济发展的政策环境。要确保政策治理让位法律治理,做到政策及执行的稳定性、连续性、一致性;要提高政策公信力,一以贯之地执行下去,真扶持、真落实,全面提振政策的社会公信力。四是营造支持民营企业发展的舆论环境。要持续引导正向舆论宣传,加大民营经济发展宣传力度。好的舆论环境可以护航民营企业的发展,民营企业家关于技术、产业、行业、市场、政策环境、国内外走势等方面的发声,特别是有代表性的民营企业家对这些问题怎么看,非常有助于有关改革的推进和相关政策的出台。同时,加强政治引领和政治吸纳,推选优秀民营企业家代表为人大代表或政协委员,持续表彰先进民营企业家。只有让更多民营企业家的声音出现在时代舞台上,才能让中国民营企业更好地走向世界。

二、民营经济发展的市场竞争环境

党的二十大提出,"优化民营企业发展环境"。其后中央经济工作会议首次明确,"从制度和法律上把对国企民企平等对待的要求落下来"。习近平总书记深刻把握新时代国有经济和民营经济的内在关系与发展规律,明确要求以公平为核心原则来平等对待国有经济和民营经济,真正落实多种所有制的共同发展,强调"把公有制经济巩固好、发展好,同鼓励、支持、引导非公有制经济发展不是对立的,而是有机统一的。公有制经济、非公有制经济应该相辅相成、相得益彰,而不是相互排斥、相互抵消"①。平等对待国有经济和民营经济,真正落实多种所有制共同发展理论的提出,是新时代民营经济发展壮大的又一理论创新,也是中国特色社会主义市场经济理论的重大进展,进一步厘清了有关民营经济内涵及发展的理论,有助于国有经济和民营经济更好地共同发展。然而,当前我国国有经济和民营经济的发展实践中,仍然存在着明显的"二元经济"的结构性矛盾和体制性问题,亟须深化国有经济和民营经济的内在关系与共同发展的规律性认识,才能不断落实完善"两个毫不动摇"的体制机制,全方位促进多种所有制经济共同发展。

改善民营经济发展的制度环境必须从体制层面来打破新二元经济结构。计划经济年代有二元经济结构,这是城乡的分立以及工农业的分立。改革开放40多年来,进入新的历史发展时期还存在变相的二元经济结构。

---

① 习近平.在民营企业座谈会上的讲话[M].北京:人民出版社,2018:5-6.

这种二元经济结构造成了不同所有制部门,即国有经济部门和非国有经济部门的分立。这种分立很重要的特征就是,国有经济部门占据着实行严格的市场准入和产业管制且在很大程度上具有一定封闭性和垄断地位的一些产业部门。而非国有经济部门所在的部门没有严格的准入和产业管制,是比较开放和充分竞争的。这种分立的状态导致在资源配置过程中要素流动有明显的不对称特征。也就是说,只要国有企业认为有利可图,就可以凭借其政治地位和资源优势自由地进入非国有经济部门已经进入的任何产业部门,或在该退出时不退出。相反,非国有企业要进入国有经济部门已经占据垄断地位的产业部门是非常困难的,即使是法律法规或政策上已经准许进入的产业部门,这种新二元经济结构造成的直接后果就是要素配置和产业结构的双重扭曲。因此,要全面深化改革来发展民营经济,促进经济的高质量发展和实现中国式现代化,就必须改善民营经济发展的制度环境,非常重要的一个方面就是打破新二元经济结构。《中共中央 国务院关于加快建设全国统一大市场的意见》明确提出,加快建设全国统一大市场要"立破并举"。这个"破"的重点就是打破社会经济运行阶段的新二元经济结构。破除新二元经济结构的关键也是文件中提到的"三个统一":完善统一的产权保护制度;实行统一的市场准入制度;维护统一的公平竞争制度。这"三个统一"事关市场的主体权益,事关市场的开放,事关市场的竞争、监管以及市场秩序的维护。

为此,政府可以从以下六个方面入手。一是建立高效规范、公平竞争、充分开放的全国统一大市场。准入壁垒是民营经济高质量发展过程中遇到的制度不完善带来的体制机制障碍最为突出的问题,要加快建设高效规范、公平竞争、充分开放的全国统一大市场,把握"非禁即入""非限即入"原则,严格执行市场准入的负面清单,着力破除市场准入壁垒,持续完善公平竞争制度,打破民营企业在空间、产业上的准入壁垒。二是建立公平、规范、高效的市场监管体系,降低市场集聚中非市场化因素的影响。三是加快要素价格市场化改革,深入推进要素市场化配置综合改革试点,着力降低要素配置中的制度性交易成本,完善主要由市场供求关系决定要素价格机制。四是全面落实公平竞争审查制度,坚持对包括民营企业在内的各类市场主体一视同仁、平等对待,健全公平竞争审查制度的监督实施机制,严厉整治妨碍民营企业公平参与市场竞争的行为。五是强化公平竞争外部监督机制建设,畅通民营企业公平竞争投诉举报渠道,形成公平竞争审查、反馈闭环。

把握鼓励创新与市场有效原则,依法依规推进反垄断工作,提升反垄断执法科学性、透明度,为民营经济做大做强提供稳定预期。六是加强数字技术应用,加快推进招投标制度建设与电子招投标应用,以更加透明、科学、高效、规范的招投标制度规则和标准,为民营企业参与国家战略、破除准入壁垒营造公平竞争的市场环境。

三、民营经济发展的创新环境

一般讲到创新往往会偏重技术创新、商业模式创新,而对企业特别是民营企业的体制创新强调不够,认识不够全面,出台的政策措施失之偏颇。民营企业的创新不仅包括技术创新,而且包括商业模式创新,更包括体制机制创新。尤其是在数字经济迅猛发展的背景下,民营企业在技术创新和商业模式创新的过程中,往往还伴随着体制机制创新,突破了原有的市场准入、产业规制和行业监管。民营经济的制度创新或者体制创新不仅有自身微观经济主体组织形式变化的创新,而且对国家社会经济、产业政策、市场监管、准入监管等方面会有一定的冲击。这种冲击可能具有双重性质,部分冲击是合理的,但也有一部分是不合理的。因此,政府在为资本设置"红绿灯",防范所谓的资本无序扩张的同时,必须正确认识和识别民营企业在不同产业领域运用资本进行的各种创新活动。以新经济为代表,平台经济企业有合理的技术体制的红利,同时也存在不合理的技术体制红利。

为此,我们需要总结和形成一个非常重要的观点,那就是政府在对待民营企业自发性的创新活动时,对合理的突破要通过深化体制机制改革,改革自身的法律法规政策,认可和保护民营企业的创新。对不合理的冲击和突破在及时监管的同时也要严格依法办事,改进监管规范的方式。必须正确地识别和区分民营企业在不同产业、不同领域运用资本进行各种创新活动所带来的双重效应,加快制定并向社会公布负面清单下的资本进入"红绿灯"清单,消除"防止资本无序扩张"概念误读对民间投资信心的负面影响。党的二十届三中全会高举改革开放旗帜,把进一步全面深化改革、推进中国式现代化作为全会主题,将通过进一步全面深化改革,推动生产关系和生产力、上层建筑和经济基础、国家治理和社会发展更好地相适应,为中国式现代化提供强大动力和制度保障。

四、民营经济发展的政商环境

政商关系作为政治生态的"晴雨表",不仅关乎经济政策落地和经济发展水平,还与党风、政风、社风息息相关,也影响着政治生态。传统的政商关系由于边界模糊、缺少规范,极易因政商关系太近而导致政企不分,因政商关系太远而导致政府缺位和市场失灵。实践中,少数地方、部门与企业等市场主体之间仍存在的不亲、不清或亲而不清、清而不亲等不健康的政商关系,成为落实政策部署的"中梗阻""绊脚石"。比如,宣传解读不充分,决策部署被空挂;执行落实不精细,政策效果打折扣;故意刁难不清白,优惠政策被异化;懒政怠政不作为,政策红利难释放。推动形成新型政商关系,"亲"是要求,"清"是底线,关键是要将二者统一起来。"亲而不清",容易在推杯换盏中逾越底线;"清而不亲",容易不担当不作为,成为"甩手掌柜"。一方面,政商交往要"亲",要坦荡真诚接触交往、积极作为靠前服务,政府要为企业当好"店小二"、做好"贴心人",把帮助企业解决问题、推进工作、提升效益作为分内之事、应尽之责。另一方面,政商交往要"清",就要清清白白、坦坦荡荡,不存贪心私心,杜绝以权谋私,不搞权钱交易,保守为官从政廉洁自律的底线。纪检监察机关要划出政商交往的红线和底线,严肃查处各种官商勾结、权钱交易等腐败案件,着力破除形式主义、官僚主义,既防止乱作为,又防止不作为,同时加大通报力度,深入剖析政商交往问题根源,监督推动建章立制,形成查处一案、警示一片、治理一域的效果。推动民营企业长期营商环境的法律化和制度化,构筑在民营经济发展过程中真正建立政府和民营企业之间新型政商关系的制度基础。

民营经济发展壮大不仅需要搭建"让企业会干"的平台,还要营造"让企业想干"的环境,更要建立"让企业敢干"的机制。国家发展改革委已经与民营企业建立了常态化的交流机制,与民营企业家座谈交流、了解情况、听取建议,并设立了民营经济发展局,作为促进民营经济发展壮大的专门机构,加强相关领域政策统筹协调,推动中央各项重大举措早落地、早见效。在国家部委改革创新的基础上,各级地方政府也在积极行动。一方面,构建民营经济发展跨部门、跨地区发展常态化支持机制,加强协调配合,强化各地方各部门促进民营企业发展壮大举措的系统集成,涉企部门定期沟通工作进展,研究重点难点问题,狠抓贯彻落实,形成工作合力。另一方面,持续开展"大走访、大调研、大服务、大解题"活动,建立政府与民营企业常态化交流机制,形成从问题反映到落实解决的闭环,切实帮助民营企业排忧解难,确保出台的政策有效落地。有关部门应为民营经济人士有序参与国家政治生活和公共事务提供更多机会,如民营企业家列席党委、政府重要会议机制,进一步拓展民营经济人士参政议政、解决问题的渠道,为他们干事创业搭建更大舞台,在全社会形成党委、政府高度重视,有关部门齐抓共管帮扶民营经济人士健康成长的良好工作机制。

五、民营经济发展的社会环境

民营经济的发展壮大离不开主流的理论研究和宣传,《意见》提出,要"引导和支持民营经济履行社会责任,展现良好形象,更好与舆论互动,营造正确认识、充分尊重、积极关心民营经济的良好社会氛围""引导全社会客观正确全面认识民营经济和民营经济人士。加强理论研究和宣传,坚持实事求是、客观公正,把握好正确舆论导向,引导社会正确认识民营经济的重大贡献和重要作用,正确看待民营经济人士通过合法合规经营获得的财富"。在推进中国式现代化的新征程上,要有效推动民营经济发展壮大,促进民营经济高质量发展,使其真正在推进中国式现代化中起到生力军作用,必须正确引导全社会对民营经济的重大贡献有正确认识,进一步激发全社会非公经济人士的干劲和闯劲。必须正确引导大家合理看待民营经济人士通过合法合规经营获得的财富,在实现共同富裕的道路上正确认识和解决收入差距问题,发扬民营企业家的创业精神,才能为新时代中国民营企业的发展壮大有效增强信心,为民营经济的繁荣发展注入强大的内生动力。总体来看,改革开放以来,尤其是党的十八大以来,我国坚持"两个毫不动摇",加快营造市场化、法治化、国际化一流营商环境,依法保护民营企业产权和企业家权益,全面构建亲清政商关系,引导民营企业通过自身改革发展、合规经营、转型升级不断提升发展质量,在构建高水平社会主义市场经济体制过程中持续优化稳定公平透明可预期的发展环境,激发了民营经济生机活力,十分有利于促进民营经济做大做优做强。

党的二十届三中全会提出制定民营经济促进法、完善民营企业融资支持政策制度、完善中国特色现代企业制度、弘扬企业家精神等一系列致力于为非公有制经济发展营造良好环境和提供更多机会的方针政策,为新时代中国民营经济的发展壮大注入了强大的信心和动力。党的二十届三中全会站在新的历史起点上,科学谋划进一步全面深化改革,既是党的十八届三中全会以来全面深化改革的实践续篇,也是新征程推进中国式现代化的时代新篇,为民营经济发展创造了更加良好的社会环境。

潮平两岸阔,风正一帆悬。站在全面建设社会主义现代化的新起点,全社会如果共同为民营经济的健康发展营造出良好环境,民营经济一定会大有可为,为中国式现代化和实现中华民族伟大复兴的中国梦做出新的更大贡献。

后　记

　　《中国民营经济简史》是浙江大学民营经济研究中心立项的重点研究课题成果,在史晋川教授主持下,由浙江大学民营经济研究中心、浙江大学区域协调发展研究中心、嘉兴大学经济学院、嘉兴大学中国共同富裕研究院、浙江财经大学经济学院、浙江财经大学财政税务学院的研究人员共同完成。

　　浙江大学民营经济研究中心(Center for Research of Private Economy, Zhejiang University,简称CRPE)于2002年成立,是我国高校首家以民营经济问题为研究重点的学术与政策研究机构。2004年,CRPE成为教育部人文社会科学重点研究基地(民营经济方向唯一)和"中国民营经济研究"国家哲学社会科学创新基地(Ⅰ类)。2009年,CRPE被《瞭望》新闻周刊评选为"中国主要决策咨询研究机构",获得了"中国第一流民营经济研究和咨询机构"的高度评价。CRPE秉承"扎根实践沃土,营造学术高峰"宗旨,以服务国家重大战略为导向,以民营经济发达的浙江为研究起点,把学术视角扩展到全国范围的民营经济现象,致力于打造全国领先和世界知名的学科支撑平台和高端智库平台,为我国经济高质量发展提供决策支持。CRPE成立以来,在民营经济这一研究领域相继出版《中国民营经济发展研究报告》、"中国民营经济发展研究丛书"和"'浙江模式'实证研究丛书"等著作100余部,包括对温州模式、台州现象、萧山民营经济的研究等具有广泛影响力的研究成果,曾获得"中国农村发展研究奖"和首届"张培刚发展经济学优秀成果奖"等全国性和省部级优秀学术成果奖励60余项。

　　《中国民营经济简史》旨在研究自近代以来中国民营经济的发展与演变历史,重点研究中华人民共和国建立至今的民营经济的发展历史,阐释了新时代民营经济发展面临的机遇与挑战,展望了中国式现代化进程中民营经济的发展前景。全书共由绪论和九章内容组成:绪论由史晋川教授(浙江大学民营经济研究中心)和文雁兵教授(嘉兴大学经济学院、嘉兴大学中国共同富裕研究院)撰写;第一章和第二章由黄禾雨副教授(浙江财经大学经济学院)撰写;第三章、第四章由任光辉副教授(浙江财经大学经济学院)撰写;第五章由江庆勇副教授(浙江财经大学经济学院)撰写;第六章由李钧副教授(浙江财经大学财政税务学院)撰写;第七章由文雁兵教授撰写;第八章由任晓猛副研究员(浙江大学区域协调发展研究中心)撰写;第九章由文雁兵教授和史晋川教授撰写。最后,由史晋川教授和文雁兵教授共同对全书做了进一步的修订后定稿。

浙江大学出版社在本书的编辑和出版过程中耗费心血甚多,对本书作者帮助甚大,在此表示衷心的感谢。

当然,由于学识水平有限,书中难免存在缺点甚至错误,欢迎读者朋友不吝赐教。